Internationale Zielmarktanalyse und Vertriebsentwicklung

Simone Reber geb. Wiesenauer

Internationale Zielmarktanalyse und Vertriebsentwicklung

Die Implementierung der Methodik des International Sales Accelerator Modells

Simone Reber geb. Wiesenauer
Institut für Marketing & Management/ Lehrstuhl
für Internationales Management
Universität Hohenheim
Stuttgart, Deutschland

ISBN 978-3-658-32388-2 ISBN 978-3-658-32389-9 (eBook)
https://doi.org/10.1007/978-3-658-32389-9

Die Deutsche Nationalbibliothek verzeichnet diese Publikation in der Deutschen Nationalbibliografie; detaillierte bibliografische Daten sind im Internet über http://dnb.d-nb.de abrufbar.

Springer Gabler ist ein Imprint der eingetragenen Gesellschaft Springer Fachmedien Wiesbaden GmbH und ist ein Teil von Springer Nature.
Die Anschrift der Gesellschaft ist: Abraham-Lincoln-Str. 46, 65189 Wiesbaden, Germany

Vorwort

Die Globalisierung der Wirtschaft hat gerade in den Jahren 2000 bis 2019 stark zugenommen und wurde erst durch die Covid-19 Krise vorübergehend abgebremst. Auch wenn letztere zu einem Überdenken transnationaler Warenketten Anlass gegeben hat und mittlerweile zur Diskussion von De-Globalisierung geführt hat, werden Unternehmen auch in Zukunft Wachstumspotenziale und Geschäftsmöglichkeiten im Ausland suchen. In der Vergangenheit war Deutschland lange Zeit der Exportweltmeister und wurde erst durch den rasanten Aufstieg Chinas auf den zweiten Rang verdrängt. Doch auch innerhalb der Bundesrepublik gibt es große Unterschiede im Hinblick auf die Kompetenz zur erfolgreichen Führung internationaler Projekte, sowohl zwischen Großkonzernen und KMU, wie auch zwischen einzelnen Branchen und nicht zuletzt gibt es auch in jeder Branche Best-Practice-Unternehmen und Nachzügler. Best-Practice-Unternehmen finden sich oftmals bei den großen multinationalen Konzernen und familiengeführten Hidden Champions, diese weisen nicht selten Exportquoten von über 80 Prozent und ein entsprechend hohes Ausmaß ausländischer Direktinvestitionen auf. Ihnen steht auch weiterhin eine hohe Zahl von national ausgerichteten kleinen und mittleren Unternehmen gegenüber, die das Potenzial der Märkte im Ausland nur unzureichend ausschöpfen. Was liegt näher, als von den Erfahrungen und Kompetenzen der Vorreiter-Unternehmen zu lernen und die bei diesen vorhandenen Managementmethoden zu adaptieren?

An der Forschungsstelle Internationales Management und Innovation wurde in den Jahren 2014 bis 2018 eine Projektmanagement-Methodik entwickelt, durch die Unternehmen Wachstumsmärkte im Ausland noch systematischer erschließen können. Diese Methodik wurde im Rahmen eines Projekts für Unternehmen der Umwelttechnik aus Baden-Württemberg angewandt und weiterentwickelt.

Zugleich wurde diese für ein Zielmarktportfolio von Baden-Württemberg International (bw-i) eingesetzt. Dabei zeigte sich, dass gerade Unternehmen der Umwelttechnik zwar durchaus technisch führend sind, aber häufig noch zu sehr national oder bestenfalls europäisch denken. Aufgrund dieser Beschränkungen lassen sie oftmals große Wachstumspotenziale auf außereuropäischen Märkten ungenutzt. Sie „pflücken lediglich die niedrig hängenden Früchte" in dem ihnen vertrauten Umfeld und überlassen die oft viel größere Ernte den global denkenden Wettbewerbern. Die Idee der oft proklamierten „Greentech Made in Germany" stößt dadurch an ihre Grenzen.

Die Methodik des International Sales Accelerators, die Simone Reber maßgeblich mitentwickelt hat, versucht gerade hier anzusetzen. Sie bietet zum einen eine Top-Down-Systematik der strategischen Analyse der wichtigsten Zielländer und -regionen weltweit. Sie geht aber über die vorhandenen Instrumente des internationalen strategischen Managements hinaus und bietet auch hilfreiche Unterstützung für die Vertriebsplanung und -steuerung in den ausgewählten Ländermärkten. Für die Validierung und Praxistauglichkeit ist es zudem erforderlich, durch systematische empirische Studien zu zeigen, wie Best-Practice-Unternehmen aus verschiedenen Ländern und in unterschiedlichen Branchen jeweils vorgehen. Entsprechende Detailstudien verdeutlichen, welche Instrumente der Auslandsmarkterschließung im jeweiligen Kontext genutzt werden und wie Unternehmen erfolgversprechende Vertriebs- und Organisationsstrukturen in bestimmten Zielmärkten ausbauen. Die vorliegende Studie von Simone Reber, die auf profunden Recherchen der Internationalen Markterschließung in vier Ländern (China, USA, Mexiko und Deutschland) basiert, bietet ein reiches Anschauungsmaterial und ausgesprochen lesenswerte Case Studies.

Die vorgelegte Studie zur Anwendung der Methodik des International Sales Accelerators (ISA-Modell) leistet einen wichtigen Beitrag für die Forschung zum internationalen Management, insbesondere dort, wo es um den Ausbau von Vertriebs- und Logistikstrukturen in späten Phasen der Marktdurchdringung auf ausländischen Zielmärkten geht. Sie bietet aber insbesondere für Führungskräfte aus den Bereichen Unternehmensplanung, Strategie, Controlling, Marketing und Vertrieb wichtige Methoden an die Hand, angereichert durch zahlreiche Best-Practice-Analysen und Fallstudien. Gerade zur Vorbereitung der nächsten Globalisierungswelle bietet die vorliegende Veröffentlichung hilfreiche Unterstützung.

Stuttgart – Hohenheim Prof. Dr. Alexander Gerybadze

Executive Summary

Das Ziel der Dissertation ist es ein Modell zur internationalen Zielmarktauswahl und zum Aufbau und der Entwicklung von Vertriebsstrukturen in ausländischen Märkten zu entwickeln und mit ersten empirischen Ergebnissen zu testen und zu belegen. Das Modell soll es möglich machen unterschiedliche Internationalisierungsmuster von Unternehmen zu beschreiben und gleichzeitig einen allgemeingültigen Internationalisierungsprozess für alle Unternehmen aufzuzeigen.

Die Untersuchungsgegenstände der Dissertation sind zum einen Internationalisierungsmuster, d. h. das konkrete Vorgehen eines einzelnen Unternehmens bei der Internationalisierung seiner Geschäfte und zum anderen der Internationalisierungsprozess, d. h. die abstrakten Ebenen, die alle Unternehmen bei einer Internationalisierung der Geschäfte durchlaufen. Dabei bedient sich die Dissertation einer induktiven-pragmatischen Theorieentwicklung nach den qualitativen Forschungsmethoden der Grounded Theory von *Glaser & Strauss* und nach der zusammenfassenden Inhaltsanalyse von *Mayring*. Die Datensammlung für die Analyse der Internationalisierungsmuster findet als länderübergreifende Analyse in vier ausgesuchten Industrie- und Schwellenländern statt: China, Deutschland, Mexiko und die USA. Die Auswahl der Länder erfolgte aufgrund von erfolgreich eingeworbenen Forschungsstipendien, die es möglich machten, vor Ort Interviews zu führen.

Das entwickelte Modell, das sogenannte International Sales Accelerator Modell (im Nachfolgenden bezeichnet als ISA-Modell), versteht sich als ein erklärendes Modell, d.h. eine Abbildung eines Realitätsausschnitts[1], abgeleitet aus Best Practices bzw. Internationalisierungsmustern von Unternehmen aus

[1]Vgl. Manhart 1995, S. 14 f.

unterschiedlichen Industrien. Das ISA-Modell beinhaltet die folgenden sieben Bausteine: (1) Segmentierung und Auswahl einer Weltmarktregion, (2) Auswahl eines bestimmten Landes als prioritären Zielmarkt, (3) Sammlung von Markteintrittspunkten im Zielmarkt, (4) Entwicklung und Entscheidung für eine Markteintrittsstrategie, (5) Fokussierung auf eine bestimmte Region und einen bestimmten Vertriebskanal, (6) Erschließung von weiteren Vertriebskanälen und Kundengruppen und (7) Rollout im Zielmarkt / Marktdurchdringungsstrategien. Alle Bausteine des ISA-Modells werden theoretisch verankert und im Anschluss empirisch belegt. Das ISA-Modell hilft, dem an Internationalisierungsmustern und -prozessen interessierten Manager ein eigenes Internationalisierungsmuster bzw. sein bereits erstelltes Internationalisierungsmuster mit den Internationalisierungsmustern von Unternehmen aus unterschiedlichen Industrien zu vergleichen. Auf Basis des «Schnell-Checks», mit entsprechendem Scoring zur Analyse und Einschätzung des eigenen Internationalisierungsmusters, kann eine Beurteilung der Stärken und Schwächen im eigenen Muster vorgenommen werden. Für den praktischen Einsatz wurde aus dem ISA-Modell mit dem «Rad der Implementierung» ein dauerhaft einsetzbares Business Development Tool abgeleitet, das Unternehmen helfen kann den iterativen Prozess der Internationalisierung auf Basis der Erkenntnisse des ISA-Modells strukturiert zu durchlaufen und entsprechende strategische Controlling-Prozesse für eine erfolgreiche Internationalisierung zu etablieren.

Zukünftige Forschungsarbeiten sollten am Rad der Implementierung des ISA-Modells ansetzen und weitere konkrete Tätigkeitsfelder zu den einzelnen Bausteinen des ISA-Modells identifizieren. Darüber hinaus wäre eine Operationalisierung der Bausteine des ISA-Modells für quantitative Studien von großem Wert. Für Praktiker wäre es interessant zu wissen, wie erfolgreich Unternehmen sind, die sich an die ISA-Modell Bausteine halten. Die für die Fallstudie "Zielmarktanalyse in der Umwelttechnikindustrie" entwickelte Methodik der Export Gap Analyse ist ein Prognoseverfahren. Wie alle Prognoseverfahren kann auch die Export Gap Analyse die Zukunft nicht zu 100% voraussagen. Deshalb sollten die Ergebnisse der Export Gap Analyse eine von vielen Quellen sein, um eine Zielmarktauswahl zu treffen.[2] Eine weitere Limitation der Export Gap Analyse ist, dass Dienstleistungen keine Zolltarifnummern erhalten und die Export Gap Analyse bei Dienstleistungsunternehmen keine Anwendung möglich macht.

Das Besondere am ISA-Modell ist, dass zum ersten Mal eine ganzheitliche Betrachtung der Internationalisierungsprozess-Entscheidung stattfindet. In

[2] Vgl. Backhaus et al. 2016, S. 168 ff.

der Regel werden einzelne Bausteine des ISA-Modells für Studien herangezogen. Ein beliebter Untersuchungsgegenstand ist zum Beispiel das Thema Markteintrittsstrategien.[3] Diese sind im ISA-Modell in einem Baustein zusammengefasst und letztendlich einer von sieben Bausteinen bei einer anstehenden Internationalisierung. Die meisten Theorien der Internationalisierung liefern eine Erklärung *warum* Unternehmen internationale Märkte erschließen, aber nicht *wie* Unternehmen bei der Internationalisierung vorgehen[4]. Das ISA-Modell trägt zur Schließung dieser Forschungslücke bei, indem es einen ersten Ansatz für einen allgemeingültigen Internationalisierungsprozess darstellt, damit Unternehmen ihr individuelles Internationalisierungsmuster planen und implementieren können. Weiterhin trägt das ISA-Modell zur Schließung von Forschungslücken sowohl in der Business Development als auch in der Sales Development Forschungsliteratur bei. Insbesondere die Fallstudien mit dem Fokus auf den Schwellenländern China und Mexiko tragen zu einer differenzierten Betrachtung von Internationalisierungsmustern aus unterschiedlichen Ländern bei. Bisherige Studien verwendeten als Untersuchungsgegenstand überwiegend Unternehmen aus Industrieländern.[5]

[3]Vgl. Studien in Tab. 5.3 in Abschnitt 5.1.

[4]Vgl. Holtbrügge & Welge 2015, S. 83.

[5]Vgl. Studien in Tab. 5.3 in Abschnitt 5.1.

Inhaltsverzeichnis

Abkürzungsverzeichnis

AHK	Außenhandelskammer
CBEC	Cross-Border E-Commerce
CAGR	Compound Average Growth Rate
CRO	Clinical Research Organization
Destatis	Statistisches Bundesamt
Eurostat	Statistisches Amt der Europäischen Union
FDA	U.S. Food and Drug Administration
GIZ	Deutsche Gesellschaft für internationale Zusammenarbeit
GPO	Group Purchasing Organization
GU	Großunternehmen
ISA-Modell	International Sales Accelerator Modell
KMU	Kleines und mittelständisches Unternehmen
KOL	Key Opinion Leader
SIAVI	Sistema de Información Arancelaria via Internet
USG	Umweltschutzgüter

Abbildungsverzeichnis

Tabellenverzeichnis

1 Einleitung und Ausgangslage

„Wenn man nicht weiß,

welchen Hafen man ansteuern soll,

ist kein Wind der richtige." (Seneca 1991, S. 19)

1.1 Problemstellung und Relevanz der internationalen Zielmarktanalyse und Vertriebsaufbau bzw. Vertriebsentwicklung in internationalen Märkten

Das Zitat von *Seneca* fasst eine Seite der Problemstellung der Dissertation auf anschauliche Weise zusammen. Viele kleinere und mittelständische Unternehmen (im Nachfolgenden bezeichnet als KMUs) aber auch Großunternehmen (im Nachfolgenden bezeichnet als GUs) fragen sich, welche neuen Märkte sie mit welchen Produkten „ansteuern" sollen. Die andere Seite der Problemstellung der Dissertation betrifft die Ankunft im Hafen, wenn man das Zitat von *Seneca* erweitern würde. Welche Markteintrittspunkte gibt es, d. h. woher bekomme ich Informationen zu diesem neuen Markt? Welche Markteintrittsstrategie passt zu meinem Unternehmen und wie baue ich erste Vertriebswege auf, um meine Produkte vom Hafen in die Städte bzw. zu den Kunden zu bekommen? Diese und weitere Fragen werden mit der vorliegenden Dissertation beantwortet.

Dass die aufgezeigte Situation eine reale Problemstellung für Unternehmen bedeutet, verdeutlicht Abb. 1.1. Der Praxis fehlt es an geeigneten Modellen zur Internationalisierung der Geschäfte. Ein interviewter Geschäftsmanager z. B. fragt sich, wie er nach der Marktauswahl verfahren soll, um erste Geschäfte im ausgewählten Zielmarkt zu tätigen. Es gebe keine geeigneten Modelle, die erklären, wie Unternehmen bei der Erschließung ausländischer Märkte vorgehen. (siehe Zitat 1

S. Reber, *Internationale Zielmarktanalyse und Vertriebsentwicklung*,
https://doi.org/10.1007/978-3-658-32389-9_1

in Abb. 1.1). Weiterhin werden die Internationalisierungsaufgaben auf verschiedene Funktionen im Unternehmen verteilt, was zu Schnittstellenproblemen führt (siehe Zitat 2 in Abb. 1.1). Eine mögliche Lösung des Schnittstellenproblems kann z. B. darin bestehen, dass die Aufgaben nicht nach Funktionen aufgeteilt werden, sondern nach einem Prozess[1]. In der Forschung wird auch auf das Problem des Schnittstellenmanagements hingewiesen. *Panagopoulos et al.* sehen eine Lücke in Bezug auf das Schnittstellenmanagement in Unternehmen zwischen den Abteilungen Vertrieb und anderen funktionellen Bereichen[2]. *Wagner & Szymura-Tyl* argumentieren, dass die Schnittstellen zwischen den Abteilungen Vertrieb, Marketing und Neuproduktentwicklung erforscht werden müssen[3].

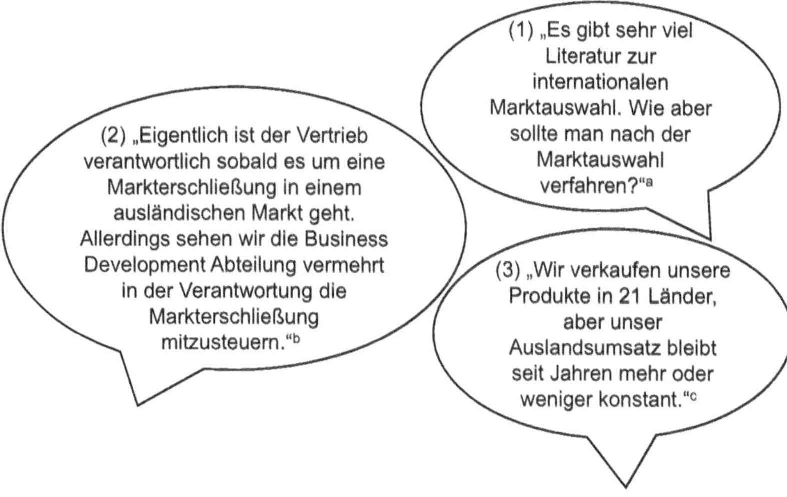

Abb. 1.1 Problemstellungen in der Praxis. [a]Interview 3 2016; [b]Interview 16 2016; [c]Interview 7 2016. (Quelle: Eigene Darstellung)

Andere Unternehmen wiederum erschließen mehrere Ländermärkte, da z. B. Anfragen für Produktlieferungen aus den Märkten kommen, aber der Umsatz in dem Ländermarkt wird nicht weiter ausgebaut (siehe Zitat 3 in Abb. 1.1).

[1]Vgl. Krüger 2011, S. 213 ff.

[2]Vgl. Panagopoulos et al. 2011, S. 227.

[3]Vgl. Wagner & Szymura-Tyl 2016, S. 3619 f.

Meistens bleibt es bei einem einmaligen Umsatz oder es entsteht eine Geschäftsverbindung zu einem ausländischen Unternehmen das dauerhaft beliefert wird.[4]

Insgesamt zeigen die geführten Experteninterviews, dass sowohl einige KMUs als auch einige GUs nicht systematisch genug bei der Internationalisierung ihrer Geschäfte vorgehen[5]. Durch diese unstrukturierte Vorgehensweise werden Umsatzpotenziale in ausländischen Märkten vernachlässigt bzw. gar nicht erst abgeschöpft. Das ISA-Modell setzt an der aufgezeigten Problematik an. Es zeigt in einem sieben-stufigen Internationalisierungsprozess-Modell wie Unternehmen ihr individuelles Internationalisierungsmuster ganzheitlich planen und implementieren können.

1.2 Zielsetzung der Arbeit

Aufgrund der beschriebenen Problemstellung lassen sich die in Abb. 1.2 dargestellten Forschungsfragen und Forschungsziele ableiten.

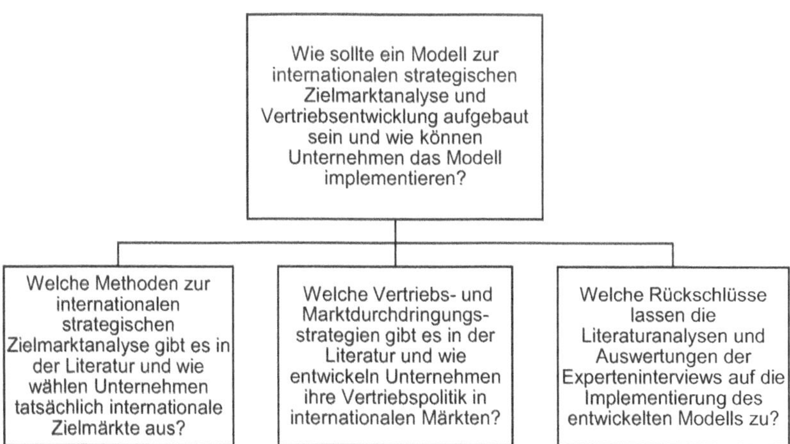

Abb. 1.2 Forschungsfragen der Dissertation. (Quelle: Eigene Darstellung in Anlehnung an Minto 1987, S. 9)

[4] Vgl. z. B. Interview 24 2016 oder Interview 10 2015.

[5] Siehe z. B. Tab. 5.1 und 5.2 in Kapitel 5.

Das übergeordnete Ziel der vorliegenden Dissertation ist, ein Modell zur internationalen strategischen Zielmarktanalyse und zur internationalen Vertriebsentwicklung aufzustellen sowie Managern erste Ansätze zu liefern, wie sie dieses Modell anwenden können (siehe Ebene 1 in Abb. 1.2). Die Forschungsunterfragen (siehe Ebene 2 in Abb. 1.2) sollen zur Beantwortung der Forschungsoberfrage beitragen und deren Komplexität herunterbrechen. Forschungsunterfrage eins und Forschungsunterfrage zwei sind Recherchefragen, die durch Sekundär- und Primärdaten beantwortet werden können. Ziel ist es den Forschungsstand zu den Themen Marktauswahl und Vertriebs- sowie Marktdurchdringungsstrategien aufzuarbeiten und eigene Forschungsergebnisse zu präsentieren. Forschungsunterfrage drei ist eine Hypothesenfrage, die durch die Verknüpfung der Erkenntnisse aus den Forschungsunterfragen eins und zwei beantwortet werden kann. Alle drei Forschungsunterfragen führen zur Beantwortung der Forschungsoberfrage. Mit dem entwickelten Modell wird das Ziel verfolgt, eine Forschungslücke zu füllen (siehe Kapitel 2) und sowohl für die Wissenschaft als auch für die Praxis einen substanziellen Beitrag zu leisten.

1.3 Beschreibung der Forschungsmethodik

Die Untersuchungsgegenstände der Dissertation sind zum einen Internationalisierungsmuster, d. h. das konkrete Vorgehen eines einzelnen Unternehmens bei der Internationalisierung seiner Geschäfte und zum anderen der Internationalisierungsprozess, d. h. die abstrakten Ebenen, die alle Unternehmen bei einer Internationalisierung der Geschäfte durchlaufen.

Die Gestaltung der Datenerhebung und Datenanalyse erfolgte anhand der qualitativen Grounded Theory-Methode[6] und der qualitativen Inhaltsanalyse-Methode[7] unter Zuhilfenahme der Software MAXQDA. Mit Hilfe der Grounded Theory wurden die Bausteine des ISA-Modells durch eine induktive Vorgehensweise entwickelt[8]. Das nachfolgende Zitat erklärt die Vorgehensweise bei Grounded Theory-Studien:

> "A grounded theory is one that is inductively derived from the study of the phenomenon it represents. That is, it is discovered, developed, and provisionally verified through systematic data collection and data analysis of data pertaining to that phenomenon. Therefore, data collection, analysis, and theory stand in reciprocal

[6]Vgl. Glaser & Strauss 1967 und Vgl. Strauss & Corbin 1990.

[7]Vgl. Mayring 2015.

[8]Vgl. Strauss & Corbin 1990, S. 23.

relationship with each other. One does not begin with a theory, then prove it. Rather, one begins with an area of study and what is relevant to that area is allowed to emerge."[9]

Wie aus dem Zitat hervorgeht, gibt es eine reziproke Beziehung zwischen der Datenerhebung und der Datenanalyse. Aus diesem Grund wurde über drei Jahre hinweg in vier verschiedenen Ländern nach und nach Daten erhoben (siehe Abb. 1.3).

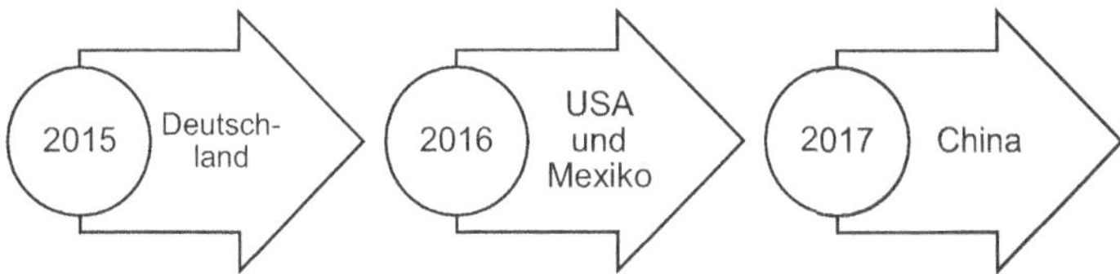

Abb. 1.3 Zeitliche Durchführung der Interview-Datenerhebung. (Quelle: Eigene Darstellung)

Die ersten teilstrukturierten Interviews fanden im Rahmen eines Drittmittelprojektes für das Land Baden-Württemberg im Jahr 2015 statt. Anschließend wurden weitere teilstrukturierte Interviews im Rahmen von Forschungsaufenthalten in den USA, Mexiko und China durchgeführt. Die Forschungsaufenthalte wurden durch Stipendien finanziert: Rudi-Häussler Förderpreis (USA), Strategisches Netzwerk Bioökonomie (BECY) (Mexiko) und Thematisches Netzwerk Innovation, Entrepreneurship und Finanzierung (INEF) (China).

Die Gestaltung des Interviewleitfadens wurde mehrmals während der Betreuung von Seminararbeiten am Lehrstuhl für Internationales Management an der Universität Hohenheim durch die Autorin vorab getestet. Der Interviewleitfaden wurde auf Deutsch und auf Englisch verfasst. Je nach Interviewpartner wurde das Interview entweder auf Deutsch oder auf Englisch geführt. Der entstandene Interviewleitfaden enthält drei Kategorien: A. Allgemeine Fragen zur Person und zum Unternehmen, B. Fragen zum Internationalisierungsprozess und C. Rückblick und abschließende Fragen (siehe separater und vertraulicher Anhang; siehe auch Hinweis im Quellenverzeichnis). Der im separaten und vertraulichen Anhang enthaltene Fragebogen enthält die Ausgangsfragen. Je nach Interviewpartner und fortschreitendes Wissen der Autorin wurden Follow-up Fragen gestellt. Insgesamt

[9]Strauss & Corbin 1990, S. 23.

wurde bei der Frageformulierung die grundlegenden Anforderungen an Frageformulierungen nach *Kuß et al.* beachtet[10]. Außerdem wurde darauf geachtet möglichst offene Fragen zu formulieren, um der interviewten Person genug Zeit zum Erzählen zu ermöglichen[11]. Eine Beispielfrage lautet: Wie haben Sie einen für Sie besonders erfolgreichen Auslandsmarkt erschlossen[12]?

Insgesamt wurden 79 Interviews von jeweils 1–2 Stunden durchgeführt. 47 Interviews wurden durch die Autorin selbst geführt und transkribiert. Weitere 37 Interviews wurden von Studierenden nach Einarbeitung durch die Autorin durchgeführt und transkribiert. Mit manchen Unternehmen wurden mehrere Interviews abgehalten. Für die Datenanalyse wurden letztendlich 54 Unternehmen ausgewählt (siehe separater und vertraulicher Anhang; siehe separater und vertraulicher Anhang; siehe auch Hinweis im Quellenverzeichnis). Die restlichen 25 Interviews waren entweder Interviews mit Institutionen oder Zweitgespräche mit Interviewpartnern. Alle Zweitgespräche von einem Unternehmen wurden bei der Auswertung berücksichtigt und beim ersten Interview mit eingearbeitet.

Nachdem das ISA-Modell durch kontinuierliche Verfeinerung entwickelt war, wurde mit Hilfe der Methode der qualitativen Inhaltsanalyse von *Mayring* jedes Interview nach Tätigkeiten gescannt und den zuvor aufgestellten Schritten des ISA-Modells zugeordnet[13]. Zu Beginn der Auswertung mussten relativ viele Codes aufgestellt werden. Je mehr Interviews analysiert waren, umso weniger wurden neue Codes nötig. Im Anschluss an die erste Auswertung wurden die Codes auf logische Zusammenhänge überprüft und ggfs. weiter zusammengefasst[14]. Das Ergebnis der Auswertung der qualitativen Inhaltsanalyse findet sich zusammengefasst in Abb. 5.1, dem Schnell-Check zur Einschätzung des eigenen Internationalisierungsmusters im ISA-Modell. In den einzelnen Kapiteln zum ISA-Modell werden die Ergebnisse der Auswertung ebenfalls ausführlich beschrieben.

Neben der Datenerhebung von Primärdaten wurden auch Daten von Sekundärquellen herangezogen. Besonders nennenswert sind z. B. zwei Datenbanken, die mit einer Lizenz durch die Universität Hohenheim benutzt werden können. Die erste Datenbank nennt sich Orbis-Datenbank und ist vom *Bureau von Dijk*[15]. Die Auswahl der Umwelttechnikunternehmen erfolgte durch die NACE Rev. 2, einer

[10]Vgl. Kuß et al. 2014, S. 83 ff.

[11]Vgl. Andresen 2013.

[12]siehe separater und vertraulicher Anhang; siehe auch Hinweis im Quellenverzeichnis

[13]Vgl. Mayring 2015, S. 70.

[14]Vgl. Mayring 2015, S. 70 ff.

[15]Vgl. Bureau van Dijk 2015.

statistischen Systematik der Wirtschaftszweige[16], und der Datenbank Orbis[17]. Der Schwerpunkt auf die Umwelttechnikindustrie wurde durch ein Drittmittelprojekt mit dem Land Baden-Württemberg gesetzt. In Tab. 1.1 sind die Kerncodes für drei ausgewählte Segmente der Umwelttechnik abgebildet. Nachdem die NACE Rev. 2 Codes identifiziert waren, wurde mit Hilfe der Datenbank Orbis Umwelttechnikunternehmen in vier ausgewählten Ländern, Deutschland, USA, China und Mexiko identifiziert.

Tab. 1.1 Übersicht über die Segmente der Umwelttechnikindustrie sowie der verwendeten NACE Rev. 2 Codes

Segmente der Umwelttechnikindustrie	NACE Rev. 2 Codes	Beschreibung
Abfall- und Kreislaufwirtschaft	38	Sammlung, Behandlung und Beseitigung von Abfällen; Rückgewinnung
(Ab-) Wasserwirtschaft	36	Wasserversorgung
	37	Abwasserentsorgung
Luftreinhaltung	2825	Herstellung von kälte- und lufttechnischen Erzeugnissen, nicht für den Haushalt
	2829	Herstellung von sonstigen nicht wirtschaftszweigspezifischen Maschinen
	2899	Herstellung von Maschinen für sonstige bestimmte Wirtschaftszweige
	4669	Großhandel mit sonstigen Maschinen und Ausrüstungen

Quellen: Eigene Darstellung in Anlehnung an Statistisches Amt der Europäischen Union 2008, S. 93 ff.

Bei qualitativen Studien ist es wichtig eine möglichst diverse Stichprobe zu bekommen[18]. Deswegen wurden weitere Interviews mit Unternehmen aus möglichst vielen unterschiedlichen NACE Kern-Code Industrien und weiteren Heimatländern geführt (siehe Tab. 1.2). Weiterhin wurde darauf geachtet, dass unterschiedlich große Unternehmen in der Stichprobe vorhanden sind. Dabei

[16]Vgl. Statistisches Amt der Europäischen Union (im Nachfolgenden bezeichnet als Eurostat) 2008.

[17]Vgl. Bureau van Dijk 2015.

[18]Vgl. Schatzinger et al. 2015, S. 6 f.

wurden die Unternehmen nach der KMU-Definition der Europäischen Union eingeteilt: Unternehmen mit einer Mitarbeiterzahl bis zu 249 Personen und einem Jahresumsatz bis zu 50 Mio. EUR wurden als KMU eingestuft. Unternehmen mit einer Mitarbeiterzahl von 250 Personen und einem Jahresumsatz von 51 Mio. EUR wurden als GUs eingestuft.[19] Weitere Interviews wurden mit Institutionen, wie z. B. den Außenhandelskammern oder Wirtschaftsförderungsgesellschaften geführt.

Tab. 1.2 Übersicht über NACE Rev. 2 Codes in anderen Industrien

NACE Rev. 2 Codes	Beschreibung
1920	Mineralölverarbeitung
2342	Herstellung von Sanitärkeramik
2593	Herstellung von Drahtwaren, Ketten und Federn
2712	Herstellung von Elektrizitätsverteilungs- und -schalteinrichtungen
2751	Herstellung von elektrischen Haushaltsgeräten
2811	Herstellung von Verbrennungsmotoren und Turbinen (ohne Motoren für Luft- und Straßenfahrzeuge)
2813	Herstellung von Pumpen und Kompressoren
2814	Herstellung von Armaturen
2822	Herstellung von Hebezeugen und Fördermitteln
2893	Herstellung von Maschinen für die Nahrungs- und Genussmittelerzeugung und die Tabakverarbeitung
2910	Herstellung von Kraftwagen und Kraftwagenmotoren
2932	Herstellung von sonstigen Teilen und sonstigem Zubehör für Kraftwagen
3299	Herstellung von sonstigen Erzeugnissen
4322	Gas-, Wasser-, Heizungs- sowie Lüftungs- und Klimainstallation
4329	Sonstige Bauinstallation
4520	Instandhaltung und Reparatur von Kraftwagen
4637	Großhandel mit Kaffee, Tee, Kakao und Gewürzen
4652	Großhandel mit elektronischen Bauteilen und Telekommunikationsgeräten
5229	Erbringung von sonstigen Dienstleistungen für den Verkehr

(Fortsetzung)

[19] Vgl. Institut für Mittelstandsforschung Bonn 2018.

Tab. 1.2 (Fortsetzung)

NACE Rev. 2 Codes	Beschreibung
7010	Verwaltung und Führung von Unternehmen und Betrieben
7111	Architekturbüros
7739	Vermietung von sonstigen Maschinen, Geräten und beweglichen Sachen
9609	Erbringung von sonstigen Dienstleistungen

Quellen: Eigene Darstellung in Anlehnung an Statistisches Amt der Europäischen Union 2008, S. 93 ff.

Die zweite Datenbank ist die United Nations Comtrade Datenbank von den Vereinten Nationen[20]. In der Datenbank werden durch die Vereinten Nationen Export- und Importzahlen aller durch die Weltzollorganisation gekennzeichneten Produkte gesammelt und können anhand von Codes für Produkte oder bei mehreren Codes für Industrien abgerufen werden (siehe Fallstudie 6.1). Weitere Sekundärquellen wurden z. B. für die Literaturanalysen benötigt. Diese wurden ebenfalls über Fachdatenbanken, wie z. B. Business Source Premier identifiziert und über die Lizenz der Universität Hohenheim sowie der University of Texas at Austin heruntergeladen. Da die vorliegende Dissertation mehrere in der Regel unabhängig voneinander betrachtete Themen vereint, wurde bei der Literatursuche auf die Stichwort-Erfahrung von Prof. *Gillespie* von der University of Texas at Austin zurückgegriffen. Mit ihrer Hilfe wurden passende Stichworte zur Literatursuche ausgewählt. Weitere Sekundärquellen waren Unternehmensbroschüren, die die Interviewpartner zur Verfügung stellten. Für die Fallstudien wurde sowohl single-case Designs als auch multiple-case Designs nach *Yin* ausgewählt[21].

1.4 Aufbau der Arbeit

Kapitel 2 bettet das ISA-Modell in die Business Development und Vertriebsforschung ein (Abschn. 2.1) und stellt die Entwicklung der Methodik des ISA-Modells vor (Abschn. 2.2). Es werden theoretische Grundlagen und Definitionen vorgestellt und das Thema der Arbeit zu anderen wissenschaftlichen Bereichen abgegrenzt und eingeordnet.

[20] Vgl. United Nations Comtrade Datenbank 2015.

[21] Vgl. Yin 2009, S. 46.

In Kapitel 3 werden die Ergebnisse aus den Experteninterviews zu den ISA-Modell Bausteinen 1–3 dargestellt (Abschn. 3.1–3.3). Die Bausteine 1–3 des ISA-Modells gehören zur strategischen Analyse im Prozess des strategischen Managements.

Kapitel 4 erläutert die Ergebnisse aus den Experteninterviews in den ISA-Modell Bausteinen 4–7 (Abschn. 4.1–4.4). Baustein 4 repräsentiert dabei den Teil der Strategieformulierung und Strategieauswahl im Prozess des strategischen Managements. Die Bausteine 5–7 stehen für die Strategieimplementierung im Prozess des strategischen Managements.

In Kapitel 5 werden die Ergebnisse der Experteninterviews zusammengefasst. Es wird ein Schnell-Check zur Selbsteinschätzung des eigenen Internationalisierungsmusters für Manager vorgestellt (Abschn. 5.1) und im Anschluss auf die Implementierung der Methodik des ISA-Modells eingegangen (Abschn. 5.2). Hierbei wird die in Kapitel 2 vorgestellte Literatur mit den in Kapitel 3 und 4 vorgestellten Ergebnissen aus den Experteninterviews verknüpft und gemäß Forschungsunterfrage 3 Rückschlüsse für die Implementierung des ISA-Modells gezogen.

Kapitel 6 zeigt konkrete Vorgehensweisen für die Zielmarktanalyse für eine Industrie (Abschn. 6.1) und unterschiedliche Internationalisierungsmuster von Unternehmen (Abschn. 6.2). In Abschn. 6.1 wird eine eigenständig entwickelte Methode für eine Zielmarktanalyse in einer Querschnittsindustrie wie der Umwelttechnikindustrie vorgestellt. Dabei wird auf die ersten drei Bausteine des ISA-Modells eingegangen. Abschn. 6.2 stellt die Internationalisierungsmuster von zehn Unternehmen vor, dabei wird auf alle Bausteine des ISA-Modells eingegangen. Die Fallstudien in Abschn. 6.2 sind so ausgewählt, dass möglichst unterschiedliche Markteintrittsstrategien und deren Implementierung beschrieben werden können (siehe auch Abb. 6.9).

In Kapitel 7 werden die Ergebnisse der Dissertation kurz und prägnant zusammengefasst und mit der anfangs aufgestellten Zielsetzung verglichen (Abschn. 7.1). Anschließend werden Empfehlungen für die Weiterentwicklung des ISA-Modells gegeben und Hypothesen für zukünftige Follow-up Studien zum ISA-Modell dargestellt (Abschn. 7.2). Zu guter Letzt wird auf Limitierungen der Dissertation eingegangen und einen Ausblick auf zukünftige Forschungsvorhaben unabhängig vom ISA-Modell gegeben (Abschn. 7.3).

BY

Theoretische Grundlagen: Das International Sales Accelerator Modell als Business Development und Vertriebsmanagement Prozess-Tool

2

2.1 Stand der Business Development- und Vertriebsforschung

Der Begriff Business Development kann übersetzt werden mit Geschäftsentwicklung bzw. Geschäftsfeldentwicklung. Unter dem Begriff werden unterschiedliche wissenschaftliche Konzepte zusammengefasst (siehe Tab. 2.1). Zum Beispiel verstehen *Kohne* und *Becker* darunter hauptsächlich die Entwicklung neuer Geschäftsmodelle[1]. Nach der Definition von *Bernecker* beinhaltet Business Development die drei Dimensionen Neukundengewinnung, Erschließung neuer Märkte und Entwicklung neuer Geschäftsmodelle[2]. *Sorensen* versteht darunter die analytische Vorbereitung auf potenzielle Wachstumsmöglichkeiten nicht aber die Implementierung der Wachstumsmöglichkeiten[3].

Sorensens Definition zeigt die Parallelen zum Thema Wachstumsstrategien. Dieses Thema wiederum ist in der Wissenschaft ausführlicher erforscht als das Thema Business Development[4]. *Voeth et al.* haben herausgefunden, dass zu dem Thema Business Development bisher nur sehr wenige Studien veröffentlicht wurden[5]. Außerdem stellen sie fest:

[1]Vgl. Kohne 2016, S. 5 und Becker 2014, S. 31.

[2]Vgl. Bernecker 2015, S. 12–14.

[3]Vgl. Sorensen 2012, S. 26.

[4]Vgl. Voeth et al. 2014, S. 6.

[5]Vgl. Voeth et al. 2014, S. 6.

S. Reber, *Internationale Zielmarktanalyse und Vertriebsentwicklung*,
https://doi.org/10.1007/978-3-658-32389-9_2

Tab. 2.1 Übersicht über unterschiedliche Business Development Definitionen

Autor(en) (Jahr)	Definition
Kohne (2016)	„Business Development soll: 1. Bestehende, aber unerfüllte Marktbedürfnisse befriedigen, 2. neue Technologie, Produkte oder Dienstleistungen auf den Markt bringen, 3. bestehenden Markt mit neuem Geschäftsmodell verbessern, aufbrechen oder verändern und 4. ganz neuen Markt schaffen.“[a]
Bernecker (2015)	„Business Development ist die strukturierte und systematische Weiterentwicklung eines bestehenden oder neuen Geschäftsfeldes. Als Hauptziele lassen sich Neukundengewinnung, Erschließung neuer Märkte und Entwicklung neuer Geschäftsmodelle identifizieren. Die drei Hauptdimensionen des Business Development sind: Vertrieb-, Produkt-, und Marketingorientiertes Business Development.“[b]
Becker (2014)	„Die Rolle des Business Development Manager zeichnet sich nach unserer Definition durch eine oder mehrere der folgenden Aufgaben aus: - Konzeption und Implementierung von Strategien in sich wandelnden Märkten; - Ausweitung bestehender Marktzugänge und Kanäle (Broadening / Deepening); - Erschließen neuer Geschäftsoptionen und –modelle (Business Innovation).“[c]
Sorensen (2012)	„‘Business development’ refers to the tasks and processes concerning analytical preparation of potential growth opportunities, the support and monitoring of the implementation of growth opportunities, but does not include decisions on strategy and implementation of growth opportunities.“[d]

Quelle: Eigene Darstellung.
[a]Vgl. Kohne 2016, S. 5.
[b]Vgl. Bernecker 2015, S. 12–14.
[c]Vgl. Becker 2014, S. 31.
[d]Vgl. Sorensen 2012, S. 26.

> “Anders als in etablierten Forschungsbereichen der Betriebswirtschaftslehre, in denen vor allem explikative und normative Forschung erforderlich ist, steht die Wissenschaft (und auch die Praxis) beim Business Development noch ganz am Anfang. Hier ist zunächst deskriptive Forschung zu leisten […].”[6]

[6]Voeth et al. 2014, S. 7.

Da Wachstumsstrategien nicht explizit das Thema dieser Dissertation sind, werden im Folgenden nur kurz die vier bekanntesten Wachstumsstrategien von *Ansoff* vorgestellt (siehe Abb. 2.1). Laut *Ansoffs* Produkt-Markt-Matrix können Unternehmen Wachstum generieren, indem sie in bestehenden Märkten mit bestehenden Produkten den Markt durchdringen (=Marktdurchdringungsstrategie)[7]. Weiterhin kann ein Unternehmen wachsen, indem es neue Märkte erschließt (=Marktentwicklung) oder neue Produkte entwickelt (=Produktentwicklung). Schlussendlich besteht für ein Unternehmen auch die Möglichkeit neue Märkte mit neuen Produkten zu erschließen (=Diversifikation).[8]

Märkte / Produkte	M0	M1	M2	...	Mm
P0	Marktdurch-dringung	Marktentwicklung			
P1					
P2	Produkt-entwicklung	Diversifikation			
⋮					
Pn					

Abb. 2.1 Produkt-Markt-Matrix. (Quelle: Eigene Darstellung in Anlehnung an Ansoff 1957, S. 114)

Weiterhin kann Wachstum sowohl unternehmensintern als auch unternehmensextern stattfinden. Unternehmensinternes Wachstum wird durch die externe oder interne Finanzierung von Geschäften generiert. Unternehmensexternes Wachstum findet statt, durch Fusionen oder durch die Übernahme von Unternehmen.[9] Um erfolgreich zu wachsen, müssen zahlreiche Faktoren beachtet werden, die hier nicht im Fokus stehen. Eine Internationalisierungsstrategie beschäftigt sich demnach mit der Marktentwicklung oder der Diversifikation.

[7] Vgl. Ansoff 1957, S. 114.

[8] Vgl. Ansoff 1957, S. 114.

[9] Vgl. Weston 1953, S. 3.

Die Unterschiede zwischen Business Development und Wachstumsstrategien sind, dass die neuen Modelle, d. h. Business Development Modelle, konkretere Ansätze geben *wie* neues Wachstum geschaffen werden kann. Zum Beispiel gibt es das Business Model Canvas[10] oder den St. Galler Business Model Navigator[11]. Diese beiden Modelle tragen zur Geschäftsfeldentwicklung bei. Das ISA-Modell kann der Dimension "neue Märkte" von *Bernecker* zugeordnet werden, wohingegen die anderen beiden Modelle der Neukundengewinnungsdimension und der Geschäftsmodelldimension zugeordnet werden können. Somit reiht sich das ISA-Modell als weiteres Modell in die Business Development-Modelle ein.

Das Thema der vorliegenden Dissertation kann in den Internationalisierungstheorien weiter verortet werden. *Holtbrügge & Welge* z. B. unterscheiden dabei zwischen drei theorieübergreifenden Ansätzen: Außenhandelstheorien, Theorien der internationalen Direktinvestition und Theorien der Multinationalen Unternehmung[12]. Während die Außenhandelstheorien die Vorteilhaftigkeit des Außenhandels an sich untersuchen, beschäftigen sich die Theorien der internationalen Direktinvestitionen mit den Voraussetzungen für eine Internationalisierung der Geschäfte. Die neueren Theorien der multinationalen Unternehmung untersuchen dagegen, warum manche Unternehmen Wettbewerbsvorteile aus einer Internationalisierung gewinnen können und andere Unternehmen nicht.[13] Insgesamt lässt sich festhalten, dass fast alle Ansätze sich mehr oder weniger mit der Frage beschäftigen, *warum* Unternehmen ausländische Märkte erschließen, nicht aber *wie* Unternehmen bei ihrem Internationalisierungsprozess vorgehen[14]. *Johanson & Vahlne's* Lerntheorie der Internationalisierung ist eine Ausnahme. Die Autoren beschreiben z. B., dass Unternehmen in der Regel einen neuen Ländermarkt mit Exporten über einen Handelspartner erschließen. Wenn die Geschäfte gut laufen, folgen Vertriebsniederlassungen bzw. Produktionsniederlassungen.[15]

Laut einer Zusammenstellung vom Lehrstuhl für Vertriebsmanagement und Business-to-Business Marketing der WHU gibt es ca. 30 Lehrstühle an deutschen Universitäten und Fachhochschulen, die sich mit dem Thema Verkaufs- und Vertriebsmanagement beschäftigen[16]. In der Regel sind dies Lehrstühle für Marketing. Eine Ausnahme bildet der Lehrstuhl von Prof. Dr. *Ivens*, Lehrstuhl

[10]Vgl. Osterwalder & Pigneur 2011, S. 48 ff.

[11]Vgl. Gassmann et al. 2014, S. 81 ff.

[12]Holtbrügge & Welge 2015, S. 55 ff.

[13]Vgl. Holtbrügge & Welge 2015, S. 55.

[14]Vgl. Holtbrügge & Welge 2015, S. 83.

[15]Vgl. Johanson & Vahlne 1977.

[16]Vgl. Lehrstuhl für Vertriebsmanagement und Business-to-Business Marketing 2013.

für BWL, insb. Vertrieb und Marketing an der Universität Bamberg und Prof. Dr. *Jensen*, Lehrstuhl für Vertriebsmanagement und Business-to-Business Marketing.[17] *Binckebanck & Hölters* kommen daher in einer Aufarbeitung zum Stand der Forschung zum internationalen Vertrieb zu dem Ergebnis, dass das Thema in der Vergangenheit weniger Beachtung erhalten hat[18]. Mögliche Gründe sind, zum einen, dass der Vertrieb in der Regel sehr praxisorientiert ist, d. h. um das Vertriebsgeschäft zu verstehen, müssen industriebezogene Marktkenntnisse vorliegen. Zum anderen wurde der Vertrieb auch lange Zeit anderen Wissenschaftsbereichen, wie z. B. dem strategischen Management, dem Logistikmanagement oder dem Betriebsführungsmanagement überlassen[19]. So gibt es z. B. im strategischen Marketing die Konzepte der generischen Wertschöpfungskette[20], Wertsystem[21], herstellerbezogene und käuferbezogene Produktketten[22], globale Wertschöpfungskette[23] und Wertschöpfungslächeln[24] die allesamt dem Vertrieb bzw. seinen Akteuren eine strategische Rolle zuordnen. Insbesondere das Wertsystem (siehe Abb. 2.2) von *Porter* zeigt, dass Wettbewerbsvorteile nur im Zusammenhang mit dem Verständnis dieses Systems für ein bestimmtes Unternehmen generiert werden können[25].

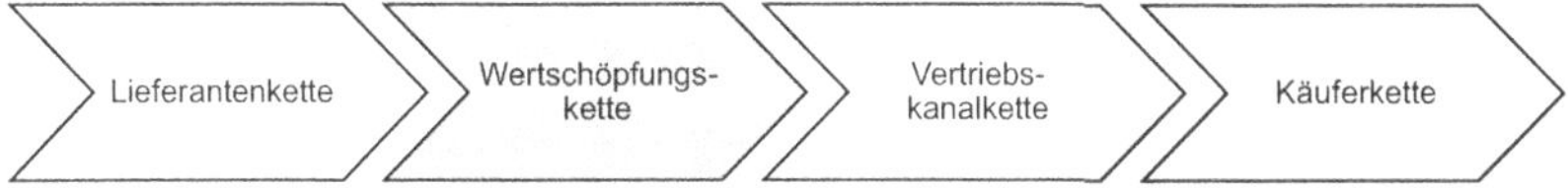

Abb. 2.2 Das Wertsystem. (Quelle: Eigene Darstellung in Anlehnung an Porter 1985, S. 35)

Weitere Konzepte stammen aus dem Logistikmanagement (siehe Abb. 2.3) und dem Betriebsführungsmanagement (siehe Abb. 2.4). In Abb. 2.3 ist der Prozess

[17] Vgl. Lehrstuhl für Vertriebsmanagement und Business-to-Business Marketing 2013, S. 5–8.

[18] Vgl. Binckebanck & Hölter 2012, S. 223–240.

[19] Vgl. z. B. Balambo et al. 2014, S. 74.

[20] Vgl. Porter 1985, S. 37 und Porter 1986, S. 18.

[21] Vgl. Porter 1985, S. 35.

[22] Vgl. Gereffi 1994, S. 97.

[23] Vgl. Gereffi et al. 2005, S. 89.

[24] Vgl. Bartlett & Ghoshal 2000, Mudambi 2007, S. 206 und Lundquist 2007, S. 56.

[25] Vgl. Porter 1985, S. 34.

des Logistikmanagements abgebildet. Die Grenzen der Logistik werden anhand der gepunkteten Linie dargestellt und liegen innerhalb eines Unternehmens.

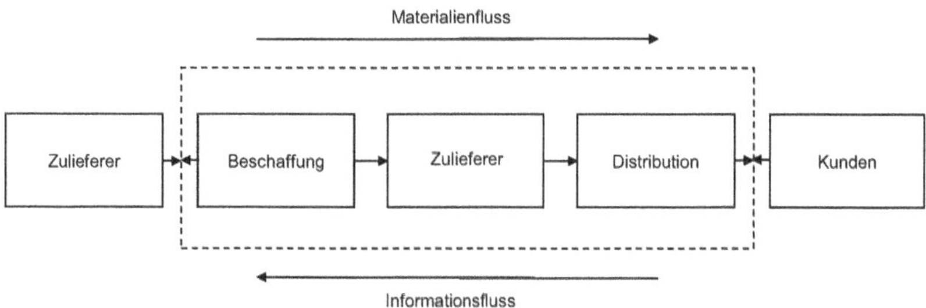

Abb. 2.3 Der Prozess des Logistikmanagements. (Quelle: Eigene Darstellung in Anlehnung an Christopher 2011, S. 11)

Das Logistikmanagement stellt sicher, dass die Materialien oder Produkte transportiert werden und dass Informationen an die entsprechenden Abteilungen, wie z. B. Marketing berichtet werden.[26] Ohne geeignete Infrastruktur fällt es Unternehmen unter Umständen schwer Produkte an die Kunden zu bringen[27].

Abb. 2.4 zeigt den Prozess des Lieferkettenmanagements. Es gibt dabei vorgeschaltete “upstream” Beziehungen zu Rohstofflieferanten und Komponentenzulieferern sowie nachgeschaltete “downstream” Beziehungen zu Großhändlern, Einzelhändlern und Kunden[28].

Insgesamt zeigt sich, dass das Thema internationaler Vertrieb sehr interdisziplinär und durch unterschiedliche Forschungseinflüsse geprägt ist. Aus dieser Interdisziplinarität lässt sich erklären, warum der internationale Vertrieb in der Marketingliteratur in der Vergangenheit weniger Beachtung bekommen hat als z. B. die anderen drei Marketing-Mix Elemente[29].

In den letzten Jahren wurden deshalb in der Marketingliteratur vermehrt wissenschaftliche Artikel mit dem Aufruf zur Schließung von Forschungslücken im internationalen Verkaufs- und Vertriebsmanagement veröffentlicht. Tab. 2.2 gibt

---

[26]Vgl. Christopher 2011, S. 11.

[27]Vgl. Interview 44 2017 und Interview 45 2017.

[28]Vgl. Christopher 2011, S. 3.

[29]Vgl. z. B. Homburg & Krohmers 2006 Seitenverhältnis der Marketing-Mix Elemente. Die Vertriebspolitik umfasst im Vergleich zu den anderen drei Marketing-Mix Elementen ca. die Hälfte der Seitenzahlen.

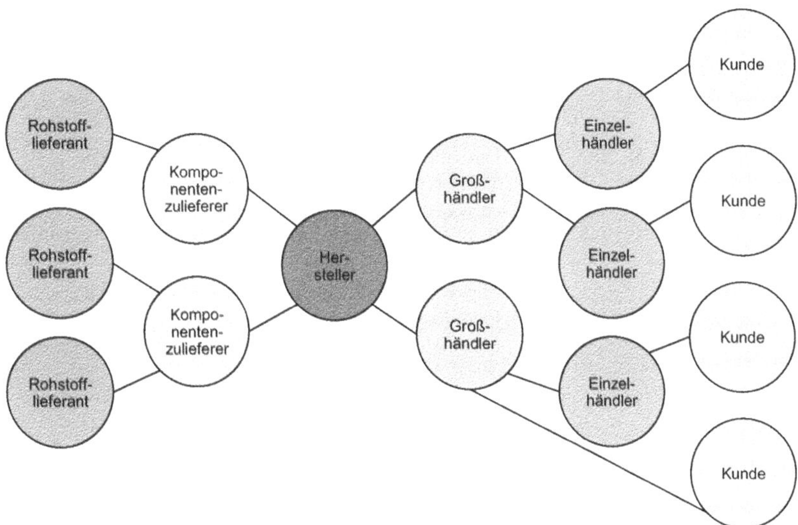

Abb. 2.4 Der Prozess des Lieferkettenmanagements. (Quelle: Eigene Darstellung in Anlehnung an Kummer et al. 2009, S. 260)

eine Übersicht über die aktuellen Forschungslücken. *Baldauf & Lee* rufen z. B. zu mehr Forschung außerhalb der USA auf sowie zur Entwicklung von neuen Modellen und Theorien[30]. *Panagopoulos et al.* 's Aufsatz ist ein Gemeinschaftswerk von insgesamt 13 Wissenschaftlern[31]. In dem Aufsatz erfolgt eine dementsprechende Auswertung der bisherigen Forschungsaufsätze in dem Themengebiet. Sie stellen einige Forschungslücken vor, z. B. sollten sich zukünftige Forschungsprojekte mit dem Vertrieb in Schwellenländern und Entwicklungsländern beschäftigen. Außerdem mangelt es an neuen theoretischen Modellen für Praktiker oder Erkenntnissen über das Schnittstellenmanagement zwischen Vertrieb und anderen funktionellen Gebieten.[32] *Wagner & Szymura-Tyl* erarbeiten ebenfalls eine Forschungslücke in Bezug auf das Schnittstellenmanagement zwischen Vertrieb, Marketing und Neuproduktentwicklung, sowie einer Aufforderung zur Untersuchung der Auswirkung einer Verbesserung der Vertriebsorganisation auf das strategische Management.[33]

[30] Vgl. Baldauf & Lee 2011, S. 212 ff.

[31] Vgl. Panagopoulos et al. 2011.

[32] Vgl. Panagopoulos et al. 2011, S. 226 f.

[33] Vgl. Wagner & Szymura-Tyl 2016, S. 3619 f.

Tab. 2.2 Übersicht Forschungslücken Internationales Verkaufs- und Vertriebsmanagement

Autor(en) und Jahr	Forschungslücken
Baldauf & Lee 2011	• Durchführung von Forschung außerhalb der USA • Entwicklung von neuen Modellen und Theorien
Panagopoulos et al. 2011	• Durchführung von Forschung, die sich auf den Vertrieb in Schwellenländern und weniger entwickelten Ländern konzentriert • Identifizierung und Verifizierung von Vertriebsmanagementvariablen • Entwicklung von neuen theoretischen Gerüsten • Identifizierung von Wissens- und Informationsstrukturen aus ausländischen Märkten und deren Aufbaumöglichkeiten • Betrachtung der Schnittstellen zwischen dem Vertrieb und anderen funktionellen Gebieten • Verbesserung des Verständnisses von Exportprozeduren und Bürokratie im Ausland
Wagner & Szymura-Tyl 2016	• Betrachtung von Schnittstellen zwischen Vertrieb, Marketing und Neuproduktentwicklung • Verbesserung der Vertriebsorganisation innerhalb eines Unternehmens und deren Einfluss auf das Strategische Management

Quelle: Eigene Darstellung.

Weitere Forscher bekräftigen z. B., dass der Vertrieb eine Quelle für Marktdaten ist und diese Quelle im Unternehmen zur Sammlung von Wettbewerbsinformationen und rechtlichen Regulierungen genutzt werden soll[34]. *Samli et al.* heben ebenfalls die strategische Bedeutung des Vertriebs hervor[35]. *Leach et al.* beschäftigen sich ausschließlich mit dem Thema der Distribution[36], wohingegen *Lancioni* oder *LaRoche et al.* den Vertrieb in Verbindung zur Preispolitik und der Kommunikationspolitik bringen[37]. *Leach et al.* argumentieren, dass die Macht welche die Hersteller oder Einzelhändler über Vertriebskanäle haben, einen starken Einfluss auf die Wahl eines Vertriebskanals hat[38]. Einer der wenigen neueren

[34]Vgl. Chonko et al. 1991.

[35]Vgl. Samli et al. 1994.

[36]Vgl. Leach et al. 2011.

[37]Vgl. Lancioni 2005 und LaRoche et al. 2005.

[38]Vgl. Leach et al. 2011, S. 217.

Artikel beschäftigt sich mit dem Vertriebsmanagement in Südkorea[39]. Weitere wissenschaftliche Artikel lassen sich unter folgenden Themen zusammenfassen: Organisation bzw. Management des Vertriebs[40], Vertriebscontrolling[41], Personalmanagement im Vertrieb[42], Einfluss der Kultur auf den Vertrieb[43] oder Customer Relationship Management[44]. Die vorliegende Arbeit trägt dazu bei die aufgezeigten Forschungslücken zu füllen. Außerdem lässt sich die Arbeit dem strategischen Vertrieb zuordnen.

2.2 Zur Entwicklung der Methodik des International Sales Accelerator Modells

Das ISA-Modell wurde aufgrund der aufgezeigten Forschungslücken (siehe Abschnitt 2.1) und eigenen Beobachtungen von unsystematischen Vorgehensweisen von Internationalisierungsprozessen bei Unternehmen entwickelt. Es ist ein ganzheitlicher Ansatz mit insgesamt sieben Baukästen zur Entwicklung und Implementierung von Internationalisierungsentscheidungen (siehe Abb. 2.5)[45]. Dabei ist das ISA-Modell theoretisch fundiert und beinhaltet zahlreiche Erkenntnisse aus der wissenschaftlichen Literatur, auf die in den nachfolgenden Abschnitten näher eingegangen wird.

Dem ISA-Modell liegt der Prozess des strategischen Managements mit den drei Phasen – strategische Analyse, Strategieformulierung und Strategieauswahl und Strategieimplementierung – zugrunde (siehe Abb. 2.6)[46].

Die Phase der strategischen Analyse beinhaltet die ersten drei Schritte des ISA-Modells. In Schritt vier findet die Strategieformulierung und Strategieauswahl statt. Anschließend erfolgt in den Schritten fünf bis sieben des ISA-Modells die Strategieimplementierung. Weiterhin versteht sich das ISA-Modell als ein

[39]Vgl. Horak & Nihalani 2016.

[40]Vgl. Gestetner 1974, Baldauf et al. 2001a, Baldauf et al. 2001b oder Baldauf et al. 2002.

[41]Vgl. Jacobs & Larkins 1992, Hill & Allaway 1993, Black et al. 1998, Peasnell 1998, Cravens et al. 2006 oder Borgonovo & Peccati 2007.

[42]Vgl. Honeycutt & Ford 1996, Wetzels et al. 1999 oder Mallin et al. 2010.

[43]Vgl. DeShields & de los Santos 2000.

[44]Vgl. Davies et al. 2010 oder Baker 2014.

[45]Der ganzheitliche Ansatz des ISA-Modells knüpft an *Kochs* Erkenntnis an, dass die internationale Marktauswahl und Markteintrittsstrategien kein separater Prozess sind, sondern zwei Aspekte einer Entscheidung (Vgl. Koch 2001, S. 73).

[46]Vgl. Hungenberg 2014, S. 9.

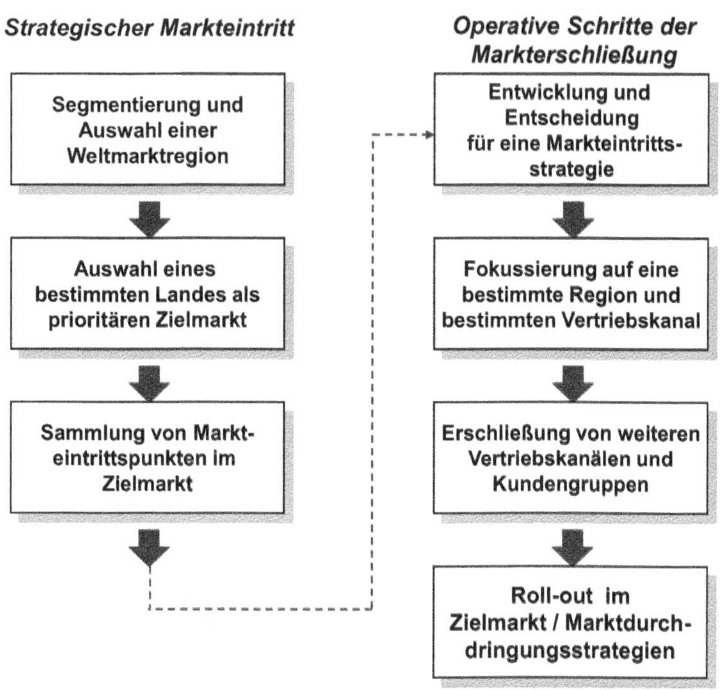

Abb. 2.5 Das International Sales Accelerator-Modell. (Quelle: Eigene Darstellung)

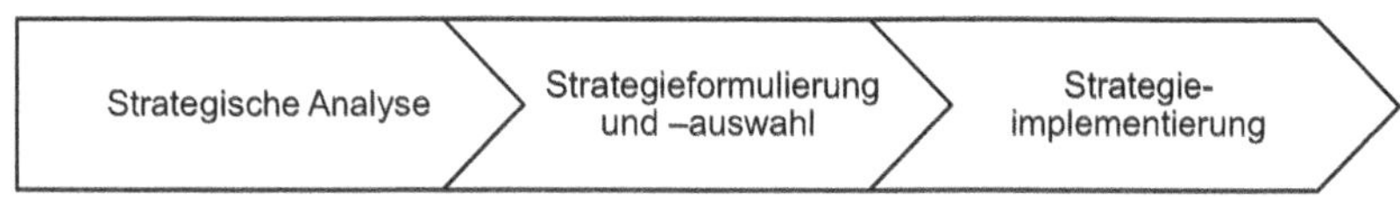

Abb. 2.6 Prozess des strategischen Managements. (Quelle: Eigene Darstellung)

erklärendes Modell[47], das eine Abbildung eines Realitätsausschnitts von Best Practices darstellt und Unternehmen und Institutionen bei der Planung und Implementierung von Internationalisierungsprozessen dient.

[47]Manhart 1995, S. 14 f.

***Baustein 1: Segmentierung und Auswahl einer Weltregion***

Im ersten Baustein gilt es Antworten auf bestimmte Kernfragen zu Schritt 1 (siehe Abb. 2.7) abzuklären. Eine erste Kernfrage lautet: "Aus welchen Gründen wollen wir international tätig werden?" *Welge & Holtbrügge* listen die folgenden vier Motive auf: markt- und absatzorientierte Motive, kosten- und ertragsorientierte Motive, beschaffungsorientierte Motive und strategische Motive[48]. Markt- und absatzorientierte Motive sind z. B. gegeben, wenn ein Unternehmen eine Sättigung im Produktlebenszyklus eines Produktes im Heimatmarkt wahrnimmt und diese durch eine Internationalisierung der Geschäfte zu umgehen versucht. Manche Staaten fördern auch die Ansiedlung von ausländischen Unternehmen. In diesem Fall liegt ein kosten- und ertragsorientiertes Motiv vor. Weiterhin treten Unternehmen in neue Ländermärkte ein, weil sie z. B. Ressourcen vor Ort sicherstellen wollen. Das wäre ein beschaffungsorientiertes Motiv. Zu guter Letzt können Unternehmen mit einer Internationalisierungsstrategie auch strategische Ziele verfolgen, wie z. B. der Aufkauf eines Konkurrenten im Ausland.[49]

	– *Aus welchen Gründen wollen wir international tätig werden?* – *Haben wir die nötigen Ressourcen und Kompetenzen, um Geschäfte außerhalb unserer Region aufzubauen?* – *Wollen wir Geschäfte außerhalb unserer Weltregion tätigen?* – *Welche Weltregionen werden in unserer Industrie am schnellsten Wachsen?*

Abb. 2.7 Kernfragen zu Schritt 1. (Quelle: Eigene Darstellung)

Eine weitere Kernfrage in Schritt 1 lautet: "Haben wir die nötigen Ressourcen und Kompetenzen, um Geschäfte außerhalb unserer Region aufzubauen?" *Akhter & Robles* betonen, dass Manager zunächst analysieren sollten, welche Kompetenzen sich auf andere Ländermärkte übertragen lassen, bevor sie überhaupt eine Internationalisierung in Betracht ziehen[50]. Weiterhin müssen Manager sich die Frage stellen: "Wollen wir Geschäfte außerhalb unserer Weltregion tätigen?" Die Kernfrage rührt daher, dass laut *Johansson & Vahlne's* Lerntheorie der Internationalisierung Unternehmen in der Regel zunächst in ihrer Weltregion

[48]Vgl. Welge & Holtbrügge 2006, S. 24.

[49]Vgl. Welge & Holtbrügge 2006, S. 24.

[50]Vgl. Akther & Robles 2006.

international tätig werden, bevor sie in andere Weltregionen expandieren[51]. Zu guter Letzt sollten sich Manager die Frage stellen: "Welche Weltregionen werden in unserer Industrie am schnellsten wachsen?" Hierzu können Manager z. B. Handelsdaten heranziehen, um die wachstumsstärksten Weltregionen für ihre Industrie herauszufinden (siehe auch Fallstudie 6.1).

Baustein 2: Auswahl eines bestimmten Landes als prioritären Zielmarkt

Nach einer ersten Segmentierung und Auswahl einer Weltregion geht es im zweiten Baustein des ISA-Modells um die Auswahl eines bestimmten Landes als prioritären Zielmarkt. Bei ersten Vorabinterviews fiel dabei auf, dass die Entscheidung für einen primären Zielmarkt in der Praxis oft unsystematisch und je nach Ländermarkt unterschiedlich getätigt wurde. Dabei argumentieren mehrere Forscher für ein systematisches Vorgehen bei der internationalen Marktauswahl[52]. *Brouthers & Nakos* liefern zudem erste empirische Beweise, dass ein systematisches Vorgehen bei der internationalen Marktauswahl in höheren Exportleistungen von KMUs mündet[53]. Außerdem sollten sich Manager Gedanken zu den in Abb. 2.8 aufgelisteten Kernfragen zu Schritt 2 machen.

- *Mit welcher Methode sollen die Länder ausgewählt werden (Marktschätzungs- oder Marktgruppierungsverfahren)?*
- *Welche Länder innerhalb einer Weltregion sollen zuerst erschlossen werden?*
- *In welchem Land soll das Headquarter für die Region aufgebaut werden?*

Abb. 2.8 Kernfragen zu Schritt 2. (Quelle: Eigene Darstellung)

Eine erste Kernfrage in Schritt 2 lautet: "Mit welcher Methode (Marktschätzungs- und Marktgruppierungsverfahren) sollen die Länder ausgewählt werden?" Die Unterscheidung der zwei grundlegenden Verfahren stammt von *Papadopoulos & Denis*[54]. Der Unterschied zwischen den zwei Vorgehensweisen besteht darin, dass Länder beim Marktgruppierungsverfahren anhand von

[51] Vgl. Johansson & Vahlne 1977.

[52] Vgl. z. B. Kobrin 1979 und Andersen & Buvik 2002.

[53] Vgl. Brouthers & Nakos 2005, S. 376.

[54] Vgl. Papadopoulos & Denis 1988, p. 40.

Clustern ausgewählt werden wohingegen Länder beim Marktschätzungsverfahren vor der Auswahl in eine bestimmte Reihenfolge gebracht werden[55]. Eine Einteilung weiterer seit 1988 veröffentlichten Studien zum Thema internationale Marktauswahl kann Tab. 5.3 in Abschnitt 5.1. dieser Arbeit entnommen werden. Generell kann bei der Literaturanalyse beobachtet werden, dass die Faktoren für die internationale Marktauswahl stetig gestiegen sind. Praktiker stellt dies vor eine Herausforderung, da sie sich erstmal eine Übersicht über die relevanten Faktoren verschaffen müssen und dies in der Regel mit Zeit und Ressourcen verbunden ist. In Tab. 2.3 sind einige ausgewählte Studien und deren Faktorenauswahl für die internationale Marktauswahl dargestellt. Zudem kann der interessierte Leser in Abschnitt 6.1 mehr über eine internationale Marktauswahl mit Hilfe von Handelsdaten erfahren. Das Verfahren in Abschnitt 6.1.1 wurde von der Autorin der vorliegenden Dissertation weiterentwickelt und kann den Marktschätzungsverfahren zugeteilt werden[56].

Johansson & Vahlne argumentieren dafür, dass Unternehmen neue Märkte basierend auf dem industriellen Netzwerk eines Unternehmens auswählen[57]. Andere Forscher betonen die Bedeutung der Wettbewerbsposition eines Unternehmens und der Marktattraktivität eines bestimmten Produkts[58]. In neueren Studien wird versucht mehrere Faktoren einzubeziehen oder verschiedene Theorien in ihre Studien aufzunehmen. Zum Beispiel, *Brouthers et al.* operationalisieren *Dunnings* OLI-Paradigma zur Auswahl neuer Märkte[59]. *Martín & Drogendijk* hingegen bauen zahlreiche Distanzmaße in ihre Studie ein, um neue Märkte auszuwählen[60].

Eine weitere Kernfrage in Schritt 2 lautet: "Welche Länder innerhalb einer Weltregion sollen zuerst erschlossen werden?" Die Frage stellt sich insbesondere bei den Marktgruppierungsverfahren und bei Verfahren, die keine Gruppierung und kein Ranking erstellen (siehe Tab. 5.3 in Abschnitt 5.1). Hier bietet es sich an eine Roadmap für die Erschließung einer Weltregion zu entwickeln, in dem die nachstehenden ISA-Modell Schritte für die jeweiligen Ländermärkte aufgezeigt werden und kontinuierlich ergänzt werden. Zu guter Letzt stellt sich die Frage "In welchem Land soll das Headquarter für die Region aufgebaut werden?". Viele der

---

[55]Vgl. Papadopoulos & Denis 1988, p. 39–44.

[56]Das Marktauswahlverfahren "Export-GAP Analyse" in Kapitel 6.1 basiert auf einem Auswahlverfahren (Export.gov 2013) der Agentur International Trade Administration des US-Handelsministeriums, welches durch die Autorin weiterentwickelt wurde.

[57]Vgl. Johanson & Vahlne 1990, S. 18.

[58]Vgl. Attiyeh & Werner 1981, S. 79f und Brewer 2001, S. 169.

[59]Vgl. Brouthers et al. 2009, S. 272.

[60]Vgl. Martín & Drogendijk 2014, S. 107.

Tab. 2.3 Übersicht über einige ausgewählte Studien und den Faktoren zur Auswahl internationaler Märkte

Autor/en (Jahr)	Forschungsmethodik	Faktoren zur Auswahl internationaler Märkte
Johansson & Vahlne (1990)	Theoretische/Konzeptionelle Arbeit	• Industrienetzwerke • Vorteile
Attiyeh & Werner (1981), Brewer (2001)	Theoretische/Konzeptionelle Arbeit	• Wettbewerbsposition • Marktattraktivität und Marktpotenzial
Brouthers et al. (2009)	Empirische Arbeit	Operationalisierung von Dunning's OLI Paradigma: • Eigentumsvorteile: weltweiter Vertrieb, Erfahrung, Forschung & Entwicklungsintensität, Kreativitätsrating • Standortvorteile: Marktwachstumspotenzial, Wachstumspotenzial, allgemeine Stabilität, staatliches Risiko • Internalisierungsvorteile: Kosten von Verträgen, Verbreitungsgefahr
Martín & Drogendijk (2014)	Empirische Arbeit	Operationalisierung von sozioökonomischen und kulturellen Distanzen: • Sozioökonomische Distanz: Bildungsdistanz, Demographische und wirtschaftliche Entwicklungsdistanz • Kulturelle & historische Distanz: sprachliche, religiöse und koloniale Distanz

Quelle: Eigene Darstellung.

befragten Unternehmen bestätigten, dass ein Headquarter für eine Region festgelegt wurde[61]. Die Auswahl eines Standortes für diese Headquarter sollte auch die Betrachtung politischer und kultureller Gesichtspunkte beinhalten[62].

**_Baustein 3: Sammlung von Markteintrittspunkten im Zielmarkt_**

Im dritten Baustein des ISA-Modells müssen Module zur ersten Kontaktaufnahme mit einem Ländermarkt ausgewählt werden. In der Literatur werden z. B. in Handelszeitschriften die Handelskammern als Markteintrittspunkte beschrieben[63]. *Anthony* bezeichnet als Markteintrittspunkt die Entscheidung welche Kunden angesprochen werden, z. B. der untere oder der mittlere Teil der Kundenpyramide in Schwellenländern[64]. Eine relativ große Anzahl an Autoren versteht darunter den Markteintrittszeitpunkt, d. h. zu welchem Zeitpunkt ein Markt erschlossen wird[65]. Dazu gibt es zwei Strategien mit zwei unterschiedlichen Betrachtungsweisen: Die länderübergreifende sowie die länderspezifische Wasserfall- und Sprinklerstrategie. Allerdings verstehen die Autoren unter den beiden Strategien nicht den Markteintrittszeitpunkt in ein Land, sondern vielmehr die Reihenfolge der Bearbeitung der ausgewählten Zielmärkte (länderübergreifend) sowie die Reihenfolge der Bearbeitung eines Marktes im Vergleich zu den Wettbewerbern (länderspezifisch).[66] *Sandberg* beschäftigt sich mit sogenannten Markteintrittsknoten: Markteintrittsknoten sind Einrichtungspunkte in ein Netzwerk ausländischer Märkte[67]. Bei näherer Betrachtung haben für *Sandberg* Markteintrittsknoten letztendlich eine ähnliche Bedeutung wie Markteintrittsstrategien (siehe Kapitel 4)[68]. Daher lässt sich festhalten, dass Schritt 3 des ISA-Modells in der Literatur bisher ebenfalls, wie Schritt 1 des ISA-Modells, kaum beschrieben wird. In Abb. 2.9 sind die wichtigsten Kernfragen zu Schritt 3 zusammengefasst.

Zunächst sollten sich Manager fragen: "Welche Geschäftspartner kennen wir bereits im Zielmarkt?" Eventuell gibt es befreundete Unternehmen, die erste wichtige Informationen zum Zielmarkt zur Verfügung stellen können. Weiterhin gilt es herauszufinden: "Wer sind die wichtigsten Promotoren für dieses Land im eigenen

---

[61] Vgl. z. B. Interview 41 2017 und Interview 47 2018.

[62] Vgl. z. B. Interview 47 2018.

[63] Vgl. Caribbean Business 2004, S. 48.

[64] Vgl. Anthony 2012.

[65] Vgl. z. B. Backhaus et al. 2000, S. 127 oder Meffert & Pues 2002, S. 403 ff.

[66] Vgl. Meffert & Pues 2002, S. 403 ff.

[67] Vgl. Sandberg 2013, S. 106.

[68] Vgl. Sandberg 2013, S. 121.

	– *Welche Geschäftspartner kennen wir bereits im Zielmarkt?* – *Wer sind die wichtigsten Promotoren für dieses Land im eigenen Unternehmen?* – *Gibt es eine wichtige Leitmesse für unsere Branche in dem betreffenden Land?* – *Gibt es eine Außenhandelskammer und Ansprechpartner für meine Industrie vor Ort?*

Abb. 2.9 Kernfragen zu Schritt 3. (Quelle: Eigene Darstellung)

Unternehmen?" Ein Interviewpartner aus einem deutschen Umwelttechnikunternehmen berichtete z. B., dass sie den spanischen Markt aufgrund eines wichtigen Promotors im Unternehmen ausgewählt haben, der die Markterschließung im Land vorangetrieben hat[69]. Darüber hinaus gilt es herauszufinden: "Gibt es eine wichtige Leitmesse für unsere Branche in dem betreffenden Land?" und "Gibt es eine Außenhandelskammer und Ansprechpartner für meine Industrie vor Ort?". Wichtige Leitmessen lassen sich über bestimmte Webseiten (siehe Fallstudie im Abschnitt 6.1) herausfinden. Außenhandelskammern können Unternehmen unter anderem im Hinblick auf Schritt 4 des ISA-Modells, den Markteintrittsstrategien, beraten und erste Kontakte zu lokalen Unternehmen herstellen.

 ***Baustein 4: Entwicklung und Entscheidung für eine Markteintrittsstrategie***

Im vierten Baustein des ISA-Modells geht es um die Formulierung und Auswahl einer Markteintrittsstrategie. Auch gilt es auf bestimmte Kernfragen eine Antwort zu finden (siehe Abb. 2.10).

Zunächst sollten Manager ihre eigene Unternehmensstrategie analysieren und sich die Frage stellen: "Welche Markteintrittsstrategie passt zu unserer Unternehmensstrategie?" Nach *Hill* gibt es z. B. vier unterschiedliche internationale Unternehmensstrategien: internationale, globale, multinationale und transnationale Unternehmensstrategie[70]. Die Unternehmensstrategien lassen sich anhand von zwei Dimensionen unterteilen: Grad der Standardisierung sowie Grad der

[69] Vgl. Interview 3.

[70] Vgl. Hill 2013, S. 435.

- *Welche Markteintrittsstrategie passt zu unserer Unternehmensstrategie?* - *Welche Ziele haben wir für das Zielland für die ersten 2 Jahre?* - *Können wir erste Vereinbarungen mit Schlüsselkunden abschließen?* - *Welche Handelsabkommen sind insb. bei Produktionsniederlassungen zu beachten?*	

Abb. 2.10 Kernfragen zu Schritt 4. (Quelle: Eigene Darstellung)

Lokalisierung[71]. *Belz & Reinhold* argumentieren, dass sich die Markteintrittsstrategien in diese Unternehmensstrategien einordnen lassen[72]. Abb. 2.11 zeigt eine solche Einordnung der Markteintrittsstrategien unter Verwendung von weiteren Markteintrittsstrategien nach *Kutschker & Schmid*[73]. *Holtbrügge & Welge* weisen darauf hin, dass Unternehmen meistens mit risikoarmen Markteintrittsstrategien beginnen, wie z. B. dem Export. *Hill* empfiehlt eine Weiterentwicklung der internationalen Unternehmensstrategie in Richtung global, multinational oder transnational[74]. Bei einer multinationalen Unternehmensstrategie empfiehlt sich z. B. eine Markteintrittsstrategie in Kooperation mit einem ausländischen Unternehmen, in Form einer strategischen Allianz oder eines Joint Ventures. Bei diesen Markteintrittsstrategien können die Partner bei der lokalen Anpassung der Produkte von großer Hilfe sein. Verfolgt ein Unternehmen eine globale Unternehmensstrategie stehen z. B. Franchising, Lizenzierungen, Vertragsfertigung oder Managementverträge als Markteintrittsstrategien zur Verfügung. Diese Markteintrittsstrategien helfen Kosten zu sparen und bieten sich insbesondere bei Produkten an, die einen hohen Standardisierungsgrad haben. Die Königsdisziplin im internationalen Geschäft ist die transnationale Unternehmensstrategie. Hier stehen z. B. Tochtergesellschaften, Konsortien, Generalunternehmerschaften oder Betreibermodell zur Auswahl. Bei diesen Markteintrittsstrategien steht die Balance zwischen Standardisierung und Lokalisierung an erster Linie.

[71] Vgl. Hill 2013, S. 435 ff.

[72] Vgl. Belz & Reinhold 1999, S. 98.

[73] Vgl. Kutschker & Schmid 2005, S. 820 ff.

[74] Vgl. Hill 2013, S. 439.

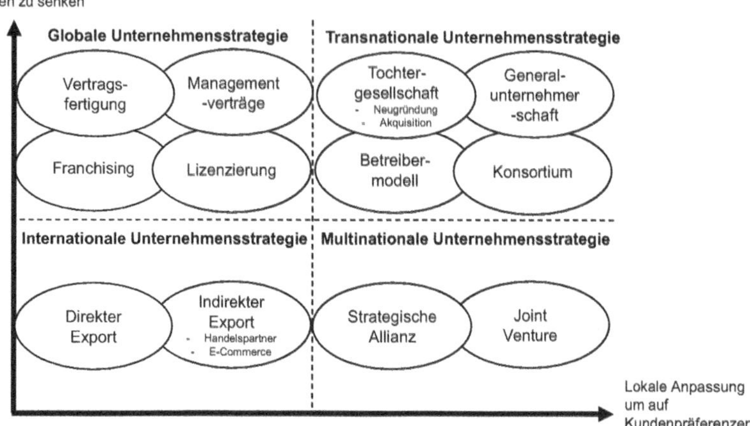

Abb. 2.11 Übersicht über Markteintrittsstrategien je nach Unternehmensstrategie. (Quelle: Eigene Darstellung nach Belz & Reinhold 1999, S. 98, Hill 2014, S. 398, Holtbrügge & Welge 2015, S. 107 und Kutschker & Schmid 2005, S. 820 ff.)

Ein weiteres Modell zur Auswahl von Markteintrittsstrategien ist z. B. die eklektische Theorie der internationalen Produktion von *Dunning*[75]. Nach *Dunning* sollten Unternehmen verschiedene Vorteilskategorien überprüfen, z. B. sollten Unternehmen nur dann eine Internationalisierung anstreben, wenn sie mindestens einen Eigentumsvorteil aufweisen können. Im besten Fall ist dieser Eigentumsvorteil mit einem Patent geschützt. Kann ein Unternehmen ein Eigentumsvorteil aufweisen, empfiehlt *Dunning* einen Markteintritt über Exporte. Weiterhin können Unternehmen Ausschau halten nach Standortvorteilen, z. B. locken Schwellenländer mit niedrigen Lohnkosten Unternehmen aus Industrieländern an. Kann ein Unternehmen sowohl einen Eigentumsvorteil als auch einen Standortvorteil realisieren, bietet sich eine Lizenzierung-Markteintrittsstrategie an. Hat ein Unternehmen die Möglichkeit z. B. entlang der Wertschöpfungskette Unternehmen aufzukaufen oder die Möglichkeit einen wichtigen Schritt in der Wertschöpfungskette selbst zu entwickeln, spricht *Dunning* von Internalisierungsvorteilen. Bei drei vorweisbaren Vorteilen, sollte ein Unternehmen

[75]Vgl. Dunning 1988, S. 183 ff.

ausländische Direktinvestitionen in Betracht ziehen (siehe Tab. 2.4). Ausländische Direktinvestitionen sind z. B. eine eigene Vertriebsniederlassung oder eine eigene Produktionsniederlassung.[76]

Tab. 2.4 Übersicht über Markteintrittsstrategien je nach Unternehmensvorteil

Markteintrittsstrategie	Eigentumsvorteil (O)	Standortvorteil (L)	Internalisierungsvorteil (I)
Ausländische Direktinvestitionen	Ja	Ja	Ja
Lizenzierung	Ja	Ja	Nein
Export	Ja	Nein	Nein

Quelle: Eigene Darstellung in Anlehnung an Dunning 1988, S. 199.

Weitere wichtige Kernfragen im Schritt 4 sind: "Welche Ziele haben wir für das Zielland für die ersten 2 Jahre?" und "Können wir erste Vereinbarungen mit Schlüsselkunden abschließen". Bei diesen Kernfragen geht es darum erste Informationen zur Taktik, d. h. der potenziellen Umsetzung der ausgewählten Strategie, einzuholen. Außerdem sollte bei der Planung einer Markteintrittsstrategie unbedingt die letzte Kernfrage zu Schritt 4 beachtet werden: "Welche Handelsabkommen sind insb. bei Produktionsniederlassungen zu beachten?" Bevor sich ein Unternehmen für eine Markteintrittsstrategie entscheidet, können sie in Schritt 3 bei den Außenhandelskammern im jeweiligen Land wichtige Informationen zu den Handelsabkommen für das jeweilige Land erhalten. In den Handelsabkommen werden Wertschöpfungsanteile von ausländischen Unternehmen, die im Inland produzieren wollen, festgelegt[77].

Baustein 5: Fokussierung auf eine bestimmte Region und einen bestimmten Vertriebskanal

Die im vorherigen Baustein beschriebenen Markteintrittsstrategien können die Fokussierung auf einen bestimmten Vertriebskanal sowie auf eine bestimmte Kundengruppe beeinflussen. Zum Beispiel gilt es bei einem Joint Venture festzulegen,

[76]Vgl. Dunning 1988, S. 183 ff.

[77]Vgl. European Commission 2018.

welcher Partner welchen Vertriebskanal zunächst angeht[78] und bei einem Handelspartner gilt es festzulegen, welche Kundengruppen als erstes angesprochen werden[79].

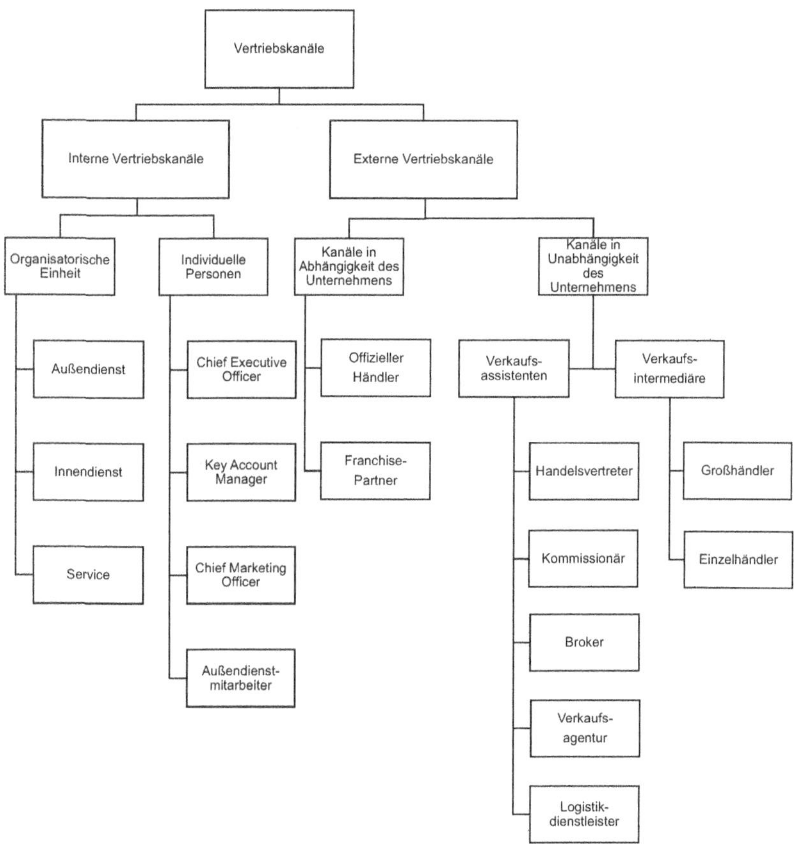

Abb. 2.12 Übersicht über Vertriebsorgane. (Quelle: In Anlehnung an Homburg 2014, S. 257; mit freundlicher Genehmigung von © Springer Fachmedien Wiesbaden GmbH 2014. All Rights Reserved)

[78]Vgl. Interview 36 2017.

[79]Vgl. Interview 31 2016.

Dabei ist es wichtig die ganze Auswahl an potenziellen Vertriebskanälen zu kennen. *Homburg* z. B. unterscheidet zwischen internen und externen Vertriebskanälen (siehe Abb. 2.12)[80]. Bei den internen Vertriebskanälen unterscheidet *Homburg* zwischen organisatorischen Einheiten und individuellen Personen. Organisatorische Einheiten sind z. B. Außendienst, Innendienst und Service. Individuelle Personen können z. B. der Vorstand, der Key Account Manager, der Marketing Manager oder der Außendienstmitarbeiter sein. Bei den externen Vertriebskanälen können Unternehmen zwischen Kanälen wählen, die abhängig oder unabhängig vom Unternehmen sind. Externe abhängige Vertriebskanäle sind z. B. offizielle Händler oder Franchise-Partner. Bei den externen unabhängigen Vertriebskanälen unterscheidet *Homburg* zwischen Verkaufsassistenten und Verkaufsintermediären. Verkaufsassistenten können z. B. Handelsvertreter, Kommissionäre, Broker, Verkaufsagenturen oder Logistikdienstleiter sein. Verkaufsintermediäre sind z. B. Großhändler oder Einzelhändler.[81]

Auch zu diesem Schritt gibt es bestimmte Kernfragen, auf die es Antworten zu finden gilt (siehe Abb. 2.13). Eine erste Kernfrage in Schritt 5 lautet: "Welcher Vertriebskanal ist im Zielmarkt besonders wichtig?" Zum Beispiel sind Baumärkte im chinesischen Markt nicht die wichtigsten Vertriebskanäle im Sanitärgeschäft oder Supermärkte sind nicht die wichtigsten Vertriebskanäle für den Verkauf von Teesorten[82]. Die Wichtigkeit von Vertriebskanälen variiert von Land zu Land und muss länderindividuell analysiert werden. Darüber hinaus ist eine weitere Kernfrage in Schritt 5: "In welcher Region können erste Schlüsselkunden akquiriert werden?" Durch die ersten Interviews mit Unternehmen hat sich sehr schnell herauskristallisiert, dass Unternehmen in einer Region mit dem Verkauf ihrer Produkte beginnen. Deshalb bietet sich eine Analyse von potenziellen in Betracht kommenden Regionen an, die je nach Industrie individuell Kriterien beinhalten sollte.

- *Welcher Vertriebskanal ist im Zielmarkt besonders wichtig?*
- *In welcher Region können erste Schlüsselkunden akquiriert werden?*

Abb. 2.13 Kernfragen zu Schritt 5. (Quelle: Eigene Darstellung)

[80] Vgl. Homburg 2014, S. 257.

[81] Vgl. Homburg 2014, S. 257.

[82] Vgl. Interview 46 2018 und Interview 43 2017.

Baustein 6: Erschließung von weiteren Vertriebskanälen und Kundengruppen

In Baustein 6 des International Sales Accelerator Modells geht es um die Erschließung von weiteren Vertriebskanälen und Kundengruppen im Auslandsmarkt. Hierbei stellen sich weitere entscheidende Kernfragen (siehe Abb. 2.14). Manager, die für einen Auslandsmarkt zuständig sind, sollten sich zunächst fragen: "Welche weiteren Vertriebskanäle mit möglichst hoher Komplementarität können erschlossen werden?" Diese Frage zielt darauf ab, dem Kunden ein omnipräsentes Vertriebssystem zu schaffen, indem der Kunde jederzeit und überall die Produkte eines Unternehmens kaufen kann.

- *Welche weiteren Vertriebskanäle mit möglichst hoher Komplementarität können erschlossen werden?*
- *Welche weiteren Kundengruppen können wir erschließen?*
- *Welche Marketingmaßnahmen können den Bekanntheitsgrad der eigenen Marke weiter steigern?*

Abb. 2.14 Kernfragen zu Schritt 6. (Quelle: Eigene Darstellung)

Laut *Gillespie & Hennessey* müssen beim Aufbau von Vertriebskanälen vier Merkmale beachtet werden: Distributionsdichte, Kanalausrichtung, Kanallänge und Distributionslogistik (siehe Tab. 2.5)[83].

Tab. 2.5 Definition der Merkmale von Vertriebskanälen

Merkmale	Definition
Distributionsdichte	Marktabdeckung für ein Produkt
Kanalausrichtung	Struktur der Kanalmitglieder
Kanallänge	Anzahl der Vermittler zwischen Unternehmen und Kunden
Distributionslogistik	Physischer Fluss von Produkten

Quelle: Eigene Darstellung in Anlehnung an Gillespie & Hennessey 2016, S. 414.

Dabei verstehen die Autoren unter der Distributionsdichte, die Menge, die zur Abdeckung eines Marktes nötig ist, z. B. die nötige Anzahl von Verkaufsstellen,

[83]Vgl. Gillespie & Hennessey 2016, S. 414.

um einen Markt komplett abdecken zu können. Bei der Kanalausrichtung spielt die Struktur der Kanalmitglieder eine große Rolle. Unternehmen müssen sich fragen, ob sie mit der gewählten Struktur eine gemeinsame Strategie erreichen können (siehe Kernfrage 1 zu Schritt 6). Weiterhin erklären *Gillespie & Hennessey*, dass die Kanallänge, d. h. die Anzahl der Vermittler zwischen Unternehmen und Kunden, z. B. direkter oder indirekter Kontakt zu den Kunden beachtet werden muss. Bei der Distributionslogistik wird der tatsächliche physische Fluss von Produkten analysiert.[84]

Homburg et al. beschäftigen sich z. B. mit der Klassifizierung und dem Aufbau von Mehrkanalsystemen (siehe Abb. 2.15). In Abb. 2.15 definieren *Homburg et al.* Basisformen von Mehrkanalsystemen in Abhängigkeit von der Anzahl von direkten und indirekten Vertriebskanälen. Dabei entstehen sechs unterschiedliche Typen von Mehrkanalsystemen. Die Definition solcher Typen ist wichtig, um ein gemeinsames Vokabular für den Aufbau von Vertriebsstrukturen zu schaffen. Darüber hinaus stellen *Homburg et al.* in einer Studie fest, dass der beliebteste Typ bei Unternehmen im Business-to-Business Geschäft der multiple Direktvertrieb ist, danach folgen die Typen anbietergeprägtes Multi-Channel und differenzierte Multi-Channel[85].

Außerdem ist laut *Homburg et al.* zu entscheiden, mit welchen Vertriebskanälen welche Marktsegmente bedient werden sollen (siehe Abb. 2.16)[86]. Die Ergebnisse können in einer sogenannten Coverage-Matrix festgehalten werden.

Stock & Lambert beschäftigen sich mit der Entwicklung und der Bestimmung von internationalen Distributionssystemen und -strukturen[87]. Die Autoren identifizieren fünf wichtige Kategorien, die ein optimales Distributionssystem benötigt: Umweltanalyse, strategische Planung, Struktur, operative Planung, Controlling.[88] Zu jeder Prozesskategorie listen *Stock & Lambert* Fragen auf, die sich Manager in den einzelnen Prozessstufen fragen sollten[89]. Weitere Studien zum Ausbau von Vertriebskanälen in ausländischen Märkten beschäftigen sich mit dem Thema Performance von internationalen Vertriebskanälen: *Bello & Gilliland* argumentieren, dass die Überwachung von ausländischen Distributoren einen höheren Effekt auf die Performance hat als die Prozesskontrolle an sich[90]. *Rose & Shoham* finden

[84] Vgl. Gillespie & Hennessey 2016, S. 414.

[85] Vgl. Homburg et al. 2012, S. 54 ff.

[86] Vgl. Homburg et al. 2012, S. 59 ff.

[87] Vgl. Stock & Lambert 1983.

[88] Vgl. Stock & Lambert 1983, S. 40.

[89] Vgl. Stock & Lambert 1983, S. 40.

[90] Vgl. Bello & Gilliland 1997, S. 34.

Dimension 1: Anzahl der direkten Vertriebskanäle				
	>1	„Multipler Direktvertrieb" **Typ 2**	„Anbietergeprägtes Multi-Channel" **Typ 3**	„Differenziertes Multi-Channel" **Typ 6**
	1	Reiner Direktvertrieb	„Zweigleisig" = Duo Channel **Typ 1**	„Händlergeprägtes Multi-Channel" **Typ 5**
	0	Kein Vertrieb	Reiner indirekter Vertrieb	„Multipler indirekter Vertrieb" **Typ 4**
		0	1	>1
		Dimension 2: Anzahl der indirekten Vertriebskanäle		

Abb. 2.15 Basisformen von Mehrkanalsystemen. (Quelle: Eigene Darstellung in Anlehnung an Homburg et al. 2012, S. 54; mit freundlicher Genehmigung von © Springer Verlag GmbH Deutschland 2012. All Rights Reserved)

dagegen heraus, dass Aufgabenkonflikte und emotionale Konflikte einen negativen Effekt auf die Performance haben[91]. *Mehta et al.* verifizieren positive Effekte auf das Konstrukt Performance durch die Konstrukte Lernorientierung, Langlebigkeit der Beziehung und Beziehungsnähe[92]. *Shoham et al.* berichten, dass eine Standardisierung in den internationalen Vertriebskanälen einen positiven Effekt auf die Performance hat[93]. *Shoham et al.* 's Ergebnisse stehen im Kontrast zu *Rosenbloom & Larsens* Ergebnissen. *Rosenbloom & Larsen* sind der Auffassung, dass die Vertriebspolitik, die einzige der vier Marketing P's ist, die nicht standardisiert werden sollte[94]. Eine Standardisierung kann sich laut *Rosenbloom & Larsen's* Argumentationsweise negativ auf die Performance auswirken. Darüber hinaus finden sie heraus, dass internationale Vertriebskanäle durch gesetzliche Bestimmungen, Marktinfrastruktur, Charakteristika des Marktes sowie den Industriekonditionen bestimmt werden. *Nevins & Money* identifizieren, dass das Konstrukt Vertrauen

[91] Vgl. Rose & Shoham 2004, S. 942.

[92] Vgl. Mehta et al. 2006, S. 1094.

[93] Vgl. Shoham et al. 2008, S. 142.

[94] Vgl. Rosenbloom & Larsen 1991, S. 39.

		Marktsegmente				
		Behörden / Öffentliche Institutionen	Großunterne hmen	Copy-Shops	Kleine und mittelständis che Unter-nehmen	Sonstige Abnehmer
Vertriebskanäle	Außendienst	Verkauf, Beratung, Wartung, ggf. Reparatur				
	Innendienst / Call Center	Verkauf, Beratung, Hilfestellung bei kleineren technischen Problemen				
	Internet			Verkauf, Information		
	Großhandel			Lagerhaltung, Verkauf, Beratung, Wartung, ggf. Reparatur		
	Facheinzel-handel				Lagerhaltung, Verkauf, Beratung, Wartung, ggf. Reparatur	

Abb. 2.16 Coverage-Matrix am Beispiel eines Herstellers von Kopiergeräten. (Quelle: Eigene Darstellung in Anlehnung an Homburg et al. 2012, S. 61; mit freundlicher Genehmigung von © Springer Verlag GmbH Deutschland 2012. All Rights Reserved)

einen positiven Effekt auf die Performance eines Unternehmens hat[95]. Weitere Aufsätze zum Thema internationale Vertriebskanäle wurden mit den folgenden Schwerpunkten verfasst: Konfliktmanagement[96], Distributionssysteme in China[97], Supply Chain Management[98], Preispolitik[99]. *Ensign* z. B. arbeitet an einem Klassifizierungsmodell wie die Forschung von internationalen Vertriebskanälen in Zukunft gegliedert werden kann[100]. Er unterscheidet strukturelle und verhaltensbezogene Studien, wobei jede Studienart weitere Subkategorien annehmen kann. Strukturelle Studien können einem Entwicklungs-, Transaktionskosten- und vergleichenden Ansatz folgen, während Verhaltensstudien einem relationalen, interkulturellen oder präskriptiven Ansatz nachkommen.[101]

[95] Vgl. Nevins & Money 2008, S. 55.

[96] Vgl. Shoham et al. 2008.

[97] Vgl. Luk 1998 oder Williamson & Zeng 2004.

[98] Vgl. van Hoek 1998 oder Samiee & Walters 2006.

[99] Vgl. Vaccaro & Coward 1993.

[100] Vgl. Ensign 2006, S. 98.

[101] Vgl. Ensign 2006, S. 98.

Eine weitere Kernfrage zu Schritt 6 lautet: “Welche weiteren Kundengruppen können wir erschließen?” Neben dem Ausbau der Vertriebskanäle sollen Kundengruppen definiert und weitere Kundengruppen akquiriert werden. In der Regel beginnen Unternehmen mit den Kundengruppen, die sie aus ihrem Hauptgeschäftsbereich kennen z. B. der Automobilindustrie. Die Produkte und Anlagen sind aber auch für andere Kundengruppen, wie z. B. die Lebensmittelindustrie oder die Chemieindustrie interessant. Wichtig bei dieser Kernfrage ist, einen Plan zu entwerfen welche Industrien relevant sind und wie die Kunden in der jeweiligen Industrie angesprochen werden können.[102]

Eine letzte Kernfrage im Baustein 6 zielt auf weitere Marketingmaßnahmen ab: “Welche Marketingmaßnahmen können den Bekanntheitsgrad der eigenen Marke weiter steigern?”. In diesem Punkt geht es um die Einbeziehung der weiteren Marketingpolitiken. Für Konsum- und Industriegüter sind das die Produktpolitik, Kommunikationspolitik und Preispolitik[103]. Bei Dienstleistungen kommen zu den vier Marketingpolitiken noch drei weitere Marketingpolitiken hinzu. Diese sind Ausstattungspolitik, Prozesspolitik und Personalpolitik[104].

In der akademischen Literatur findet man unter dem Begriff Marktdurchdringungsstrategien nur sehr wenige Studien[105]. *Goodnow & Kosenko* z. B. verstehen unter Marktdurchdringungsstrategien vor allem den Ausbau von Vertriebskanälen (siehe Tab. 2.6). Nach der vorliegenden Dissertation sind die in Tab. 2.6 vorgestellten Marktdurchdringungsstrategien Markteintrittsstrategien gemischt mit dem Aufbau erster Vertriebskanäle. Marktdurchdringungsstrategien dagegen sind Strategien wie Unternehmen ihre Marktpräsenz nach und nach in einem ausländischen Markt entwickelten, so dass ihre Produkte und Dienstleistungen dem gesamten Markt zugängig sind (siehe auch nachfolgenden Abschnitt zu eigenen Erkenntnissen aus der Praxis).

Lim et al. argumentieren, dass sogenannte graue Märkte[106], nicht als Preisproblem, sondern als Markteintrittsstrategie für Start-up Entrepreneure betrachtet werden sollen[107]. Weiterhin sprechen sich *Lim et al.* dafür aus, dass Start-up

[102]Vgl. Interview 1 2015.

[103]Vgl. Homburg & Krohmer 2006, S. 557 f.

[104]Vgl. Meffert et al. 2015, S. 268.

[105]Vgl. z. B. Goodnow & Kosenko 1990, Lim et al. 2001, Meyer & Thu Tran 2006 oder Millington & Bayliss 1999.

[106]Graue Märkte treten dann auf, wenn Markenprodukte den Konsumenten durch andere Vertriebskanäle als die vom Hersteller autorisierten Vertriebskanäle erreichen (vgl. Lim et al. 2001, S. 405).

[107]Lim et al. 2001, S. 405.

Tab. 2.6 Marktdurchdringungsstrategien nach Goodnow & Kosenko

Strategie A	Findung einer Nische in einem traditionellen Vertriebskanal
Strategie B	Nutzung eines nicht traditionellen Großhändlers
Strategie C	Mitnahme bei einem etablierten japanischen oder ausländischen Unternehmen
Strategie D	Zusammenschluss mit einem japanischen Unternehmen
Strategie E	Direkter Verkauf an Einzelhändler
Strategie F	Direkter Verkauf an Endkunden

Quelle: Eigene Darstellung in Anlehnung an Goodnow & Kosenko 1990, S. 18–20.

Entrepreneure mit Hilfe von grauen Märkten auch ausländische Märkte durchdringen können[108]. *Meyer & Thu Tran* analysieren unterschiedliche Markenstrategien bzw. erläutern, dass eine passende Markenstrategie bei der Marktdurchdringung von großer Hilfe sein kann[109]. *Millington & Bayliss* sehen dagegen in Joint Ventures eine geeignete Marktdurchdringungsstrategie[110].

Die Ergebnisse aus der Literaturanalyse zu diesem Baustein zeigen, dass auch dieser Baustein (siehe Baustein 1 und 3) bisher wenig Beachtung in der wissenschaftlichen Literatur erhalten hat. Wichtige Kernfragen zu Baustein 7 (siehe Abb. 2.17) wurden daher aus den eigenen Experteninterviews abgeleitet. Zum Beispiel sollten sich Manager fragen "Welche weiteren Vertriebsstandorte können in dem Zielmarkt ausgewählt werden?" oder "Können wir mit den etablierten Vertriebskanälen die Kunden landesweit bedienen?". Das Ziel in Baustein 7 ist ein nationales Rollout. Dazu sollten sich Manager überlegen "Reicht der Umsatz im Zielmarkt aus, um eine vollwertige Tochtergesellschaft aufzubauen inkl. eigener Beschaffung, Produktion, Forschung & Entwicklungs-Abteilung, etc.?"

**_Baustein 7: Rollout im Zielmarkt / Marktdurchdringungsstrategien_**

In den nachfolgenden Kapiteln 3 und 4 werden die theoretisch fundierten Kernfragen zu den Bausteinen des ISA-Modells mit empirischen Daten unterfüttert, bevor in Kapitel 5 eine Verknüpfung der theoretischen mit den eigenen empirischen Erkenntnissen erfolgt. Alle ISA-Modell Bausteine in Kapiteln 3 und 4 werden zunächst quantitativ dargestellt in Form einer absoluten Häufigkeitsanalyse einer dichotomen Variablen mit den Ausprägungen (1) Baustein

[108] Lim et al. 2001, S. 405.

[109] Vgl. Meyer & Thu Tran 2006, S. 25.

[110] Vgl. Millington & Bayliss 1999, S. 635.

	– *Welche weiteren Vertriebsstandorte können in dem Zielmarkt ausgewählt werden?* – *Können wir mit den etablierten Vertriebskanälen die Kunden landesweit bedienen?* – *Reicht der Umsatz im Zielmarkt aus, um eine vollwertige Tochtergesellschaft aufzubauen inkl. eigener Beschaffung, Produktion, Forschung & Entwicklungs-Abteilung, etc.?*

Abb. 2.17 Kernfragen zu Schritt 7. (Quelle: Eigene Darstellung)

wird angewendet und (0) Baustein wird nicht angewendet. Anschließend folgt eine Auswertung der Tätigkeiten zu den einzelnen ISA-Modell Bausteinen. Für die erste Auswertung wurden die Unternehmen anhand ihrer Umsätze (siehe Abschnitt 1.3) in zwei Gruppen, KMUs und GUs, unterteilt. Eine zentrale Annahme hinter dem ISA-Modell ist, dass Großunternehmen im Vergleich zu KMUs mehr ISA-Modell Bausteine anwenden, wenngleich auch die Großunternehmen nicht über alle Tätigkeiten zu den einzelnen Bausteinen verfügen und nur einzelne Tätigkeiten als Module in den Bausteinen bereits umsetzen.[111]

[111] Zur Einteilung der Unternehmen in KMUs und GUs siehe Kapitel 1.3.

3 Internationale Zielmarktanalyse

3.1 Segmentierung und Auswahl einer Weltmarktregion

Abb. 3.1 zeigt die Auswertungsergebnisse von Baustein 1 nach Unternehmensgröße. Bei der Auswertung der Interviews konnten 14 Aussagen von Managern von Großunternehmen ISA-Modell Baustein 1 zugeordnet werden, die im Nachfolgenden ausführlich erläutert werden.

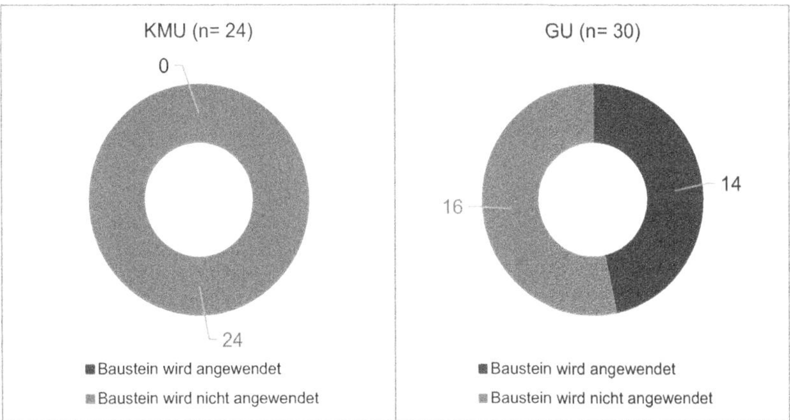

Abb. 3.1 Auswertungsergebnisse der Interviews zum ISA-Modell Baustein 1 nach Unternehmensgröße. (Quelle: Eigene Darstellung)

In Baustein 1 geht es um die Segmentierung und Auswahl einer Weltmarktregion. Deshalb wurde zuerst eine Auswertung der Segmentierungskriterien

S. Reber, *Internationale Zielmarktanalyse und Vertriebsentwicklung*,
https://doi.org/10.1007/978-3-658-32389-9_3

von Unternehmen durchgeführt. Die Ergebnisse können in Tab. 3.1 eingesehen werden. Viele Unternehmen wählen eine geographische Segmentierung der Weltregionen, um ihre Geschäfte international aufzustellen[1]. Ein weiteres Segmentierungskriterium ist eine volkswirtschaftliche Einordnung der Weltregionen. Während eines Interviews erklärte z. B. ein chinesischer Manager, dass sein Umwelttechnikunternehmen zunächst in Entwicklungsregionen expandieren wird, bevor entwickelte Regionen angegangen werden[2]. Weitere potenzielle Segmentierungskriterien sind eine zeitliche und eine industrielle Einordnung. Bei einer zeitlichen Einordnung z. B. spielen die Börsenzeiten in den Triade-Regionen Asien-Pazifik, Europa-Arabien-Afrika und Nord-& Südamerika eine Rolle[3]. Eine industrielle Einordnung verfolgen z. B. länderübergreifende Cluster[4].

Tab. 3.1 Unterschiedliche Segmentierungskriterien für Weltregionen

Weltregionen	Segmentierungskriterium
– Afrika – Amerika – Asien – Europa – Ozeanien	Geographische Segmentierung
– Entwickelte Regionen – Entwicklungsregionen	Volkswirtschaftliche Segmentierung
– Asien-Pazifik (APAC) – Europa-Arabien-Afrika (EMEA) – Nord- und Südamerika (AMER)	Zeitliche Segmentierung
– IT-Cluster in Silicon Valley – IT-Cluster in Shenzhen	Industrielle Segmentierung

Quelle: Eigene Darstellung.

Nach der Auswertung der Interviews zur Segmentierung wurden die Tätigkeiten zur Auswahl der Weltmarktregionen analysiert. Die Tätigkeiten zur Auswahl der Weltmarktregion entsprechen dabei der externen Analyse des Prozesses

[1] Vgl. z. B. Interview 1 2015 oder Interview 39 2017.

[2] Vgl. Interview 15 2016.

[3] Vgl. Interview 19 2016.

[4] Vgl. Interview 11 2015 oder Interview 33 2017.

des strategischen Managements, d. h. es werden Faktoren außerhalb des eigenen Unternehmens analysiert[5]. Die identifizierten Tätigkeiten können Abb. 3.2 entnommen werden.

Insbesondere bei den interviewten Umwelttechnikunternehmen spielen Umweltgesetze eine besondere Rolle bei der Entwicklung von Weltmärkten. So berichtet z. B. ein Manager, dass die Business Development Abteilung seines Unternehmens ein neues Gesetz der Europäischen Union für die Schwerölverbrennung bei der Binnenschifffahrt identifiziert hat. Sie entdeckten, dass die Produkte des Unternehmens bei der Einhaltung des neuen Gesetzes behilflich sein würden. Durch die externe Analysearbeit konnte das Vertriebspersonal aktiv auf die neuen Kunden zugehen.[6] Andere Manager berichten, dass sie sehr genau regelmäßig und weltweit analysieren, wo z. B. die Technische Anleitung zur Reinhaltung der Luft (umgangssprachlich auch TA-Luft) vom Bundesministerium für Umwelt, Naturschutz und nukleare Sicherheit verabschiedet wird[7]. Zum Beispiel wurde die TA-Luft fast Eins zu Eins in Europa oder in bestimmten asiatischen oder lateinamerikanischen Ländern übernommen. Wichtig bei der Analyse der Gesetzeslage ist dabei nicht nur auf die Verabschiedung der entsprechenden Gesetze zu achten, sondern auch darauf, dass es prüfende Institutionen, wie z. B. den TÜV, gibt.[8]

Ein weiteres wichtiges Kriterium zur Auswahl von Weltmarktregionen ist das Marktpotenzial bzw. das Marktwachstumspotenzial. Die Kennzahl Marktpotenzial wird dabei je nach Industrie unterschiedlich und teilweise mit Hilfe von Stellvertreter-Kennzahlen, wie z. B. Bevölkerungsentwicklung und Veränderung des Bruttoinlandsproduktes gemessen[9]. Außerdem gibt es zahlreiche Marktforschungsunternehmen, die sich auf die Ermittlung von Marktpotenzial in unterschiedlichen Industrien spezialisiert haben[10]. Dieses Wissen sollten Unternehmen unbedingt in ihre externe Analyse miteinbeziehen.

Weiterhin lässt sich aus Abb. 3.2 ablesen, dass ein nicht geringer Anteil der befragten Manager angibt, regelmäßig und weltweit Weltmarktregionen nach Trends in der Branche abzuscannen. In der Wasserwirtschaft, zum Beispiel, gibt es aktuell drei wichtige Trends: Die Automatisierung von Kläranlagen, die Einführung einer vierten Klärstufe zu Beseitigung von Hormonen im Abwasser und die

---

[5]Vgl. Hungenberg 2014, S. 9 ff.

[6]Vgl. Interview 1 2015.

[7]Vgl. Interview 4 2015, Interview 10 2015, Interview 16 2016.

[8]Vgl. Interview 4 2015.

[9]Vgl. z. B. Interview 1 2015.

[10]Vgl. Interview 1 2015, Interview 14 2016, Interview 39 2017, Interview 47 2018 und Interview 53 2017.

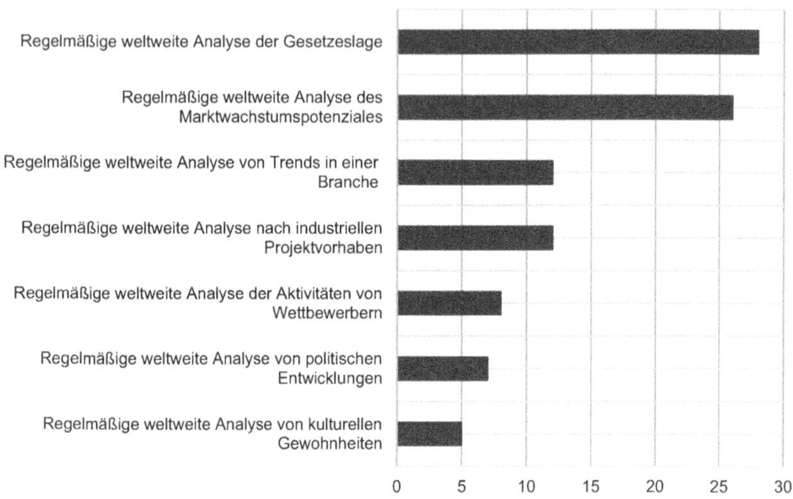

Abb. 3.2 Auswertungsergebnisse der Interviews zum ISA-Modell Baustein 1 nach Tätigkeiten. (Quelle: Eigene Darstellung)

Weiterentwicklung von sogenannten Remote Monitoring Informationssystemen zur Überwachung der Wasserqualität in schwer zugänglichen Regionen[11]. Weitere Trends, die in den Interviews angesprochen wurden, sind z. B. Elektromobilität und Urbanisierung[12]. Es kann auch sinnvoll sein, sich laufend über Modernisierungswellen oder auslaufende Langzeitverträge mit Kommunen unterrichten zu lassen. In der Wasserwirtschaft, zum Beispiel, wird eine Modernisierungswelle in den nächsten 10 Jahren erwartet[13]. In der Abfall- und Kreislaufwirtschaft kann es hilfreich sein, die Verträge der Kommunen mit lokalen Unternehmen zu analysieren. Durch die europäische Union dürfen sich auch Unternehmen aus anderen europäischen Ländern auf lokale Ausschreibungen bewerben.[14]

Andere Unternehmen analysieren die Weltregionen nach industriellen Projektvorhaben. Dies können Vorhaben von bereits existierenden Kunden sein oder von potenziellen Neukunden. So erklärt z. B. ein Manager, dass er sich wöchentlich

[11]Vgl. Interview 11 2015.

[12]Vgl. Interview 8 2015 und Interview 51 2017.

[13]Vgl. Interview 11 2015.

[14]Vgl. Interview 13 2015.

über industrielle Projektvorhaben von bereits existierenden Kunden informieren lässt[15]. Andere Manager legen wiederum den Fokus auf industrielle Projektvorhaben von potenziellen Neukunden[16]. Hierzu berichtet ein Manager, dass das Unternehmen regelmäßig die Weltmarktregionen nach geplanten neuen Fabriken analysiert. Anschließend wird eine Bewerbung beim potenziellen Kunden abgegeben, um möglichst früh an dem Projekt teilhaben zu können.[17]

Ein weiteres Element in Baustein 1 ist die regelmäßige und weltweite Analyse der Aktivitäten von Wettbewerbern und politischen Entwicklungen. Bei einem Unternehmen hat z. B. die Business Development Abteilung herausgefunden, dass es in dem betrachteten Land keinen Wettbewerber für eine bestimmte Technologie gibt[18]. Andere beobachten politische Entwicklungen, wie z. B. die potenzielle Abschaffung der Sanktionen gegen den Iran, um als Erster im Markt zu sein, falls die Sanktionen fallen[19].

Manche der interviewten Manager gaben an, in regelmäßigen Abständen weltweit nach Ressourcenvorkommen zu suchen. Zum Beispiel ist für viele Unternehmen aus der Luftreinhaltungsbranche der Bergbau oder die Ölindustrie eine wichtige Zielbranche. Überall dort wo neue Ressourcen entdeckt und abgebaut werden, gilt es wichtige Zielkunden zu erschließen.[20]

Weitere Faktoren, die bei der Auswahl von Zielmärkten von Bedeutung sind, sind z. B. kulturelle Gewohnheiten. Insbesondere in der Wasserwirtschaft, berichtet einer der Geschäftsführer, müssen bei Projekten in afrikanischen Ländern aufgrund der großen kulturellen Distanz, kulturelle Gewohnheiten vor Projektstart in Erfahrung gebracht werden. Zum Beispiel ist in vielen afrikanischen Ländern die Zahlungsmoral für Wasser selbst bei öffentlichen Einrichtungen nicht immer gegeben. Der Geschäftsführer erklärt, dass dies daran liegt, dass das Geld für das Wasser sowieso aus einem Topf kommt, weshalb sollte dann eine öffentliche Einrichtung, wie eine Behörde, ihren Wasserverbrauch bezahlen?[21] Weitere kulturelle Gewohnheiten können das Verbraucherverhalten betreffen[22] oder das Handelsverhalten[23].

[15] Vgl. Interview 19 2016.
[16] Vgl. Interview 1 2015 und Interview 39 2017.
[17] Vgl. Interview 1 2015.
[18] Vgl. Interview 1 2015.
[19] Vgl. Interview 19 2016.
[20] Vgl. Interview 1 2015, Interview 8 2015, Interview 19 2016, Interview 57 2017.
[21] Vgl. Interview 5 2015.
[22] Vgl. Interview 8 2015 und Interview 35 2017.
[23] Vgl. Interview 13 2015.

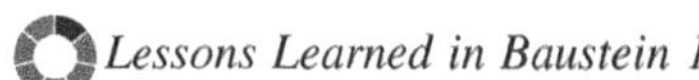

Lessons Learned in Baustein 1

Insgesamt konnte keine Aussage der KMUs diesem Baustein zugeordnet werden. Großunternehmen haben die nötigen Kapazitäten und Ressourcen eine regelmäßige und weltweite externe Analyse durchzuführen. Um konstant erfolgreich zu bleiben bzw. zu wachsen, sollten Unternehmen ihr Internationalisierungsmuster aber nicht mit den Bausteinen 2, 3 oder 4 des ISA-Modells beginnen, sondern mit den in Baustein 1 aufgezeigten Tätigkeiten kontinuierlich weltweite Informationen einholen. Wenn dies geschieht, kann zu einem bestimmten Zeitpunkt eine erfolgreiche Entscheidung zur Auswahl eines bestimmten Zielmarktes getroffen werden.

3.2 Auswahl eines bestimmten Landes als prioritären Zielmarkt

Aus Abb. 3.3 lassen sich die Auswertungsergebnisse zum ISA-Modell Baustein 2 nach Unternehmensgröße ablesen. Fünf Manager von KMUs gaben an, dass in ihrem Unternehmen ein neuer Zielmarkt zufällig durch einen Handelspartner auf internationalen Messen (siehe Baustein 3 des ISA-Modells) ausgewählt wurde[24]. Alle anderen 49 Manager gaben an, Zielmärkte aufgrund unterschiedlichster interner Analysen auszuwählen. Diese können in Abb. 3.4 eingesehen werden. Die Tätigkeiten zur Auswahl eines bestimmten Landes als prioritären Zielmarkt entspricht dabei der internen Analyse des Prozesses des strategischen Managements, d. h. es werden Faktoren innerhalb des eigenen Unternehmens analysiert[25].

Diverse Manager gaben an, dass sie neue Zielmärkte aufgrund von Ressourcenoptionen ausgewählt haben. Zum Beispiel berichtet einer der Geschäftsführer, dass ein neuer Ländermarkt erschlossen wurde, weil ein langjähriger Mitarbeiter aus persönlichen Gründen in diesen Ländermarkt umziehen musste[26]. Ein anderer Geschäftsführer entschied sich für den Markteintritt in den chinesischen Markt aufgrund günstiger humaner Ressourcen[27].

Eine weitere Möglichkeit neue Zielmärkte auszuwählen ist die Auslandsaktivitäten von Großkunden zu verfolgen. Mehrere Manager gaben an, dass die

[24]Vgl. Interview 38 2017, Interview 61 2017, Interview 67 2017, Interview 73 2017 und Interview 79 2018.

[25]Vgl. Hungenberg 2014, S. 9 ff.

[26]Vgl. Interview 3 2015.

[27]Vgl. Interview 42 2017.

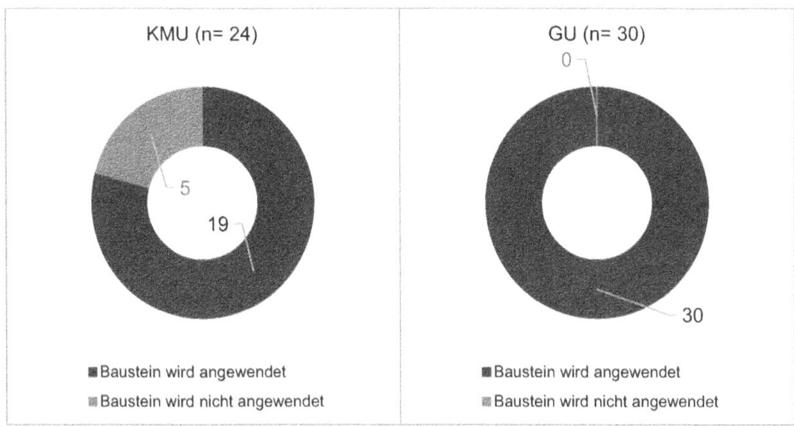

Abb. 3.3 Auswertungsergebnisse der Interviews zum ISA-Modell Baustein 2 nach Unternehmensgröße. (Quelle: Eigene Darstellung)

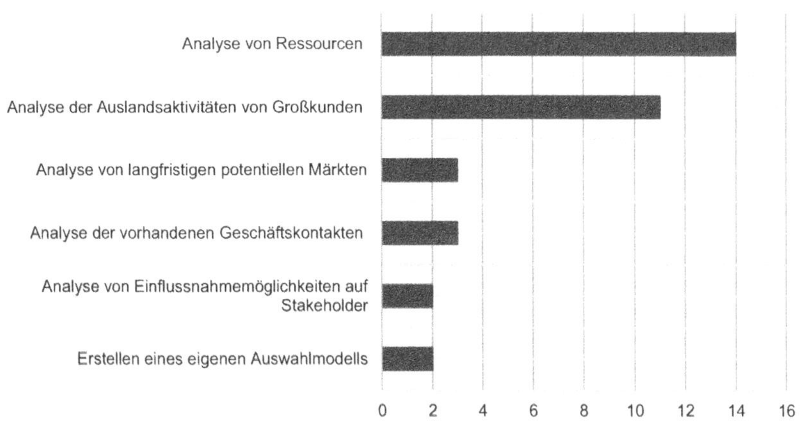

Abb. 3.4 Auswertungsergebnisse der Interviews zum ISA-Modell Baustein 2 nach Tätigkeiten. (Quelle: Eigene Darstellung)

Zielmarktauswahl feststand als einer ihrer Großkunden beschloss in den Auslandsmarkt einzutreten[28]. Viele Umwelttechnikunternehmen haben z. B. deutsche Automobilhersteller als Großkunden[29]. Wenn diese beschließen in den chinesischen Markt einzutreten, bleibt vielen Zulieferern keine andere Wahl als ebenfalls in den Markt einzutreten.

Eine weitere Tätigkeit in ISA-Modell Baustein 2 ist die Analyse von langfristigen potenziellen Märkten[30]. Einer der Geschäftsführer definiert in regelmäßigen Abständen langfristig strategisch relevante Märkte für seine Industrie. Für das Unternehmen waren z. B. in der Vergangenheit China, Russland und Saudi-Arabien strategisch wichtige Märkte, da in diesen Märkten viel gebaut wurde und immer noch viel gebaut wird. In diesen Märkten werden oft Trends gesetzt und eine Absenz würde in dieser Industrie z. B. bedeuten, dass andere Zertifikatssysteme durchgesetzt werden, bei denen das Unternehmen dann keinen Einfluss mehr nehmen kann. Die Folge wäre eine Anpassung der eigenen Bauweise, die wiederum mit Kosten verbunden ist.[31]

Mehrere Manager von KMUs berichten, dass sie einen Geschäftskontakt in einem Markt hatten und dass sie deshalb in den Markt eingetreten sind[32]. Einzelne Unternehmen betreiben aber auch Aufklärungsarbeit in eigener Sache. Zum Beispiel ist der technisch mögliche Stand vielen Kommunen oft nicht bewusst. In diesem Fall sprechen die Unternehmen gezielt wichtige Stakeholder an.[33]

Zwei der befragten Manager gaben an, dass sie für ihr Unternehmen ein eigenes Marktauswahlmodell entworfen haben[34]. Das erste Unternehmen ist in der Abfall- und Kreislaufwirtschaft tätig. Der Geschäftsführer berichtet, dass die Zielmärkte nach den unterschiedlichsten Kriterien bewertet wurden, welche teilweise aus Projekttreibern und Projekthemmnissen abgeleitet wurden. Kriterien für das sogenannte Abfallmarktmodell waren z. B. Abfallaufkommen, Deponiequote, Verträge mit Kommunen, politische Verhältnisse, Wahrscheinlichkeit von Bürgerinitiativen, industrielles Umfeld, Netzanschlüsse, Brennstoffnutzung, juristisches System, Korruptions-Index, kulturelle Faktoren und Umfeld für Lieferanten[35]. Nach der Sammlung der wichtigsten Kriterien wurde für jeden Zielmarkt

[28]Vgl. z. B. Interview 7 2015 oder Interview 10 2015.

[29]Vgl. z. B. Interview 1 2015 oder Interview 16 2016.

[30]Vgl. Interview 1 2015, Interview 12, 2015, Interview 16 2016.

[31]Vgl. Interview 12 2015.

[32]Vgl. z. B. Interview 24 2016 und Interview 29 2016.

[33]Vgl. Interview 11 2015, Interview 16 2016.

[34]Vgl. Interview 13 2015 und Interview 47 2018.

[35]Die aufgeführte Auswahl an Kriterien ist nicht abschließend aufgeführt.

im Abfallmarktmodell ein Ländersteckbrief erstellt. Die Kriterien wurden z. B. mit Hilfe von EU-Statistiken etc. gefüllt.[36] Das zweite Unternehmen ist in der Lebensmittelindustrie tätig. Der International Sales Manager erläutert, dass sein internationales Marktauswahlmodell zwei wichtige Kennzahlen beinhaltet: Marktpotenzial und Marktbewertung. Die Kennzahlen für das Marktpotenzial werden mit Daten und Fakten aus objektiven Studien gefüttert. Die Marktbewertung ist eine subjektive Einschätzung des Managers. Der Manager berichtet zudem, dass es ausreichend ist, wenn ein Länderscoringmodell einmal erstellt wird. In den letzten 10 Jahren hat sich die Länderreihenfolge in seiner Industrie z. B. nicht verändert.[37]

Lessons Learned in Baustein 2

Baustein 2 wird sowohl von KMUs als auch von Großunternehmen angewendet. Bei ein paar wenigen KMUs konnte keine Aussage Baustein 2 zugeordnet werden. Diese KMUs überspringen die Bausteine 1, 2 und ggfs. auch 3 (siehe Tab. 5.1 in Abschnitt 5.1). Die Auswertung der Interviews zu Baustein 2 zeigt, dass es Unternehmen leichter fällt Markteintrittspunkte zu sammeln, wenn sie regelmäßig eine interne Analyse zu den Zielmärkten unternehmen. Außerdem ist es hilfreich ein eigenes Marktauswahlmodell zu Beginn eines eigenen Internationalisierungsmusters aufzustellen. Anschließend kann das eigene Marktauswahlmodell in regelmäßigen Abständen aktualisiert werden und mit der Sammlung von ersten Markteintrittspunkten z. B. zu den Top 3 Zielmärkten begonnen werden.

3.3 Sammlung von Markteintrittspunkten im Zielmarkt

In Abb. 3.5 sind die Auswertungsergebnisse zum ISA-Modell Baustein 3 nach Unternehmensgröße dargestellt. Abb. 3.5 zeigt, dass fast alle interviewten Unternehmen Markteintrittspunkte im Zielmarkt sammeln[38]. Zwei Aussagen von KMUs zeigten, dass sie direkt eine Markteintrittsstrategie gewählt haben, weil die Zielmärkte zu wichtig waren, als dass sie nicht vor Ort eine eigene Vertriebsniederlassung besitzen.

Wie die Tätigkeiten zu diesem Baustein aussehen können, kann aus Abb. 3.6 abgelesen werden. Messen sind mit großem Abstand die beliebtesten Markteintrittspunkte. Messen wurden über alle Industrien und Unternehmensgrößen hinweg von besonderer Relevanz beim Aufbau von Geschäftsbeziehungen in

[36] Vgl. Interview 13 2015.

[37] Vgl. Interview 47 2018.

[38] Vgl. Ausnahmen siehe Interview 73 2017 und Interview 79 2018.

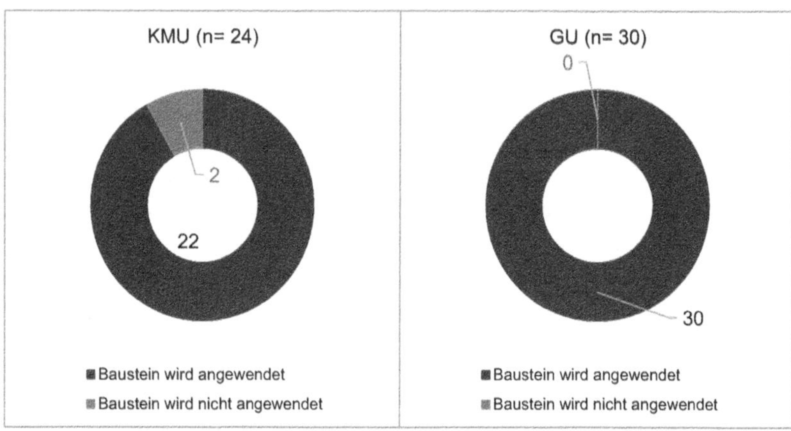

Abb. 3.5 Auswertungsergebnisse der Interviews zum ISA-Modell Baustein 3 nach Unternehmensgröße. (Quelle: Eigene Darstellung)

ausländischen Märkten erwähnt[39]. In der Umwelttechnikindustrie, z. B. ist eine der wichtigsten Messen die IFAT. Sie findet jedes zweite Jahr in München statt und ist die Weltleitmesse für Wasser-, Abwasser, Abfall- und Rohstoffwirtschaft. Außerdem gibt es Ableger von der Messe in Südafrika, Indien, China und in der Türkei.[40] Darüber hinaus besuchte ein Interviewpartner von einem Umwelttechnikunternehmen die Leitmessen der Kunden z. B. aus der Chemie- und Pharmaindustrie, um dort die Kunden auf das Unternehmen aufmerksam zu machen[41]. Ein anderer Interviewpartner erklärt, dass das Management nach einem Markteintritt in den chinesischen Markt viel Zeit darauf verwendet hat, geeignete Messen zu identifizieren und auch gegebenenfalls im Nachhinein wieder Messen aussortiert hat, da diese z. B. in kleinen Turnhallen stattfanden[42]. Viele der interviewten Manager berichten, dass sie über Messen erste Handelspartner in den ausländischen Märkten gefunden haben und so der Markteintritt letztendlich in das Land stattgefunden hat[43].

[39]Vgl. z. B. Interview 24 2016, Interview 1 2015, Interview 4 2015.

[40]Vgl. Messe München 2018.

[41]Vgl. Interview 1 2015.

[42]Vgl. Interview 39 2017.

[43]Vgl. z. B. Interview 7 2015, Interview 8 2015, Interview 38 2017 oder Interview 46, um nur einige Beispiele zu nennen.

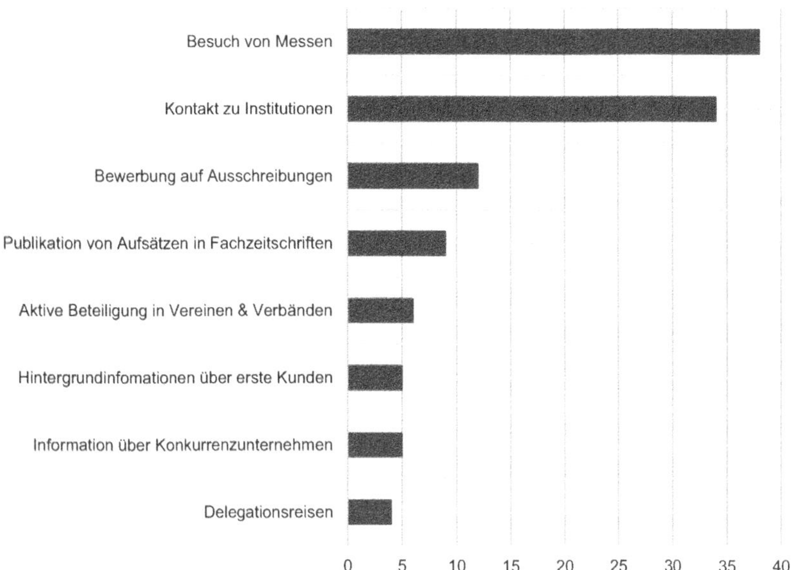

Abb. 3.6 Auswertungsergebnisse der Interviews zum ISA-Modell Baustein 3 nach Tätigkeiten. (Quelle: Eigene Darstellung)

Nach den Messebesuchen wurden Kontakte zu Institutionen wie die Industrie- und Handelskammer, die Außenhandelskammern (im Nachfolgenden bezeichnet als AHKs), Germany Trade & Invest, Universitäten[44], Institute, Marktforschungsunternehmen, Beratungsunternehmen, Spezialbörsen, Entwicklungsbanken, Wirtschaftsförderungsagenturen und Regierungen als beliebte Markteintrittspunkte angegeben[45]. Wie z. B. die AHKs Unternehmen bei der Sammlung von Markteintrittspunkten helfen können, wird in den nachfolgenden Abschnitten anhand der AHK Mexiko, der Europäischen Handelskammer in China, der AHK China und der AHK USA ausführlich erläutert.

AHK Mexiko: Die AHK in Mexiko-Stadt bietet z. B. unternehmensbezogene Marktstudien, Standortanalysen sowie Ursprungsanalysen an. Darüber hinaus werden auch Adressrecherchen, Firmenauskünfte sowie Geschäftspartnersuchen

[44]Vgl. Interview 58 2017 und Interview 62 2017.

[45]Vgl. z. B. Interview 2 2015, Interview 3 2015, Interview 5 2015, Interview 14 2016, Interview 35 2017, Interview 36 2017, Interview 38 2017, Interview 47 2018, Interview 51 2017.

angeboten.[46] Im Nachfolgenden werden einzelnen Dienstleistungen, die für den Markteintrittspunkt von Relevanz sind, näher erläutert:
Marktstudien: Bei den Marktstudien gilt es dem Unternehmen unter anderem produktspezifische Import- und Exportstatistiken zu erstellen sowie eine Übersicht über Importbestimmungen zu geben. Grundlage der Import- und Exportstatistiken sind die Zolltarifnummern der jeweiligen Länder, welche auf dem sechsstelligen HS-Code aufbauen. Der sechsstellige HS-Code ist für alle Mitglieder der Weltzollorganisation identisch und bietet eine Grundlage für eine einheitliche Warenklassifizierung (siehe auch Fallstudie 6.1). Die Interviewpartnerin erklärt, dass sie für ihre Arbeit sowohl die zwölfstelligen europäischen als auch die achtstelligen mexikanischen Zolltarifnummern benötigt. Über die Daten des mexikanischen Wirtschaftsministeriums (Secretaría de Economía) und deren Sistema de Información Arancelaria via Internet (Im Nachfolgenden bezeichnet als SIAVI) kann sie für deutsche Unternehmen die den deutschen/europäischen Zolltarifnummern entsprechenden mexikanischen Warennummer identifizieren und die entsprechenden mexikanischen Import- und Exportstatistiken recherchieren. Die einzelnen produktspezifischen Importbestimmungen können ebenfalls über SIAVI und andere Datenbanken herausgefunden werden. Außerdem müssen bei der Analyse die anfallenden nicht-tarifären Importbestimmungen wie Importverbote – z. B. von deutschem Schweinefleisch -, Importgenehmigungen, zu erfüllende mexikanische offizielle Normen, usw. beachtet werden.[47]
Standortanalyse: Bei Standortanalysen werden zunächst die Anforderungen eines Unternehmens an den neuen Produktionsstandort und dessen Umgebung abgefragt und je nach dem zu beliefernden Markt einige Bundesstaaten vorgeschlagen. Anschließend überprüfen die Mitarbeiter der AHK Mexiko diese Bundesstaaten und deren Industrieparks, welche derselben den Anforderungen des Unternehmens genügen, um dann dem deutschen Investor einen Bericht mit einer detaillierten Darstellung der verschiedenen Optionen unterbreiten zu können. Als allgemeine Informationen zu den diversen Bundesstaaten dient z. B. die Webseite von Pro-Mexiko. Die Standortanalyse wird nur bei Unternehmen durchgeführt, die eine Produktion in Mexiko planen.[48]
Ursprungsanalyse: Insgesamt hat Mexiko mit 46 Ländern Handelsabkommen abgeschlossen. In der Regel haben Produkte, die einen Anteil von 65 Prozent Wertschöpfung in Mexiko haben und damit den mexikanischen Ursprung erhalten, im Rahmen dieser Abkommen niedrigere oder keine Importzölle. Wenn ein

[46]Vgl. AHK Mexiko 2018.

[47]Vgl. Interview 32 2016.

[48]Vgl. Interview 32 2016.

Unternehmen z. B. Solarzellen mit Ursprung in Deutschland nach Mexiko importiert, und in Mexiko nur ein Rahmen um die Solarzellen gebaut wird, dann reicht dieser Wertschöpfungsanteil nicht aus, um die Solarmodule z. B. von Mexiko aus in die USA zu importieren. Um im Zielland geringe Importzölle zu bezahlen, muss das Unternehmen mehr von seiner Wertschöpfung der Solarzellen in Mexiko produzieren lassen. Die Ursprungsanalyse der Interviewpartnerin ist sehr aufwändig und sie benötigt dazu von den Unternehmen viele Informationen, wie zum Beispiel, die Zolltarifnummern des Endproduktes und der Vorerzeugnisse, die Ursprungszeugnisse der Vorerzeugnisse und der Verarbeitungsstand des Produktes aus dem Land, aus dem es exportiert wird. Mit Hilfe der erhaltenen Informationen kann sie analysieren welche Bestimmungen im Rahmen der diversen Freihandelsabkommen für das vorliegende Produkt gelten. Wird z. B. ein Anteil von 65 Prozent der Wertschöpfung in Mexiko erreicht, kann ein europäisches Unternehmen die Ausstellung einer Warenverkehrsbescheinigung EUR.1 beim mexikanischen Wirtschaftsministerium beantragen. Mit der Warenverkehrsbescheinigung EUR.1 müssen Unternehmen nicht den vollen Zollsatz bezahlen. Im umgekehrten Fall wird diese Bescheinigung von Zollämtern erstellt. Unter www.sice.oas.org können sämtliche Freihandelsabkommen von Mexiko und darüber hinaus von allen nord- und südamerikanischen Ländern eingesehen werden. In den Freihandelsabkommen stehen die Wertschöpfungsanteile, die teilweise nach Industrien oder sogar spezifischen Produkten variieren.[49]

Weitere Institutionen die deutschen Unternehmen beim Markteintritt in Mexiko helfen sind z. B. die German Centre for Industry and Trade Mexico[50] sowie die deutsche Gesellschaft für internationale Zusammenarbeit[51]. Die Standorte der German Centre sind allesamt in Schwellenländern und sollen den Markteintritt in diese Länder erleichtern. Der große Vorteil den Unternehmen durch die German Centre haben, ist, dass sie mit nur wenig Aufwand ein Büro anmieten und das Netzwerk vor Ort nutzen können. In Mexiko-Stadt sind derzeit 110 Mieterfirmen untergebracht, die alle dasselbe Ziel haben: den mexikanischen Markt zu erschließen. Um den Austausch untereinander zu fördern, findet zweimal pro Jahr das B-to-B-Netzwerktreffen statt. Unter den 110 Mieterfirmen befinden sich aber nicht nur kleine und mittlere deutsche Unternehmen, sondern auch z. B. mexikanische Anwälte, die Deutsch sprechen, sowie Banker von der LBBW, die die Eigentümerin der German Centre ist.[52]

[49]Vgl. Interview 32 2016.

[50]Vgl. Interview 23 2016.

[51]Vgl. Interview 30 2016.

[52]Vgl. Interview 23 2016.

Europäische Handelskammer in China:
Bei der Festlegung eines Markteintrittspunktes im chinesischen Markt können deutsche Unternehmen sich ebenfalls an die AHK wenden sowie an Wirtschaftsförderungsgesellschaften. Darüber hinaus ist die europäische Handelskammer Ansprechpartner für europäische sowie chinesische Unternehmen vor Ort. Den Unterschied zwischen den Handelskammern macht folgendes Zitat eines Mitarbeiters der europäischen Handelskammer deutlich:

> "[…] there is also no contradiction between the European Chamber and the national chambers, because ask the Frenchmen or Swiss or any other nation, it is easier to start [Anmerk. d. Verf.: in a foreign country] with your countrymen. The European Chamber of Commerce, we are here for the established companies that need help to lobbying / policing in China. We are complementing each other quite well."[53]

Die europäischen Handelskammern setzen sich für die Durchsetzung europäischer Interessen ein und machen z. B. auf Missstände in den ausländischen Direktinvestitionsbedingungen aufmerksam[54]. Die lokalen und länderspezifischen Handelskammern werden von der europäischen Handelskammer als wichtige Markteintrittspunkte gesehen[55].

AHK China:
Ein Mitarbeiter der AHK in Chengdu hat sich unter anderem auf die Markteintrittsstrategie des grenzüberschreitenden elektronischen Handels spezialisiert, welcher in China sehr im Trend liegt und im Vergleich zum stationären Handel Erleichterungen für ausländische Unternehmen verspricht (siehe Fallstudie 6.2.4)[56]. Weiterhin rät der Mitarbeiter deutschen Unternehmen sich Gedanken über die Kunden zu machen und auch mit chinesischen Kunden vorab zu reden. Darüber hinaus sollte eine eigene Präsenz mit 1–2 Mitarbeitern im chinesischen Markt aufgebaut werden. Bei der Standortwahl im chinesischen Markt geht es entweder nach Tradition, d. h. Shanghai, nach Sitz der Kunden oder Industriezugehörigkeit.[57]

[53]Interview 37 2017.

[54]Vgl. Interview 37 2017.

[55]Vgl. Interview 37 2017.

[56]Vgl. Interview 34 2017.

[57]Vgl. Interview 34 2017 und Interview 63.

U.S. und lateinamerikanische Handelskammern:
In anderen Ländern gibt es ebenfalls AHKs, die sich um die Internationalisierung der eigenen Unternehmen kümmern. In den USA, z. B., gibt es neben den lokalen Handelskammern sowie den AHKs noch weitere Institutionen, die bei einer Internationalisierung helfen können. Diese sind die folgenden Institutionen: Foreign Agricultural Service, Department of Energy, Small Business Administration oder International Trade Administration[58]. Die International Trade Administration bietet z. B. Marktforschungsdienstleistungen, internationale Partnersuche sowie Exportberatungen an. Die Experten vom U.S. Commercial Service erstellen z. B. anhand der HS Codes der Weltzollorganisation für ein interessiertes Unternehmen Export- und Importstatistiken zusammen, anschließend entwickeln sie gemeinsam mit einem U.S. Unternehmen eine Markteintrittsstrategie für den jeweiligen Zielmarkt. Laut dem U.S. Commercial Service in Austin, Texas, ist für texanische Unternehmen Mexiko der Zielmarkt Nummer 1.[59] Es gibt sogar eine gemeinsame Handelskammer der beiden Länder – die U.S.-Mexico Chamber of Commerce[60]. Die U.S.-Mexico Chamber of Commerce ist zuständig für Unternehmen die Geschäfte im jeweiligen anderen Land tätigen wollen. Ein Mitarbeiter der U.S.-Mexico Chamber of Commerce erläutert, dass es für Unternehmen wichtig ist, die richtigen Quellen zu kennen, z. B. gibt es die National Chamber of Transforming Industries, die National Chamber of Commerce, Tourism and Services, das Instituto Nacional de Estadística y Geografía oder die Banca Nacional Financiera[61]. Weitere Wirtschaftsförderungsgesellschaften in Lateinamerika sind die Geschäftsentwicklungsagenturen der jeweiligen Länder z. B. ProMéxico, ProColumbia, ProHonduras, etc[62].

Für viele der befragten Umwelttechnikunternehmen spielen zudem Ausschreibungen eine wichtige Rolle[63]. Ohne einen Zuschlag einer Ausschreibung könnten viele Unternehmen ihr Internationalisierungsmuster nicht oder nur in Zusammenarbeit mit anderen Unternehmen beginnen. Dabei kann eine Angebotsabgabe ein

[58]Vgl. Interview 21 2016.

[59]Vgl. Interview 21 2016.

[60]Vgl. Interview 26 2016.

[61]Vgl. Interview 26 2016.

[62]Vgl. Interview 21 2016.

[63]Vgl. Interview 2 2015, Interview 5 2015, Interview 7 2015, Interview 12 2015, Interview 13 2015, Interview 25 2016, Interview 27 2016, Interview 36 2017, Interview 41 2017, Interview 51 2017, Interview 53 2017 und Interview 66 2017.

Unternehmen zwischen 2–3 Mio. EUR kosten und pro Ausschreibung mehrere tausend Seiten umfassen[64].

Verschiedene Manager berichten zudem, dass es sinnvoll ist in Fachzeitschriften zu publizieren[65]. Wichtige Fachzeitschriften gibt es in jedem Land zu jeder Industrie. In Mexiko, zum Beispiel, ist die Zeitschrift Agua y Saneamiento des ANEAS-Wasserverbandes von großer Bedeutung[66]. Weitere wichtige Fachzeitschriften im Segment der Wasserwirtschaft sind z. B. die Zeitschriften Waste Water International, Global Water International and Process[67].

> „Am besten ist dann eine Kombination von Anzeige, Editorial oder Referenzinformation in einer Zeitschrift. Gerade in der Umwelttechnikbranche in Deutschland läuft sehr viel über diese Zeitschriften. Man merkt sehr deutlich die Rückläufe, nachdem man einen Artikel veröffentlich hat.“[68]

Unternehmen sollten für ihre Industrie die wichtigste Fachzeitschrift identifizieren und dort Referenzprojekte publizieren.

Oftmals haben die einzelnen Industriezweige auch eigene Vereine und Verbände. Diese gilt es zu identifizieren[69]. In der Abfall- und Kreislaufwirtschaft z. B. gibt es den Bundesverband deutscher Entsorger oder die Bundesvereinigung Deutscher Stahlrecycling- und Entsorgungsunternehmen[70]. In der Wasserwirtschaft gibt es den Verein German Water Partnership[71] oder den mexikanischen Verein ANEAS[72].

Eine weitere wichtige Tätigkeit in Baustein 3 des ISA-Modells ist die Einholung von Informationen über potenzielle Kunden und Wettbewerber[73]. Das Sammeln von Hintergrundinformationen über die Kunden oder Wettbewerber kann den tatsächlichen Markteintrittspunkt bzw. die Markteintrittsregion beeinflussen (siehe auch Abschn. 5.1). Zum Beispiel wählt ein chinesisches Unternehmen nur Städte in

---

[64] Vgl. Interview 13 2015.

[65] Vgl. Interview 2 2015, Interview 16 2016, Interview 25 2016, Interview 29 2016, Interview 60 2017, Interview 67 2017, Interview 71 2017, Interview 77 2017 und Interview 78 2017.

[66] Vgl. Interview 29 2016.

[67] Vgl. Interview 16 2016.

[68] Interview 16 2016.

[69] Vgl. Interview 3 2015, Interview 12 2015.

[70] Vgl. Interview 2 2015.

[71] Vgl. Interview 7 2015 und Interview 54 2017.

[72] Vgl. Interview 29 2016.

[73] Vgl. z. B. Interview 3 2015, Interview 14 2016 oder Interview 15 2016.

anderen Schwellenändern oder Entwicklungsländern aus, wo die Kunden ein relativ hohes Einkommen haben und die Luftqualität schlecht ist[74].

Eine Mitarbeiterin der AHK in Mexiko erklärt, dass auf Bundesebene z. B. das Bundesministerium für Wirtschaft und Energie Zielmarktanalysen bei den AHKs in Auftrag gibt, um zukünftige Delegationsreisen zu planen[75]. Dazu müssen die Mitarbeiterin und ihre Kollegen Informationen über die Wachstumsmärkte z. B. in Mexiko heraussuchen. Weiterhin erklärt sie:

> „Nach einer erfolgreichen Erstellung einer Zielmarktanalyse beginnt in der Regel der Auftraggeber in Deutschland Werbung für eine Delegationsreise zu machen. Oft müssen die Unternehmen erst in Deutschland akquiriert werden. Die AHK Mexiko organisiert ihrerseits mexikanische Unternehmen in dem jeweiligen Bereich. Nach erfolgreicher Akquisition in beiden Ländern, erfolgt eine Reise ins Zielland. Auf einer Fachkonferenz können die Unternehmen Vorträge halten, sich kennen lernen und vernetzen."[76]

Dabei sind die Gründe für eine Teilnahme bei einer Delegationsreise unterschiedlich: während der eine Interviewpartner auf Delegationsreisen geht um Handelspartner zu akquirieren[77], nimmt der andere Interviewpartner teil, um den Bekanntheitsgrad der eigenen Marke sowohl im Inland wie im Ausland zu erhöhen[78]. Darüber hinaus bieten Delegationsreisen die Chance in Kontakt mit lokalen Politikern zu kommen, was insbesondere in Schwellenländern bei öffentlichen Aufträgen von großem Vorteil sein kann[79].

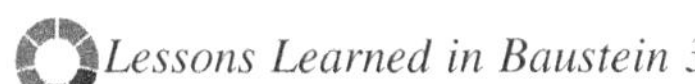

Lessons Learned in Baustein 3

In Baustein 3 gibt es sehr viele Tätigkeiten, die einem Unternehmen helfen können Informationen über den Zielmarkt zu gewinnen. Einige der befragten Manager gaben an, dass sie in regelmäßigem Austausch mit den in Abb. 3.6 genannten Institutionen sind. Daher sollten Unternehmen an einem regelmäßigen Kommunikationsaustausch mit Institutionen im Zielmarkt arbeiten. Je mehr Informationen ein Unternehmen gewinnen kann, desto erfolgreicher kann es an einer Markteintrittsstrategie arbeiten.

---

[74] Vgl. Interview 56 2017.

[75] Vgl. Interview 22 2016.

[76] Interview 22 2016.

[77] Vgl. Interview 7 2015.

[78] Vgl. Interview 66 2017.

[79] Vgl. Interview 66 2017.

BY

4 Internationaler Vertriebsaufbau und Vertriebsentwicklung

4.1 Entwicklung und Entscheidung für eine Markteintrittsstrategie

In Abb. 4.1 können die Auswertungsergebnisse der Interviews zum ISA-Modell Baustein 4 nach Unternehmensgröße eingesehen werden. Alle der mit in die Auswertung einbezogenen Unternehmen gaben an diesen Baustein des ISA-Modells anzuwenden.

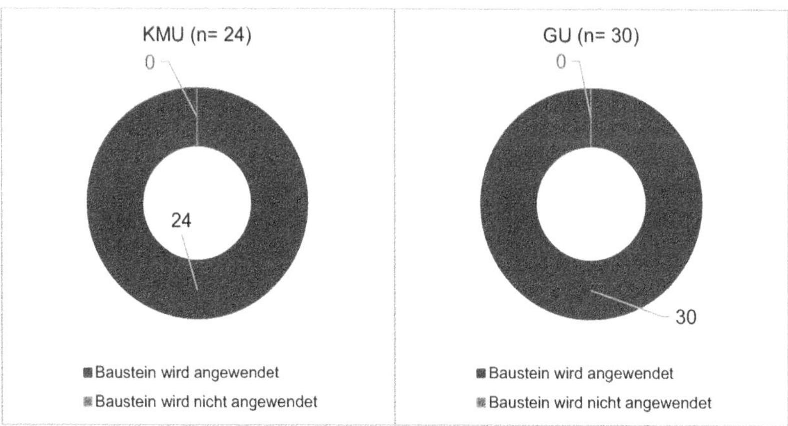

Abb. 4.1 Auswertungsergebnisse der Interviews zum ISA-Modell Baustein 4 nach Unternehmensgröße. (Quelle: Eigene Darstellung)

S. Reber, *Internationale Zielmarktanalyse und Vertriebsentwicklung*,
https://doi.org/10.1007/978-3-658-32389-9_4

Die Auswertung nach Tätigkeiten zu diesem ISA-Modell Baustein zeigt (siehe Abb. 4.2), dass der überwiegende Teil der Manager die Markteintrittsstrategien unter Beachtung der eigenen Unternehmensstrategie formulieren[1]. Viel interessanter aber sind in diesem ISA-Modell Baustein die anderen beiden Tätigkeiten, die in Abb. 4.2 aufgeführt sind und denen immerhin 15 Manager nachgehen. Bevor ein Manager sich für eine Markteintrittsstrategie entscheidet, sollten Handelsabkommen und Wertschöpfungsketten überprüft werden. Zum Beispiel berichtet ein Unternehmen, dass es im chinesischen Markt bestimmte Wertschöpfung erbringen muss, um in den chinesischen Markt eintreten zu können[2]. Eine kleine Veränderung in einem Handelsabkommen kann das Geschäftsmodell eines Unternehmens stark durcheinander bringen[3].

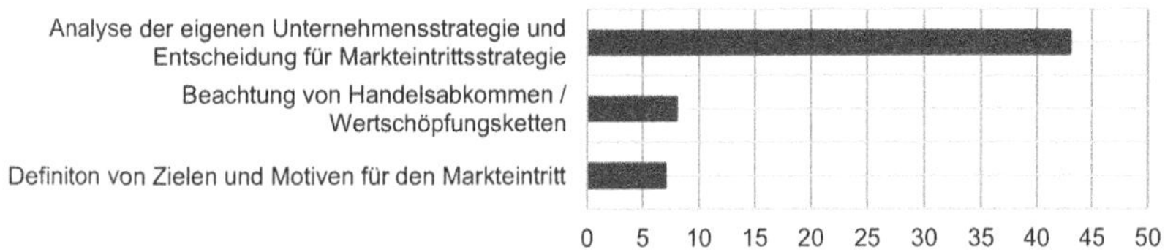

Abb. 4.2 Auswertungsergebnisse der Interviews zum ISA-Modell Baustein 4 nach Tätigkeiten. (Quelle: Eigene Darstellung)

Die unterschiedlichen Ziele und Motive der eigenen Interviewpartner für eine Markteintrittsstrategie können Tab. 4.1 entnommen werden. Ein Großteil der interviewten Unternehmen beginnt mit internationalen Markteintrittsstrategien[4], d. h. Exporten, Handelspartner oder Cross-Border E-Commerce. Die Ziele innerhalb dieser Kategorie zur Internationalisierung lassen sich unter der Sammlung von ersten Erfahrungen mit dem Zielmarkt zusammenfassen. Anschließend können Unternehmen die Markteintrittsstrategie in zwei Richtungen weiterentwickeln: Entweder sie standardisieren oder sie lokalisieren die Produkte[5]. Die interviewten Unternehmen entschieden sich zum einen für eine multinationale Markteintrittsstrategie, d. h. Joint Ventures. Der Joint Venture Partner konnte den Unternehmen

[1]Vgl. z. B. Interview 12 2015.

[2]Vgl. Interview 4 2015.

[3]Vgl. Interview 60 2017.

[4]Siehe auch Abschnitt 2.2, Vgl. Hill 2013, S. 439.

[5]Vgl. Hill 2013, S. 439 ff.

helfen sich lokal anzupassen und strategische Vorteile aus dem Zielmarkt zu ziehen. Zum anderen entschieden sie sich die interviewten Manager für eine globale Unternehmensstrategie, d. h. Lizenzierungen. Das Motiv hinter einer Lizenzierung ist unter anderem eine schnelle Erschließung des Auslandsmarktes mit möglichst geringem Risiko. Die Ziele hinter diesen beiden Kategorien zur Internationalisierung lassen sich unter der Sammlung von weiteren Erfahrungen mit dem Zielmarkt zusammenfassen. Die Ziele hinter einer transnationalen Markteintrittsstrategie dagegen sind langfristig und in der Regel auch mit hohen Investitionen verbunden. Die interviewten Unternehmen wählten z. B. ein Betreibermodell oder eine Neugründung bzw. ein Aufbau einer Tochtergesellschaft.

Tab. 4.1 Übersicht über Ziele bzw. Motive von Markteintrittsstrategien

Ziele	Markteintrittsstrategie	
Nutzung von Absatzchance bzw. Sammlung erster Erfahrungen mit ausländischen Märkten[a]	**Direkter Export**	International
Erschließung möglichst vieler ausländischer Märkte mit möglichst geringem Aufwand[b]	**Handelspartner**	
Erschließung eines ausländischen Marktes zur Erreichung einer maximalen Kundenanzahl[c]	**Cross-Border E-Commerce**	
Strategischer Vorteile durch Partner in der Erschließung neuer Kundengruppen im Ausland[d]	**Joint Venture**	Multinational
Schnelle Erschließung ausländischer Märkte ohne großen Einsatz von Kapital[e]	**Lizenzierung**	Global
Investitionen in einen ausländischen Markt sollen sich auch auszahlen[f]	**Betreibermodell**	Transnational
Langfristiger Aufbau von Geschäftsbeziehungen im ausländischen Markt[g]	**Neugründung einer Tochtergesellschaft**	

[a]Vgl. Interview 4 2015
[b]Vgl. Interview 7 2015 oder Interview 14 2016.
[c]Vgl. Interview 40 2017 oder Interview 43 2017.
[d]Vgl. Interview 36 2017.
[e]Vgl. Interview 3 2015.
[f]Vgl. Interview 13 2015.
[g]Vgl. Interview 39 2017.
Quelle: Eigene Darstellung.

Lessons Learned in Baustein 4

Alle interviewten und in die Auswertung mit einbezogenen Unternehmen haben bis zum Interviewzeitpunkt ein erfolgreiches Internationalisierungsmuster entwickelt, da sie ihre Markteintrittsstrategie im Einklang mit ihrer Unternehmensstrategie geplant haben. Manche von den interviewten Unternehmen hatten bereits ihre Markteintrittsstrategien weiter ausgebaut, andere waren gerade dabei die erste Markteintrittsstrategie umzusetzen. Darüber hinaus leiten sich aus der Markteintrittsstrategie unterschiedliche Ziele und Motive zur Erschließung eines Marktes ab, die auch einen Einfluss auf den anschließenden Baustein, Baustein 5, haben. Entscheidet sich z. B. ein Unternehmen für eine Exportstrategie, hat das einen Einfluss auf die Region und den ersten Vertriebskanal. Darüber hinaus sollten Unternehmen, die vor der erstmaligen Umsetzung einer Markteintrittsstrategie stehen, Handelsabkommen und Wertschöpfungsketten überprüfen, um z. B. alle Zollvorteile durch eine lokale Produktion abschöpfen zu können.

4.2 Fokussierung auf eine bestimmte Region und einen bestimmten Vertriebskanal

Abb. 4.3 zeigt, dass alle befragten Unternehmen sich letztendlich für eine bestimmte Region und einen bestimmten Vertriebskanal entschieden haben.

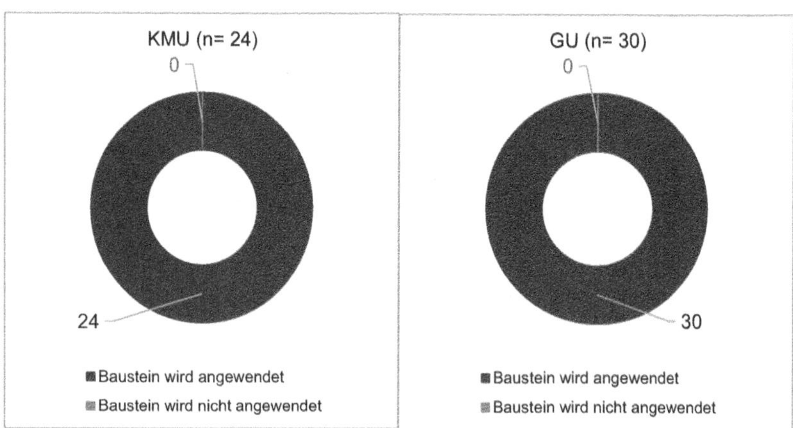

Abb. 4.3 Auswertungsergebnisse der Interviews zum ISA-Modell Baustein 5 nach Unternehmensgröße. (Quelle: Eigene Darstellung)

Insgesamt entscheiden sich die Unternehmen in der Stichprobe häufiger für direkte anstatt indirekte Vertriebskanäle (siehe Abb. 4.4). Beliebte erste indirekte Vertriebskanäle sind offizielle Handelspartner[6] und Handelsvertreter[7].

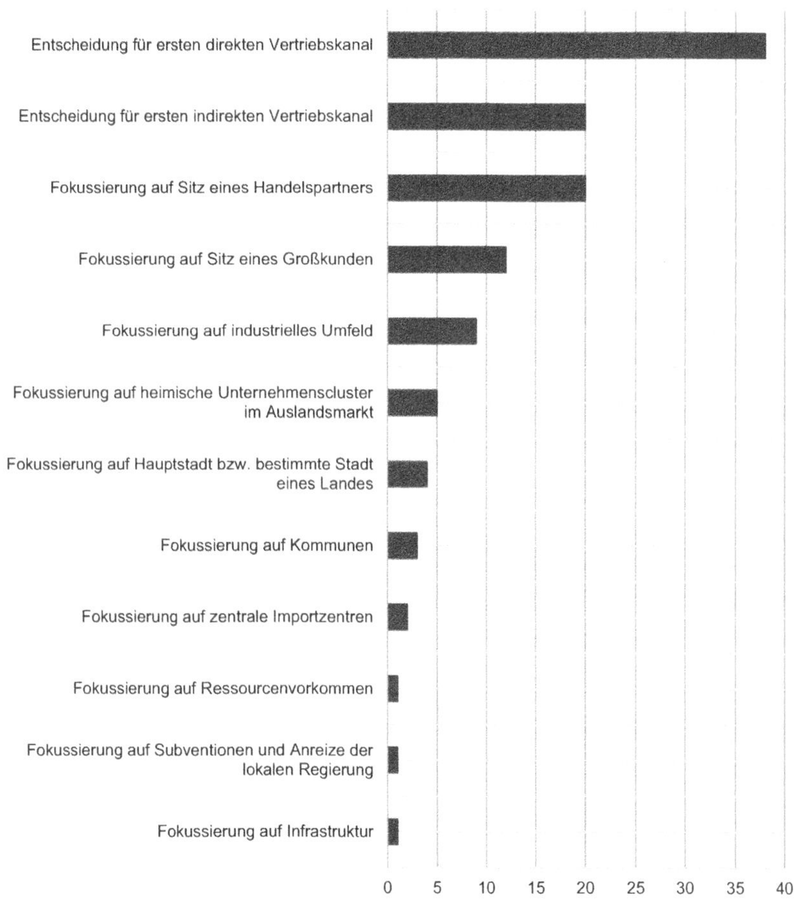

Abb. 4.4 Auswertungsergebnisse der Interviews zum ISA-Modell Baustein 5 nach Tätigkeiten. (Quelle: Eigene Darstellung)

[6] Vgl. z. B. Interview 7 2015 oder Interview 8 2015.

[7] Vgl. z. B. Interview 60 2017.

Bei den direkten Vertriebskanälen werden oft langjährige Mitarbeiter ausgesucht, die als erste den neuen Zielmarkt erschließen sollen[8]. So berichtet z. B. ein Geschäftsführer aus der Umwelttechnikindustrie, dass ein Mitarbeiter der bereits 30 Jahre Erfahrung bei dem Unternehmen gesammelt hat, zunächst zwischen China und Deutschland pendelte. Als die ersten Aufträge akquiriert waren, entschloss man sich den Mitarbeiter nach China zu entsenden. Der Mitarbeiter hängte sich z. B. an die Vertreter von Schweißgeräten eines anderen Unternehmens. Durch diese Kontakte kamen erste Aufträge mit chinesischen Kunden zustande.[9]

Interessant ist auch das Zusammenspiel zwischen dem Fokus auf eine bestimmte Region und der Auswahl eines ersten Vertriebskanals. Insgesamt konnten zehn unterschiedliche Fokussierungen identifiziert werden (siehe Abb. 4.4). Wird z. B. ein indirekter Vertriebskanal gewählt, liegt die Fokussierung auf dem Sitz des Handelspartners[10]. Bei den direkten Vertriebskanälen können die unterschiedlichsten Fokussierungen gewählt werden:

Mehrere Manager berichten davon, dass sie sich zunächst auf die Region mit Sitz eines Großkunden fokussiert haben[11]. In der Regel haben diese Unternehmen in ihren Heimatmärkten bereits den gleichen Großkunden und dieser hat den Zielmarkt zuerst erschlossen. Eine Managerin berichtet davon, dass es absolut notwendig ist, Großkunden in bestimmten Zielmärkten zu bedienen, da das Unternehmen ansonsten die Aufträge im Heimatmarkt verlieren würde[12]. Ein anderer Manager berichtet, dass er seit einem halben Jahr an der Akquise eines Großkunden im U.S. Markt arbeitet. Ein Großkunde kann Multiplikator für viele weitere Projekte sein.[13]

Andere Unternehmen wählen eine Region nach dem industriellen Umfeld aus[14]. Das bedeutet, dass der Standort in der Nähe von möglichst vielen Kunden ausgewählt wird. Dazu analysieren die Manager zunächst die Industriezonen der Zielmärkte. In Mexiko z. B. gibt es rund um Mexiko-Stadt, Monterrey und Puebla Industriezonen, in denen es Unternehmen möglich ist, mehrere Kunden

[8]Vgl. z. B. Interview 3 2015, Interview 27 2016 oder Interview 39 2017.

[9]Vgl. Interview 3 2015.

[10]Vgl. z. B. Interview 8 2015 oder Interview 25 2016.

[11]Vgl. Interview 2 2015, Interview 7 2015, Interview 10 2015, Interview 27 2016, Interview 31 2016, Interview 36 2017, Interview 39 2017, Interview 52 2017, Interview 57 2017, Interview 59 2017, Interview 66 2017 und Interview 67 2017.

[12]Vgl. Interview 27 2016.

[13]Vgl. Interview 18 2016.

[14]Vgl. Interview 13 2015, Interview 18 2016, Interview 20 2016, Interview 61 2017, Interview 67 2017, Interview 71 2017, Interview 73 2017, Interview 77 2017, Interview 79 2018.

anzusprechen[15]. Ein chinesischer Manager berichtet, dass Stuttgart aufgrund des industriellen Umfelds der Automobilindustrie gezielt ausgesucht wurde[16].

Wiederum andere Unternehmen berichten, dass sie sich in der Regel zunächst auf die Hauptstädte oder eine bestimmte Stadt in einem Land konzentrieren[17]. Ein Geschäftsführer z. B. erzählt, dass sich in Hauptstädten gute Kontakte z. B. zu AHKs knüpfen lassen, die einen am Anfang unterstützen können[18]. Andere fokussieren sich auf Hauptstädte, weil dort der größte Konsum ihrer Produkte zu erwarten ist[19]. Es müssen aber nicht immer die Hauptstädte sein. Ein Unternehmer berichtet, dass sie zunächst eine Stadt in der chinesischen Hunan-Provinz erobern wollen, weil sie dort die Möglichkeit haben in einer „deutschen" Straße ein Geschäft zu eröffnen[20].

Manche Unternehmen müssen sich auf Kommunen konzentrieren, bei denen sie einen Zuschlag für z. B. eine Kläranlage oder eine Müllverbrennungsanlage bekommen haben[21]. Wiederum andere Unternehmen legen ihren ersten Sitz in die Nähe von zentralen Importzentren, wie z. B. Hongkong oder Veracruz, um den Import von Produkten zu handhaben[22]. Weitere Gründe für eine Fokussierung waren Ressourcenvorkommen[23], Subventionen und Anreize von lokalen Regierungen[24] und Infrastruktur[25].

Lessons Learned in Baustein 5

Alle interviewten Unternehmen fangen, wenn sie neu in einen Zielmarkt eintreten wollen, klein an, indem sie einen langjährigen Mitarbeiter oder einen lokalen Handelspartner zum Aufbau erster Vertriebsstrukturen ins Ausland entsenden oder als Vertragspartner gewinnen. Damit bleibt das Risiko überschaubar und die Kosten gering. Es ist auch nicht unüblich, dass je nach gewählter Markteintrittsstrategie, Fehlschläge in Kauf genommen werden. Mehrere Unternehmen haben z. B. in den Interviews berichtet, dass es zu Beginn der Auslandsmarkterschließung

[15] Vgl. Interview 78 2017.

[16] Vgl. Interview 79 2018.

[17] Vgl. Interview 24 2016, Interview 28 2016, Interview 29 2016 und Interview 40 2017.

[18] Vgl. Interview 24 2016.

[19] Vgl. Interview 28 2016 und Interview 29 2016.

[20] Vgl. Interview 40 2017.

[21] Vgl. Interview 5 2015, Interview 13 2015 und Interview 25 2016.

[22] Vgl. Interview 44 2017 und Interview 47 2018.

[23] Vgl. Interview 19 2016.

[24] Vgl. Interview 45 2017.

[25] Vgl. Interview 13 2015.

Probleme mit Handelspartnern oder Mitarbeitern gegeben hat[26]. Alle Unternehmen haben aber aus den Fehlschlägen gelernt und ggfs. neue erste Regionen und Vertriebsstrukturen im Auslandsmarkt aufgebaut.

4.3 Erschließung von weiteren Vertriebskanälen und Kundengruppen

Die Auswertungsergebnisse der eigenen Interviews zeigen, dass über die Hälfte der KMUs und ca. dreiviertel der Großunternehmen weitere Vertriebskanäle aufgebaut haben (siehe Abb. 4.5).

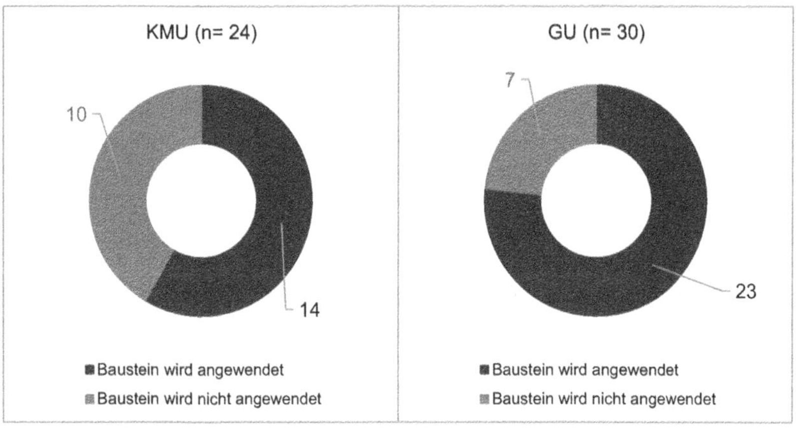

Abb. 4.5 Auswertungsergebnisse der Interviews zum ISA-Modell Baustein 6 nach Unternehmensgröße. (Quelle: Eigene Darstellung)

In Abb. 4.6 sind die Tätigkeiten, die Unternehmen im ISA-Modell Baustein 6 durchführen, aufgelistet. Ein Großteil der befragten Experten gab an, dass nach der Entscheidung für einen bestimmten Vertriebskanal und einer Fokussierung der Region, neue Kundengruppen in unterschiedlichen Branchen akquiriert werden müssen ggfs. mit einem neuen weiteren Vertriebskanal[27].

[26]Vgl. Interview 7 2015, Interview 16 2016 und Interview 28 2016.

[27]Vgl. z. B. Interview 3 2015 oder Interview 20 2016.

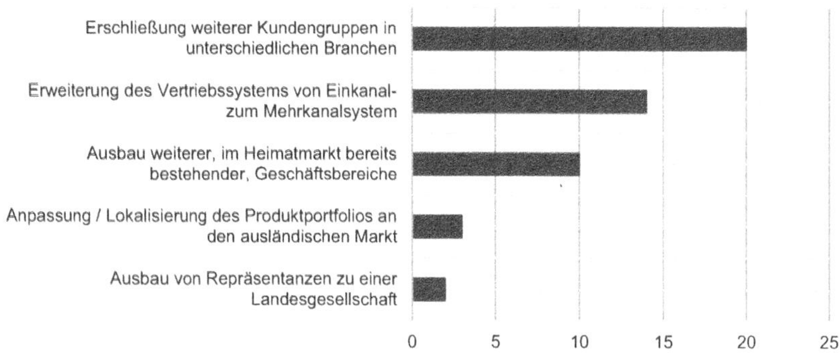

Abb. 4.6 Auswertungsergebnisse der Interviews zum ISA-Modell Baustein 6 nach Tätigkeiten. (Quelle: Eigene Darstellung)

14 Experten gaben an, dass es ihr Ziel war, das Vertriebssystem von einem Einkanal- zu einem Mehrkanalsystem auszubauen. Die Auswahl von Vertriebskanälen hängt dabei von unterschiedlichen Faktoren ab, wie z. B. Marktgröße oder erwartete Projekteinnahmen[28]. Andere Manager gaben z. B. an, dass es das Ziel ist auf allen E-Commerce Plattformen einen Kanal für die Kunden zu schaffen[29]. In manchen Industrien wird das Vertriebssystem aber auch von den Händlern ausgebaut[30]. Dabei können sowohl direkte als auch indirekte Vertriebskanäle aufgebaut werden[31].

Eine weitere Tätigkeit im ISA-Modell Baustein 6 ist der Ausbau weiterer, im Heimatmarkt bereits bestehender Geschäftsbereiche (siehe Abb. 4.7)[32]. In der Regel gibt es in den Unternehmen ein Geschäftsbereich der das «Zugpferd der Internationalisierung» für die anderen Geschäftsbereiche ist (Geschäftsbereich A in Abb. 4.7). Ein Geschäftsführer erzählt, dass bei einer Eröffnung einer Vertriebsniederlassung im Ausland der Markteintritt mit nur einem Geschäftsbereich stattfindet. Wenn die Geschäfte in diesem Geschäftsbereich gut laufen, werden

[28]Vgl. Interview 19 2016.

[29]Vgl. Interview 43 2017.

[30]Vgl. Interview 46 2018.

[31]Vgl. Interview 51 2017.

[32]Vgl. Interview 1 2015, Interview 8 2015, Interview 12 2015, Interview 13 2015, Interview 16 2016, Interview 27 2016, Interview 39 2017 und Interview 51 2017.

nach und nach die anderen Geschäftsbereiche nachgeholt und deren Produkte ebenfalls im Auslandsmarkt angeboten (Geschäftsbereiche B-D in Abb. 4.7).[33]

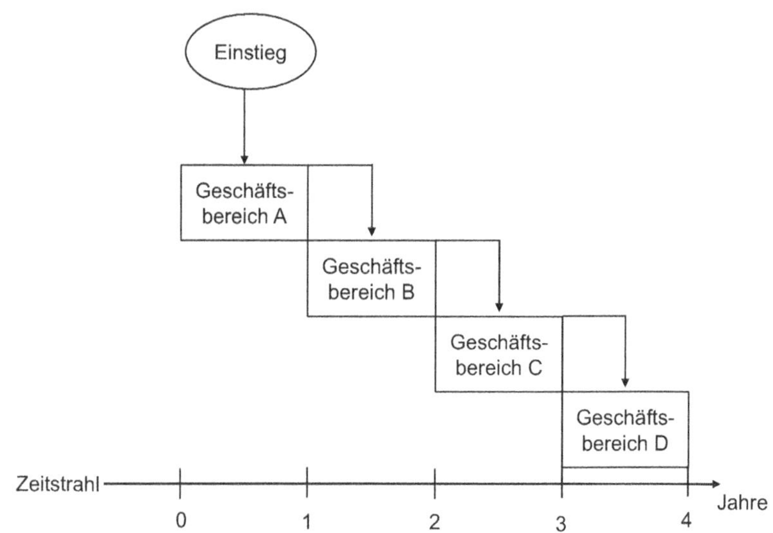

Abb. 4.7 Intra-Länder-Wasserfallstrategie für Geschäftsbereiche (Die Wasserfallstrategie ist ein bekanntes Konzept im internationalen Marketing. Vgl. z. B. Backhaus et al., 2000, S. 127. Neu an dem in Abb. 5.8 vorgestellten Konzept ist, dass die Wasserfallstrategie von Unternehmen auch innerhalb eines Ländermarktes angewendet werden kann. Somit gibt es eine Inter-Länder-Wasserfallstrategie (bisheriges Konzept) und eine Intra-Länder-Wasserfallstrategie (neues Konzept)). (Quelle: Eigene Darstellung in Anlehnung an Backhaus et al. 2000, S. 127)

Eine weitere Möglichkeit neue Kundengruppen zu erschließen besteht in der Anpassung bzw. Lokalisierung des Produktportfolios[34]. Zum Beispiel berichtet ein Manager, dass die Komponenten aus Europa für Kläranlagen für den mexikanischen Markt wegen den Höhenunterschieden und der höheren Luftfeuchtigkeit angepasst werden müssen. Diesen Vorgang nennen sie «Tropicalization»[35]. Eine weitere Anpassung der Produkte kann unter dem Begriff «Frugale Innovationen» zusammengefasst werden. Unter frugalen Innovationen versteht man

[33] Vgl. Interview 8 2015.

[34] Vgl. z. B. Interview 39 2017.

[35] Vgl. Interview 29 2016.

unter anderem die Verringerung der Komplexität von Produkten insbesondere für Schwellenländer[36]. Damit können die Produkte günstiger angeboten werden. Nicht viele der befragten Unternehmen bieten eine Low-Cost-Version in Auslandsmärkten an[37]. Interessant wird es, wenn die Unternehmen für einen Auslandsmarkt ein neues Produkt entwerfen das anschließend im Heimatmarkt eingeführt wird[38].

Zwei der interviewten Unternehmen gaben zudem an, ab einem bestimmten Umsatz im Auslandsmarkt den Ausbau von Repräsentanzen zu einer Landesgesellschaft voranzutreiben bzw. dem Markt weitere Ressourcen zur Verfügung zu stellen.[39] Einer der Geschäftsführer beschreibt den Vorgang in seinem Unternehmen: „Eine Repräsentanz, die 10 Mio. EUR Umsatz p.a. in einem Land erwirtschaftet, sollte zu einer Landesgesellschaft ausgebaut werden.“[40]

Lessons Learned in Baustein 6

In Baustein 6 müssen Unternehmen systematisch das Geschäft im Auslandsmarkt vorantreiben. Die Aufgabe kann durch die in Abb. 4.6 aufgezeigten Tätigkeiten vorangetrieben werden. Die Unternehmen denen Baustein 6 zugeordnet werden konnte fiel es wesentlich leichter eine nationale Marktpräsenz aufzubauen, da sie mit dem Ausbau von weiteren Vertriebskanälen und Kundengruppen wichtige Vorarbeiten zum letzten Baustein im ISA-Modell geleistet hatten.

4.4 Rollout im Zielmarkt/Marktdurchdringungsstrategien

In Abb. 4.8 ist deutlich zu erkennen, dass die Mehrheit der interviewten Unternehmen kein nationales Rollout in dem betrachteten ausländischen Markt implementiert hat. Einige wenige GUs und ein KMU in der Stichprobe haben jedoch Marktdurchdringungsstrategien entwickelt, welche im Nachfolgenden aufgezeigt werden (siehe Abb. 4.9).

[36]Vgl. Radjou & Prabhu 2013.

[37]Vgl. Interview 44 2017.

[38]Vgl. Interview 31 2016 und Shankar & Hanson 2015.

[39]Vgl. Interview 11 2015 und Interview 20 2016.

[40]Interview 11 2015.

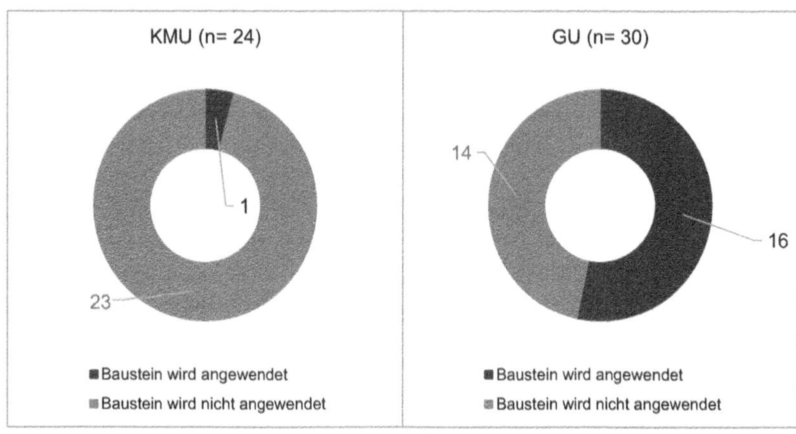

Abb. 4.8 Auswertungsergebnisse der Interviews zum ISA-Modell Baustein 7 nach Unternehmensgröße. (Quelle: Eigene Darstellung)

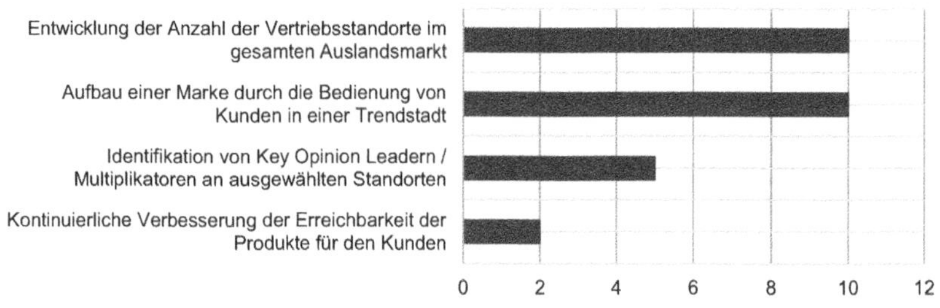

Abb. 4.9 Auswertungsergebnisse der Interviews zum ISA-Modell Baustein 7 nach Tätigkeiten. (Quelle: Eigene Darstellung)

Ein Großteil der Manager, die diesen ISA-Modell Baustein durchführen, gaben an, die Anzahl der Vertriebsstandorte im Auslandsmarkt Baustein für Baustein entwickelt zu haben[41]. Dabei sind die Gründe für die Auswahl neuer Vertriebsstandorte ähnlich wie in ISA-Modell Baustein 5. Einige Unternehmen orientieren

[41] Vgl. Interview 3 2015, Interview 11 2015, Interview 39 2017, Interview 41 2017, Interview 45 2017, Interview 46 2018, Interview 51 2017, Interview 53 2017, Interview 60 2017 und Interview 78 2017.

sich z. B. an Kommunen[42], Handelspartnern[43] oder staatlichen Anreizen durch die lokale Regierung,[44] wenn sie neue Vertriebsstandorte auswählen.

Außerdem legen Unternehmen in diesem Baustein einen großen Wert auf den Ausbau ihrer Marke z. B. in einer Trendstadt[45]. Wie wertvoll eine Marke sein kann, fasst ein chinesischer Manager zusammen:

> "The company's main foreign competitor is an Italian one. However, to tell you the truth, they are not successful in China as the company entered the market after us. They have the same technology, but our brand is much more developed here, people use our company's name as a synonym for the product."[46]

Andere wiederum nutzen den Country-of-Origin Effekt zum Aufbau einer Marke in einem ausländischen Markt[47]. Bei Industriegüterunternehmen spielen zudem Referenzprojekte eine entscheidende Rolle im Aufbau einer Marke[48].

Eine weitere wichtige Tätigkeit im ISA-Modell Baustein 7 ist die Identifikation von Key Opinion Leadern (im Nachfolgenden bezeichnet als KOL) und Multiplikatoren an ausgewählten Standorten[49]. Diese Tätigkeit wurde nur von GUs angestrebt. Dabei können KOL je nach Industrie Privatpersonen oder Unternehmen sein. Ein Manager berichtet (siehe auch Fallstudie 6.2.1) davon, dass in seinem Fall 5 Sterne Hotels KOLs waren[50]. Bei anderen befragten Unternehmen waren KOLs bzw. Multiplikatoren z. B. Hersteller von Bierdosen[51], Fashion Weeks[52] oder Soldaten[53].

Außerdem arbeiten einige wenige Unternehmen an einer kontinuierlichen Verbesserung der Erreichbarkeit der Produkte für ihre Unternehmen[54]. Entweder

---

[42] Vgl. Interview 41 2017.

[43] Vgl. Interview 45 2017.

[44] Vgl. Interview 46 2017.

[45] Vgl. Interview 1 2015, Interview 12 2015, Interview 38 2017, Interview 39 2017, Interview 41 2017, Interview 43 2017, Interview 45 2017, Interview 46 2017 und Interview 57 2017.

[46] Interview 38 2017.

[47] Vgl. Interview 12 2015 oder Interview 43 2017.

[48] Vgl. Interview 1 2015 und Interview 41 2017.

[49] Vgl. Interview 39 2017, Interview 43 2017, Interview 46 2018 und Interview 47 2018.

[50] Vgl. Interview 46 2018.

[51] Vgl. Interview 39 2017.

[52] Vgl. Interview 43 2017.

[53] Vgl. Interview 48 2017.

[54] Vgl. Interview 43 2017 und Interview 45 2017.

durch die Erschließung weiterer E-Commerce Händler[55] oder durch den Ausbau des Händlernetzes[56].

Aus den vorgestellten Tätigkeiten in ISA-Modell Baustein 7 lassen sich vier Marktdurchdringungsstrategien ableiten (siehe Abb. 4.10). Diese vier Marktdurchdringungsstrategien werden in Abhängigkeit von drei Dimensionen aufgezeigt: (1) Anzahl und Art der Standorte, (2) Anzahl der Kunden und (3) Anzahl der Vertriebskanäle.

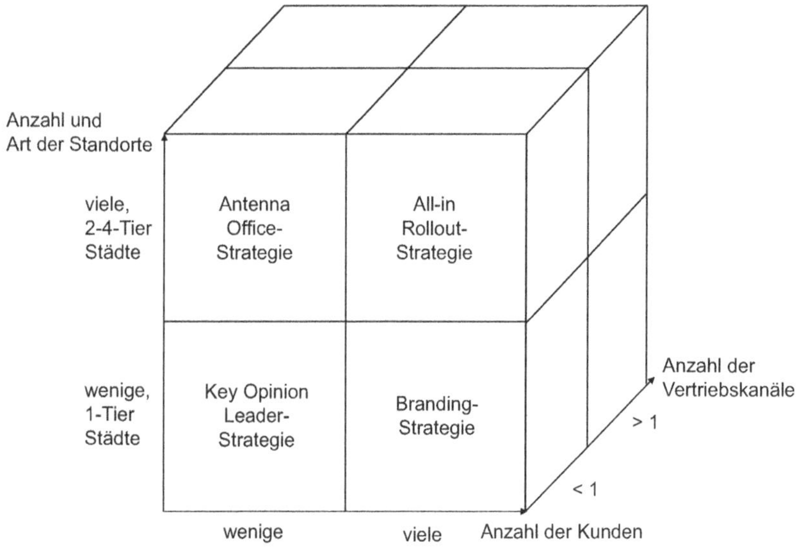

Abb. 4.10 Marktdurchdringungsstrategien im Überblick. (Quelle: Eigene Darstellung)

Zunächst sollten sich Unternehmen in einigen wenigen Städten einige wenige Kunden so genannte KOL oder auch Multiplikatoren suchen, um auf sich und ihre Produkte aufmerksam zu machen (Key-Opinion-Leader-Strategie). Mit den KOLs können Unternehmen langsam die Kundenanzahl steigern und eine Marke aufbauen (Branding-Strategie). Anschließend können weitere Antennen-Büros an unterschiedlichen Standorten eröffnet werden (Antenna Office-Strategie). Letztendliches Ziel ist es eine nationale Marktdurchdringung zu erreichen, indem

[55]Vgl. Interview 43 2016.

[56]Vgl. Interview 45 2016.

in möglichst vielen Standorten viele Kunden bedient werden können (All-in Rollout-Strategie).

Lessons Learned in Baustein 7

Unternehmen, die es verstanden haben, eine nationale Präsenz in einem ausländischen Markt aufzubauen und den ausländischen Markt nutzen um Innovationen zu entwickeln sind sehr erfolgreich mit ihrem Internationalisierungsmuster. Darüber hinaus können diese Unternehmen die Innovationen nutzen, um in ihren Heimatmärkten neue Geschäftsbereiche zu entwickeln[57].

[57] Vgl. z. B. Interview 42 2017 oder Interview 46 2018.

Diskussion der Ergebnisse 5

5.1 Zur Einschätzung des eigenen Internationalisierungsmusters im International Sales Accelerator Modell

Tab. 5.1 und 5.2 fassen die Interviewauswertung anhand der ISA-Modell Bausteine getrennt nach KMUs und Großunternehmen zusammen.

Wie aus den zusammengefassten Auswertungsergebnissen (siehe Tab. 5.1 und 5.2) hervorgeht, können mit Hilfe des ISA-Modells, das als Internationalisierungsprozess-Modell entwickelt wurde, individuelle Internationalisierungsmuster von Unternehmen dargestellt werden. Das ISA-Modell fasst die abstrakten Ebenen in sieben Bausteinen zusammen. Gleichzeitig macht es das Modell möglich auf individuelle Internationalisierungsmuster einzugehen (siehe auch Kapitel 6). Die in Kapitel 3 und 4 vorgestellten Ergebnisse liefern zudem erste empirische Erkenntnisse wie Manager mit Hilfe des ISA-Modells für ihr Unternehmen ein Internationalisierungsmuster planen und implementieren können. Das ISA-Modell kann als ein Leitfaden für Internationalisierungsprozesse dienen. Somit wurde das übergeordnete Ziel der Dissertation (siehe Abschnitt 1.2) erreicht.

Die in Kapitel 3 und 4 vorgestellten Forschungsergebnisse bestätigen die Ergebnisse bisheriger Studien in eine Unterteilung von systematischen und unsystematischen Vorgehensweisen bei Internationalisierungsmustern von Unternehmen (siehe auch Tab. 5.1 und 5.2)[1]. Den Beweis dafür, dass ein systematisches Vorgehen bei der internationalen Zielmarktauswahl besser ist als ein nicht-systematisches Vorgehen, liefern z. B. *Brouthers & Nakos*[2]. Die Autoren

[1] Vgl. z. B. Cavusgil 1985 oder Brouthers & Nakos 2005.

[2] Vgl. Brouthers & Nakos 2005, S. 363.

S. Reber, *Internationale Zielmarktanalyse und Vertriebsentwicklung*,
https://doi.org/10.1007/978-3-658-32389-9_5

Tab. 5.1 Übersicht Interviewauswertung der KMUs zu den ISA-Modell Bausteinen

Unternehmen	Kategorie	B1	B2	B3	B4	B5	B6	B7
Interview 2	KMU	○	●	●	●	●	○	○
Interview 6	KMU	○	●	●	●	●	○	○
Interview 7	KMU	○	●	●	●	●	○	○
Interview 10	KMU	○	●	●	●	●	●	○
Interview 18	KMU	○	●	●	●	●	●	○
Interview 24	KMU	○	●	●	●	●	●	○
Interview 25	KMU	○	●	●	●	●	●	○
Interview 27	KMU	○	●	●	●	●	●	○
Interview 28	KMU	○	●	●	●	●	○	○
Interview 29	KMU	○	●	●	●	●	●	○
Interview 31	KMU	○	●	●	●	●	●	○
Interview 35	KMU	○	●	●	●	●	○	○
Interview 38	KMU	○	○	●	●	●	○	●
Interview 40	KMU	○	●	●	●	●	○	○
Interview 42	KMU	○	●	●	●	●	●	○
Interview 52	KMU	○	●	●	●	●	○	○
Interview 55	KMU	○	●	●	●	●	●	○
Interview 59	KMU	○	●	●	●	●	●	○
Interview 60	KMU	○	●	●	●	●	●	○
Interview 61	KMU	○	○	●	●	●	●	○
Interview 66	KMU	○	●	●	●	●	○	○
Interview 67	KMU	○	○	●	●	●	●	○
Interview 73	KMU	○	○	○	●	●	●	○
Interview 79	KMU	○	○	○	●	●	○	○

○ Baustein wird nicht angewendet ● Baustein wird angewendet

Quelle: Eigene Darstellung.

Tab. 5.2 Übersicht Interviewauswertung der GUs zu den ISA-Modell Bausteinen

Unternehmen	Kategorie	B1	B2	B3	B4	B5	B6	B7
Interview 1	GU	●	●	●	●	●	●	●
Interview 3	GU	○	●	●	●	●	●	●
Interview 4	GU	●	●	●	●	●	○	○
Interview 5	GU	○	●	●	●	●	○	○
Interview 8	GU	●	●	●	●	●	●	○
Interview 11	GU	●	●	●	●	●	●	●
Interview 12	GU	●	●	●	●	●	●	●
Interview 13	GU	○	●	●	●	●	●	○
Interview 14	GU	●	●	●	●	●	●	○
Interview 15	GU	○	●	●	●	●	○	○
Interview 16	GU	●	●	●	●	●	●	●
Interview 19	GU	●	●	●	●	●	●	●
Interview 20	GU	●	●	●	●	●	●	○
Interview 36	GU	○	●	●	●	●	●	○
Interview 39	GU	●	●	●	●	●	●	●
Interview 41	GU	○	●	●	●	●	●	●
Interview 43	GU	○	●	●	●	●	●	●
Interview 44	GU	○	●	●	●	●	○	○
Interview 45	GU	○	●	●	●	●	●	●
Interview 46	GU	○	●	●	●	●	●	●
Interview 47	GU	●	●	●	●	●	●	●
Interview 48	GU	○	●	●	●	●	○	○
Interview 49	GU	○	●	●	●	●	●	○
Interview 51	GU	●	●	●	●	●	●	●
Interview 53	GU	●	●	●	●	●	●	●
Interview 56	GU	○	●	●	●	●	●	○
Interview 57	GU	●	●	●	●	●	●	●
Interview 71	GU	○	●	●	●	●	○	○
Interview 77	GU	○	●	●	●	●	○	○
Interview 78	GU	○	●	●	●	●	●	●

○ Baustein wird nicht angewendet ● Baustein wird angewendet

Quelle: Eigene Darstellung.

haben herausgefunden, dass Unternehmen mit einem systematischen Internationalisierungsmuster eine bessere Performance ablegen als Unternehmen, die ein unsystematisches Internationalisierungsmuster haben[3]. Das unsystematische Vorgehen vieler Unternehmen hat mehrere Gründe: Zum einen gibt es zahlreiche Forschungslücken zu dem Thema (siehe auch Kapitel 2). Es existieren Modelle zur internationalen Marktauswahl (siehe Tab. 5.3, Synopse zur internationalen Marktauswahl im Anschluss an dieses Kapitel), aber diese erweisen sich im Geschäftsalltag als sehr aufwändig. Forscher sammeln meistens mehrere Monate Daten und werten diese anschließend mit statistischen Programmen aus. In der Praxis fehlt es meistens an der Zeit und dem Willen für solche Auswertungen. Zum anderen funktioniert ein Internationalisierungsmuster auch ohne ein systematisches Vorgehen, jedoch wie *Brouthers & Nakos* herausgefunden haben, leidet darunter die Performance[4].

Die in Abschnitt 2.2 aufgestellte zentrale Annahme, dass Großunternehmen mehr Bausteine des ISA-Modells anwenden als KMUs kann anhand der Tab. 5.1 und 5.2 bestätigt werden. Weiterhin bestätigen die vorliegenden Forschungsergebnisse z. B. *Kochs* Argumentation[5]. *Koch* argumentiert, dass die internationale Marktauswahl und Markteintrittsstrategien kein separater Prozess sind, sondern zwei Aspekte einer Entscheidung[6]. Aus den geführten Interviews ergibt sich, dass noch ein weiterer Aspekt dieser Entscheidung hinzukommt. Dieser Aspekt lautet Vertrieb. Die Autorin der Dissertation geht davon aus, dass alle drei Aspekte als Grundlage einer Entscheidung betrachtet werden sollten. Der Vorteil wäre, dass sich Unternehmen bereits bei der internationalen Marktauswahl, Gedanken über erste Vertriebskanäle machen müssten. Die auf den Ergebnissen dieser Dissertation aufbauende Argumentation widerspricht somit *Brewer*'s Sichtweise, dass die internationale Marktauswahl getrennt von den Markteintrittsstrategien betrachtet werden können[7].

Mit Hilfe des Schnell-Checks zum ISA-Modell (siehe Abb. 5.1) können Unternehmen ihre Vorgehensweise bei ihrem individuellen Internationalisierungsmuster überprüfen und feststellen, ob ihr Muster systematisch genug verläuft. Darüber hinaus können Unternehmen mit dem Schnell-Check zur Einschätzung des eigenen Internationalisierungsmusters im ISA-Modell nachschauen, welche Tätigkeiten sie bereits durchführen und welche ihnen noch fehlen. Der Schnell-Check

[3]Vgl. Brouthers & Nakos 2005, S. 367.

[4]Vgl. Brothers & Nakos 2005, S. 367.

[5]Vgl. Koch 2001, S. 73.

[6]Vgl. Koch 2001, S. 73.

[7]Vgl. Brewer 2001, S. 156.

ISA-Modell	Auswertungskriterien	Erfüllung 1=ja 0=nein	Überein-stimmung	Graphische Überein-stimmung
1. Segmentierung und Auswahl einer Weltmarktregion	Regelmäßige weltweite Analyse der Gesetzeslage	1	100%	
	Regelmäßige weltweite Analyse des Marktwachstumspotenzials/ Kennzahlen	1		
	Regelmäßige weltweite Analyse von Trends in einer Branche	1		
	Regelmäßige weltweite Analyse nach industriellen Projektvorhaben	1		
	Regelmäßige weltweite Analyse der Aktivitäten von Wettbewerbern	1		
	Regelmäßige weltweite Analyse von politischen Entwicklungen	1		
	Regelmäßige weltweite Analyse von kulturellen Gewohnheiten	1		
	Regelmäßige weltweite Analyse von Ressourcenvorkommen	1		
2. Auswahl eines bestimmten Landes als prioritären Zielmarkt	Analyse von Ressourcen	1	100%	
	Analyse der Auslandsaktivitäten von Großkunden	1		
	Analyse von langfristigen potentiellen Märkten	1		
	Analyse der vorhandenen Geschftskontakte	1		
	Analyse von Einflussnahmemöglichkeiten auf Stakeholder	1		
	Erstellen eines eigenen Auswahlmodells anhand unterschiedlichster Kriterien	1		
3. Sammlung von Markteintrittspunkten	Besuch von Messen	1	100%	
	Kontakt zu Institutionen	1		
	Bewerbung auf Ausschreibungen	1		
	Publikation von Aufsätzen in Fachzeitschriften	1		
	Aktive Beteiligung in Vereinen & Verbänden	1		
	Hintergrundinformationen über erste Kunden	1		
	Information über Konkurrenzunternehmen	1		
	Teilnahme an Delegationsreisen	1		
4. Entwicklung einer Markteintrittsstrategie	Analyse der eigenen Unternehmensstrategie und Entscheidung für Markteintrittsstrategie	1	100%	
	Beachtung von Handelsabkommen / Wertschöpfungsketten	1		
	Definition von Zielen und Motiven für den Markteintritt in einem bestimmten Zielmarkt	1		
5. Fokussierung auf eine bestimmte Region und auf einen bestimmten Distributionskanal	Entscheidung für ersten direkten Vertriebskanal		100%	
	Entscheidung für ersten indirekten Vertriebskanal	1		
	Fokussierung auf Sitz eines Handelspartners			
	Fokussierung auf Sitz eines Großkunden			
	Fokussierung auf industrielles Umfeld			
	Fokussierung auf heimische Unternehmenscluster im Auslandsmarkt			
	Fokussierung auf Hauptstadt bzw. bestimmte Stadt eines Landes	1		
	Fokussierung auf Kommunen			
	Fokussierung auf zentrale Importzentren			
	Fokussierung auf Ressourcenvorkommen			
	Fokussierung auf Subventionen und Anreize der lokalen Regierung			
	Fokussierung auf Infrastruktur			
6. Erschließung von weiteren Distributionskanälen und Kundengruppen	Erschließung weiterer Kundengruppen in unterschiedlichen Branchen	1	100%	
	Erweiterung des Vertriebssystems von einem Einkanal- zu einem Mehrkanalsystem	1		
	Ausbau weiterer, im Heimatmarkt bereits bestehender, Geschäftsbereiche im Auslandsmarkt	1		
	Anpassung / Lokalisierung des Produktportfolios an den ausländischen Markt	1		
	Ausbau von Repräsentanzen zu einer Landesgesellschaft	1		
7. Roll-out im Zielmarkt / Marktdurchdringungs-strategien	Identifikation von sogenannten Key Opinion Leadern an wenigen Standorten	1	100%	
	Aufbau einer Marke durch die Bedienung vieler Kunden in einer Trendsstadt	1		
	Entwicklung der Anzahl der Vertriebsstandorte im gesamten Auslandsmarkt	1		
	Kontinuierliche Verbesserung der Erreichbarkeit der Produkte für die Kunden	1		
		Gesamtüber-einstimmung:	**100%**	

Abb. 5.1 Schnell-Check zur Einschätzung des eigenen Internationalisierungsmusters im International Sales Accelerator-Modell. (Quelle: Eigene Darstellung)

Tab. 5.3 Synopse zur internationale Marktauswahl-Literatur

#	Autor(en)	Jahr	Forschungsmethodik und -ziel(e)	Zentrale(s) Ergebnis(se)	Faktoren zur Auswahl von internationalen Märkten	Eigene Verfahrenseinordnunga
1	Reber	2019	Forschungsmethodik: Empirische Arbeit Forschungsziele: Ziel ist ein Prognoseverfahren für die internationale Zielmarktauswahl mit Hilfe von realen Export-/Import-Handelsdaten für eine bestimmte Industrie zu entwickeln.	Die entwickelte Methodik bringt Zielmärkte anhand einer prognostizierten Export Gap in ein Ranking. Damit sehen Unternehmen zum einen die realen Exporte und Importe in ihrer Industrie bzw. Produktklasse und zum anderen erhalten sie ein Ranking der stärksten wachsenden Zielmärkte (siehe Fallstudie 6.1).	Industriespezifische Zolltarifnummern mit deren Hilfe Exporte und Importe zu einem bestimmten Produkt oder einer ganzen Industrie analysiert werden können.	Marktschätzungs-verfahren
2	Silva et al.	2018	Forschungsmethodik: Empirische Arbeit Forschungsziele: Das Ziel ist die Faktoren zu ermitteln, die zur Auswahl eines bestimmten Landes als internationaler Standort für Auslandsinvestitionen führen.	Die Studie bestätigt, dass es zwei unterschiedliche Vorgehensweisen bei der internationalen Marktauswahl gibt: systematisch und nicht-systematisch. Die nicht systematische Vorgehensweise unterteilen die Autoren in ein beziehungsorientiertes und in ein nachahmungsorientiertes Vorgehen.	– Marktcharakteristika – Möglichkeit in den Markt einzutreten durch Netzwerk oder Partner – Imitierung der Konkurrenz	Keine Gruppierung und kein Ranking

(Fortsetzung)

Tab. 5.3 (Fortsetzung)

#	Autor(en)	Jahr	Forschungsmethodik und -ziel(e)	Zentrale(s) Ergebnis(se)	Faktoren zur Auswahl von internationalen Märkten	Eigene Verfahrenseinordnunga
3	Ozturk et al.	2015	Forschungsmethodik: Empirische Arbeit Forschungsziele: Das Ziel ist eine praktische Methode für die internationale Marktauswahlentscheidung zu entwickeln, die auf Industriedaten basiert.	Unternehmen sollten nicht Zielmärkte, sondern Industriemärkte auswählen. Nach erfolgreicher Auswahl eines Industriemarktes können Informationen über den Zielmarkt eingeholt werden.	– Einkommenselastizität – Wachstumspotenziale – BIP Wachstumsrate, Länderrisiko, Urbanisierung, etc.	Marktschätzungs-verfahren
4	Dixit & Yadav	2015	Forschungsmethodik: Theoretische/Konzeptionelle Arbeit Forschungsziele: Ziel ist es die Erfahrung von indischen Pharmazieunternehmen bei der Internationalisierung darzustellen.	Unterscheidung von "early internationalizers"-Unternehmen und "later internationalizer"-Unternehmen. Die erste Gruppe verfolgt eine stufenweise Internationalisierung wohingegen die zweite Gruppe von einer schnelleren Internationalisierung profitiert, da sie auf den Erfahrungen der ersten Gruppe aufbauen kann.	Auswahl von Märkten anhand ihrer Nähe zum Heimatmarkt und dessen Charakteristik	Marktgruppie-rungsverfahren

(Fortsetzung)

Tab. 5.3 (Fortsetzung)

#	Autor(en)	Jahr	Forschungsmethodik und -ziel(e)	Zentrale(s) Ergebnis(se)	Faktoren zur Auswahl von internationalen Märkten	Eigene Verfahrenseinordnunga
5	Marchi et al.	2014	Forschungsmethodik: Empirische Arbeit Forschungsziele: Erstellen und Testen einer IMS-Entscheidungsprozessmethode.	IMS-Entscheidungsprozessmethode: 1. Auswahl von Ländern, 2. Attraktivitätsranking der Länder unter Berücksichtigung der Kriterien des Entrepreneurs.	Verbrauch, Verbrauchstrend, Prozent Studenten, Prozent Bevölkerung 10–30 Jahren, Substitutionsprodukt, Länderrisiko, Human Development Index, BIP pro Kopf, Konsumneigung, Herkunftslandvorteil, Produktstandardisierung, psychische Distanz, Nachahmungsrisiko, Produktüberlegenheit, Importdurchdringung, Zollbarrieren, geografische Entfernung, Marktinformationen, internationales Erfahrungswissen im Ausland und Managementfähigkeiten	Marktschätzungsverfahren

(Fortsetzung)

Tab. 5.3 (Fortsetzung)

#	Autor(en)	Jahr	Forschungsmethodik und -ziel(e)	Zentrale(s) Ergebnis(se)	Faktoren zur Auswahl von internationalen Märkten	Eigene Verfahrenseinordnunga
6	Martin & Drogendijk	2014	Forschungsmethodik: Empirische Arbeit Forschungsziele: Ziel ist es das Konstrukt "Country Distanz" mit multidimensionalen und objektiven Kennzahlen zu messen.	Manager können multidimensionale und objektive Entfernungsmaße verwenden, um (1) ihre potenziellen Zielmärkte hinsichtlich der erwarteten Schwierigkeiten und Hindernisse, die sie im Ausland wahrscheinlich finden werden, einzuordnen, und (2) Marktunterschiede zu identifizieren, um den internationalen Erfolg zu erhöhen.	– Sozioökonomische Distanz: Entfernungen für Bildung, Demografie und wirtschaftliche Entwicklung – kulturelle und historische Distanz: sprachliche, religiöse und koloniale Distanz – Sozioökonomische und physische sowie kulturelle und historische Entfernungen beeinflussen die Entfernungen der Länder und die Entfernung der Länder beeinflusst die IMS	Marktschätzungsverfahren
7	Buerki et al.	2014	Forschungsmethodik: Empirische Arbeit Forschungsziele: Ermittlung potenziell wichtiger Auswahlkriterien für IMS und aufstrebende Märkte.	Unterschied zwischen Schwellen- und Industriemärkten: Unternehmenserfahrung bei der Auswahl ausländischer Märkte, soziales Kapital eines Unternehmens in Form von Verbindungen zu Regierungsbeamten und Managern anderer Unternehmen sowie politische Stabilität im Zielmarkt.	Marktpotenzial, verfügbare Finanzmittel, politische Stabilität, Wettbewerbsfähigkeit der Branche, Erfahrung im Auslandsmarkt, Marktorientierung des Unternehmens, Kundenaufnahmefähigkeit und institutionelles Umfeld.	Keine Gruppierung und kein Ranking

(Fortsetzung)

Tab. 5.3 (Fortsetzung)

#	Autor(en)	Jahr	Forschungsmethodik und -ziel(e)	Zentrale(s) Ergebnis(se)	Faktoren zur Auswahl von internationalen Märkten	Eigene Verfahrenseinordnunga
8	He & Wei	2011	Forschungsmethodik: Empirische Arbeit Forschungsziele: Um die Beziehung zwischen den Variablen Marktorientierung, internationale Marktauswahl und internationale Leistung herauszufinden.	Die Ergebnisse deuten darauf hin, dass ein Unternehmen seine internationale Leistung durch die Entwicklung und Implementierung seiner Marktorientierung verbessern und internationale Märkte auswählen kann, die mit diesen Ressourcen und Fähigkeiten kompatibel sind.	Marktorientierung: Generierung von Marktinformationen, Verbreitung von Marktinformationen, Reaktionsfähigkeit auf Marktinformationen	Keine Gruppierung und kein Ranking
9	Gaston-Breton & Martín	2011	Forschungsmethodik: Empirische Arbeit Forschungsziele: Vorstellung eines zweistufigen internationalen Marktauswahl- und Segmentierungsmodells.	Zweistufiges Modell: Stufe 1: Makrosegmentierung – Länderfaktorwerte Stufe 2: Mikrosegmentierung – Länderfaktorwerte für Überlebens- und Selbstausdruckswerte oder traditionelle Werte.	– Marktgröße/Potenzial: BIP, Bevölkerung, Importe, Energieverbrauch – Marktentwicklung: BIP pro Kopf, Gesamtbeschäftigungsquote, Bruttoinlandsausgaben für Forschung & Entwicklung, Internetzugangsgrad, Korruptionswahrnehmungsindex	Marktgruppierungsverfahren

(Fortsetzung)

Tab. 5.3 (Fortsetzung)

#	Autor(en)	Jahr	Forschungsmethodik und -ziel(e)	Zentrale(s) Ergebnis(se)	Faktoren zur Auswahl von internationalen Märkten	Eigene Verfahrenseinordnunga
10	Dimitratos et al.	2010	Forschungsmethodik: Empirische Arbeit Forschungsziele: Haben globale KMUs größere unternehmerische Orientierungsdimensionen (Risikoeinstellung, Innovationsfähigkeit, Aggressivität der Konkurrenz, proaktives Handeln hinsichtlich der Chancen) als interkontinentale KMUs?	Nachweis darüber, wie zwei unterscheidbare Gruppen von Unternehmen in derselben Industrie unterschiedliche Ansätze bei der Auswahl ihrer Auslandsmärkte aufgrund unterschiedlicher Internationalisierungsziele verfolgen.	– Identifizierung der Leitmärkte einer Industrie	Keine Gruppierung und kein Ranking

(Fortsetzung)

Tab. 5.3 (Fortsetzung)

#	Autor(en)	Jahr	Forschungsmethodik und -ziel(e)	Zentrale(s) Ergebnis(se)	Faktoren zur Auswahl von internationalen Märkten	Eigene Verfahrenseinordnunga
11	Brouthers et al.	2009	Forschungsmethodik: Empirische Arbeit Forschungsziele: Ziel ist es ein Modell aufzustellen, dass auch firmenspezifische Vorteile und Überlegungen zu Transaktionskosten bei der Wahl internationaler Märkte berücksichtigt.	Brouthers et al. operationalisieren Dunning's OLI Paradigma zur Begründung der Auswahl von Märkten. Neben den Standortvorteilen spielen auch strategische Vorteile wie Eigentums- und Internalisierungsvorteile eine wichtige Rolle bei der Marktauswahl.	– Eigentumsvorteile: Weltweiter Vertrieb, Erfahrung, Intensität der Forschung und Entwicklung, Bewertung der Kreativität – Standortvorteile: Marktpotenzial, Wachstumspotenzial, allgemeine Stabilität, Regierungsrisiko – Internalisierungsvorteile: Auftragskosten, Verbreitungsrisiko	Keine Gruppierung und kein Ranking

(Fortsetzung)

Tab. 5.3 (Fortsetzung)

#	Autor(en)	Jahr	Forschungsmethodik und -ziel(e)	Zentrale(s) Ergebnis(se)	Faktoren zur Auswahl von internationalen Märkten	Eigene Verfahrenseinordnunga
12	Malhotra et al.	2009	Forschungsmethodik: Empirische Arbeit Forschungsziele: Ziel ist es die relativ unerforschten administrativen und wirtschaftlichen Distanzfaktoren empirisch zu testen und herauszufinden welche Faktoren besser für die Auswahl von internationalen Märkten sind.	Die Ergebnisse legen nahe, dass Unternehmen weniger Wert auf Distanzfaktoren legen und sich stärker auf die Attraktivität des Marktes oder das Potenzial des Zielmarktes konzentrieren sollten.	Kulturelle, administrative, geografische und wirtschaftliche Distanzfaktoren sowie Marktpotenzial	Marktschätzungsverfahren

(Fortsetzung)

Tab. 5.3 (Fortsetzung)

#	Autor(en)	Jahr	Forschungsmethodik und -ziel(e)	Zentrale(s) Ergebnis(se)	Faktoren zur Auswahl von internationalen Märkten	Eigene Verfahrenseinordnunga
13	Doherty	2009	Forschungsmethodik: Empirische Arbeit Forschungsziele: Ziel ist es den Marktauswahlprozess für Einzelhändler zu untersuchen, die Franchise-Partner suchen.	Unternehmen, die einen strategischen Ansatz verfolgen, werden einem Markt-Screening-Prozess unterzogen, bevor die Attraktivität des Marktes letztendlich zu einer Marktauswahl führt. In dem darauffolgenden strategischen Partnerauswahlprozess sind Finanzen, betriebswirtschaftliches Wissen, lokales Wissen, ein gemeinsames Verständnis von Geschäft und Marke und letztendlich die Chemie zwischen den Partnern die Schlüsselfaktoren, die die Partnerauswahl beeinflussen.	Internationale Marktauswahl: 1. Marktuntersuchungskriterien: *Demografie:* Bevölkerung, Sozialstruktur; *Wirtschaft:* BIP-Wachstum, Arbeitslosigkeit, Inflation und Währungsschwankungen 2. Faktoren für die Attraktivität des Marktes: *Handelsstruktur:* Einzelhandelsmarkt, Wettbewerb, internationale Einzelhändler *Regulierung:* Handelsbeziehungen, Einfuhrzölle *Strategische Partnerauswahl:* Finanzstabilität, betriebswirtschaftliches Know-how, lokales Marktwissen, gemeinsames Verständnis von Marke und Chemie	Marktschätzungs-verfahren

(Fortsetzung)

Tab. 5.3 (Fortsetzung)

#	Autor(en)	Jahr	Forschungsmethodik und -ziel(e)	Zentrale(s) Ergebnis(se)	Faktoren zur Auswahl von internationalen Märkten	Eigene Verfahrenseinordnunga
14	Czinkota et al.	2009	Forschungsmethodik: Empirische Arbeit Forschungsziele: Ziel ist es herauszufinden, welche Faktoren einen Einfluss auf die Marktauswahl von U.S Business Schools haben.	Die Implikationen der Ergebnisse in diesem Untersuchungen haben gezeigt, dass wenn sich eine Business School dafür entscheidet in Überseemärkte zu expandieren, sollte das Management die Variablen Marktpotenzial, Produktdifferenzierung, und vertragliches Risiko berücksichtigen.	– Eigentumsvorteile: Multinationalität und Fähigkeit neue Dienstleistungen und Produkte zu entwickeln – Standortvorteile: Marktpotenzial und Investitionsrisiko – Internalisierungsvorteile: vertragliches Risiko	Keine Gruppierung und kein Ranking

(Fortsetzung)

Tab. 5.3 (Fortsetzung)

#	Autor(en)	Jahr	Forschungsmethodik und -ziel(e)	Zentrale(s) Ergebnis(se)	Faktoren zur Auswahl von internationalen Märkten	Eigene Verfahreneinordnunga
15	Alexander et al.	2007	Forschungsmethodik: Empirische Arbeit Forschungsziele: Ziel ist es, Faktoren für die internationale Marktauswahl bei Dienstleistungsunternehmen zu finden.	Einzelhändler expandieren in psychisch nahe gelegene Märkte, Märkte, die weniger entwickelt sind als der Heimatmarkt.	– Pro-Kopf-BIP des Gastlandes – Verbraucherausgaben des Gastlandes Pro Kopf – Einzelhandelsumsätze des Gastlandes Pro Kopf – Einzelhandelsunternehmen des Gastlandes Pro Kopf – Einzelhandelsbeschäftigung im Gastland Pro Kopf – Heimatbevölkerung – Heimatland BIP – BIP des Heimatlandes Pro Kopf – Einzelhandelsgeschäfte im Inland – Einzelhandelsunternehmen im Inland Pro Kopf – Euro-Mitgliedschaft des Gastlandes – Heimatmitgliedschaft in Euro – Abstand zwischen Märkten – Abstand zwischen den Sprachen	Marktgruppierungsverfahren

(Fortsetzung)

Tab. 5.3 (Fortsetzung)

#	Autor(en)	Jahr	Forschungsmethodik und -ziel(e)	Zentrale(s) Ergebnis(se)	Faktoren zur Auswahl von internationalen Märkten	Eigene Verfahrenseinordnunga
16	Sakarya et al.	2007	Forschungsmethodik: Empirische Arbeit Forschungsziele: Ziel ist es ein Tool zu entwickeln, dass auch die Dynamik der Schwellenländer und Zukunftspotenzial betrachtet.	Das Fehlen eines spezialisierten Ansatzes zur Einschätzung ihres Potenzials kann ein Grund dafür sein, dass die meisten Unternehmen die Chancen in Schwellenländern übersehen. Hierzu besteht Forschungsbedarf.	– Langfristiges Marktpotenzial – kulturelle Distanz – Wettbewerbsfähigkeit der verwandten Industrie – und Kundenakzeptanz	Marktgruppierungsverfahren
17	Huang & Sternquist	2007	Forschungsmethodik: Theoretische/Konzeptionelle Arbeit Forschungsziele: Ziel ist es den Internationalisierungsprozess von Händler mit Hilfe der Institutional Theory zu erklären.	Einzelhändler müssen verstehen, dass ihre Entscheidungen begrenzt sind und externe und interne institutionelle Umgebungen ihre Entscheidungen beeinflussen.	– Regulative Institutionen: Stärke der Rechtsstaatlichkeit, Zwangsführung, Aufforderung zur Regulierung, – Normative Institutionen: kulturelle Distanz, Distanz des Einzelhandelsmarktes, kulturelle Merkmale der Einzelhändler – Kognitive Institutionen: Trägheit, nachfolgende Wettbewerber	Keine Gruppierung und kein Ranking

(Fortsetzung)

Tab. 5.3 (Fortsetzung)

#	Autor(en)	Jahr	Forschungsmethodik und -ziel(e)	Zentrale(s) Ergebnis(se)	Faktoren zur Auswahl von internationalen Märkten	Eigene Verfahrenseinordnunga
18	Dunning et al.	2007	Forschungsmethodik: Empirische Arbeit Forschungsziele: Ziel ist es die Eigentumsstrategien von Franchisegebern mit Hilfe Dunning's Paradigma zu testen.	Die Ergebnisse zeigen, dass die dynamischen Standortvorteile (Wahrnehmung von Fremdstandorten als Lernquelle), die statischen Eigentumsvorteile (Nationalität der Firma) und statischen Standortvorteile (die Rolle ausländischer Antragsteller) einen maßgeblichen Einfluss auf die Auswahl von Markteintrittsstrategien durch internationale Franchisegeber haben.	– statische Eigentumsvorteile: inländische Eigentumsstruktur und Herkunftsland – dynamische Eigentumsvorteile: strategische Kompetenz und Motivation sich Zugang zu neuen Assets zu verschaffen – statische Standortvorteile: lokale Nachfragebedingungen und Qualität der lokalen Franchisenehmer – dynamische Standortvorteile: wahrgenommene Bedeutung ausländischer Standorte als Quelle der Vermögensmehrung und als Lernquelle – statische Internalisierungsvorteile: schnell Märkte erschließen – dynamische Internalisierungsvorteile: Kontrolle von Auslandsverkaufsstellen	Keine Gruppierung und kein Ranking

(Fortsetzung)

Tab. 5.3 (Fortsetzung)

#	Autor(en)	Jahr	Forschungsmethodik und -ziel(e)	Zentrale(s) Ergebnis(se)	Faktoren zur Auswahl von internationalen Märkten	Eigene Verfahrenseinordnunga
19	Brewer & Sherriff	2007	Forschungsmethodik: Empirische Arbeit Forschungsziele: Analyse der kulturellen Distanz zwischen Australien und Ostasien, Westeuropa und Nordamerika.	Der Widerspruch zwischen Verständnis der Auswirkungen der kulturellen Distanz auf die Unternehmen und des tatsächlichen nationalen Exports sollte zumindest Zweifel an den Schlussfolgerungen einiger Kulturfaktoren auslösen.	– kulturelle Distanz – regionaler Standort – Größe des Importmarktes	Keine Gruppierung und kein Ranking
20	Brewer	2007	Forschungsmethodik: Theoretische/Konzeptionelle Arbeit Forschungsziele: Ziel ist es die Operationalisierung des Konstruktes psychische Distanz zu verbessern.	Der in diesem Artikel entwickelte und getestete psychische Index bietet eine umfassendere Menge zur Operationalisierung der psychischen Distanz als derzeit in der Literatur vorhanden.	Psychische Distanzindikatoren und Maßnahmen: Handelsbeziehungen, politische Bindungen, historische Bindungen, geographische Bindungen, soziale Bindungen, Länderinformationsbestand und Entwicklungsstand	Marktschätzungsverfahren

(Fortsetzung)

Tab. 5.3 (Fortsetzung)

#	Autor(en)	Jahr	Forschungsmethodik und -ziel(e)	Zentrale(s) Ergebnis(se)	Faktoren zur Auswahl von internationalen Märkten	Eigene Verfahrenseinordnunga
21	Akhter & Robles	2006	Forschungsmethodik: Theoretische/Konzeptionelle Arbeit Forschungsziele: Ziel ist es zu zeigen, dass die Auswahl des internationalen Markteintrittsmodus abhängig von Kompetenz, ein firmenbezogener Faktor, und Unsicherheit, ein marktbezogener Faktor ist.	Die Schnittstelle zwischen dem Unternehmen und seiner Umgebung bildet einen Kern der strategischen Managementliteratur. Manager müssen bei Markteintrittsstrategien schwierige Fragen stellen, wie z. B.: Was sind die internen Kompetenzen und was sind die Merkmale dieser Kompetenzen; Wie können diese Kompetenzen nachhaltige Wettbewerbsvorteile sein, und wie können diese Kompetenzen auf andere Ländermärkte übertragen werden?	– Kompetenz: Strategische Ressourcen Tacitness & Replicability; Asset-Spezifität; Kontextspezifität Heimat- und Gastlandkulturähnlichkeit & Heimat- und Gastgeberkultur – Unsicherheit: makroökonomisch, politisch/Regierung, Angebot, Produkt/Markt, Wettbewerb, intern	Keine Gruppierung und kein Ranking
22	Chen & Dimou	2005	Forschungsmethodik: Empirische Arbeit Forschungsziele: Identifizierung der land- und firmenspezifischen Faktoren, die die Wahl zwischen Franchising, Managementverträgen und Unternehmenseigentum beeinflussen.	Die Studie zeigt, dass der Grad der proprietären Inhalte und idiosynkratisches Wissen, eingebettet in den Service des Hotels einer der wichtigsten Faktoren zur Definition der internationalen Hotelexpansionsstrategie ist.	– politisch-ökonomisches Risiko – rechtliches Risiko – wirtschaftliche Entwicklung – Markengröße – Markenwachstum – internationale Erfahrung – proprietäre Inhalte – geografische Konzentration – Herkunftsland	Keine Gruppierung und kein Ranking

(Fortsetzung)

Tab. 5.3 (Fortsetzung)

#	Autor(en)	Jahr	Forschungsmethodik und -ziel(e)	Zentrale(s) Ergebnis(se)	Faktoren zur Auswahl von internationalen Märkten	Eigene Verfahrenseinordnunga
23	Brouthers & Nakos	2005	Forschungsmethodik: Empirische Arbeit Forschungsziele: Ziel ist es zu beweisen, dass KMUs mit einer systematischen Methodik besser performen als KMUs ohne eine systematische Methodik.	Die Autoren fanden heraus, dass je systematischer der IMS-Prozess im Hinblick auf die Auswahl ausländischer Märkte war, desto besser schnitt das Unternehmen ab. Weiterhin fanden die Autoren heraus, dass ältere Unternehmen, Unternehmen, die ihre Produkte vor dem Export in ausländische Märkte verändert haben, Unternehmen, die einen großen Prozentsatz ihres Umsatzes von ausländischen Märkten abwickeln, und Unternehmen, die sich auf weniger ausländische Märkte konzentrierten, international besser ab abschnitten.	-Bildungsstand des Entscheidungsträgers – Alter des Entscheidungsträgers – Unternehmensalter – internationale Erfahrung – Anzahl der Länder – Unternehmensgröße – Produktanpassung – Exportabhängigkeit – internationale Marktauswahl	Keine Gruppierung und kein Ranking

(Fortsetzung)

Tab. 5.3 (Fortsetzung)

#	Autor(en)	Jahr	Forschungsmethodik und -ziel(e)	Zentrale(s) Ergebnis(se)	Faktoren zur Auswahl von internationalen Märkten	Eigene Verfahrenseinordnunga
24	Rahman	2003	Forschungsmethodik: Empirische Arbeit Forschungsziele: Ziel ist es ein Model zur internationalen Marktauswahl anhand von australischen Unternehmen zu entwickeln.	Einfaches Marktauswahlmodell *Schritt 1: Attraktivität der Größe:* Makroökonomische Indikatoren, andere Indikatoren auf Makroebene, Indikatoren auf Mikroebene, die int. Geschäftsmöglichkeiten JA/NEIN? Ja, dann Schritt 2 (Nein = Ablehnen): *Strukturelle Attraktivität:* Kostenindikatoren, strukturelle Kompatibilitätsindikatoren, politische Indikatoren, Unternehmensrichtlinien JA/NEIN? Ja, dann Auswahlentscheidung (Nein = Ablehnen)	50 Variablen auf S. 130 die die folgenden Konstrukte erklären: – makroökonomische Indikatoren – andere Indikatoren auf Makroebene – Indikatoren auf Mikroebene – eigene internationale Geschäftsmöglichkeiten – Kostenindikatoren – strukturelle Kompatibilitätsindikatoren – politische Indikatoren – eigene politische Leitlinien	Marktgruppierungsverfahren

(Fortsetzung)

Tab. 5.3 (Fortsetzung)

#	Autor(en)	Jahr	Forschungsmethodik und -ziel(e)	Zentrale(s) Ergebnis(se)	Faktoren zur Auswahl von internationalen Märkten	Eigene Verfahrenseinordnunga
25	Fenwick et al.	2003	Forschungsmethodik: Empirische Arbeit Forschungsziele: Ziel ist es die Erfahrung von australischen Produzenten in Großbritannien zu durchleuchten.	Australische Firmen haben es vorgezogen, in Großbritannien zu investieren, anstatt in schneller wachsende Volkswirtschaften, die näher an ihrem Heimatort liegen, um die Risiken zu verringern, die mit weniger bekannten Kulturen verbunden sind. Wahrgenommene Ähnlichkeiten haben aber dazu geführt, dass sich australische Unternehmen schlecht auf einen Markteintritt in Großbritannien vorbereitet haben.	– Kulturelle Similarität	Marktgruppierungsverfahren
26	Papadopoulos et al.	2002	Forschungsmethodik: Empirische Arbeit Forschungsziele: Test eines neuen Modells, dem sogenannten Trade-off Model zur internationalen Marktauswahl.	Ein einfaches, aber praktisches Modell, das Zielmärkte mit hohem und niedrigem Potenzial sowie hohe und niedrige Handelsbarrieren umfasst und gruppiert.	– Nachfragepotenzial: Verbrauch, Importdurchdringung, Ursprungsvorteil, Marktähnlichkeit – Handelsbarrieren: Zollschranken, nichttarifäre Schranken, geografische Entfernung, Wechselkurs	Marktgruppierungsverfahren

(Fortsetzung)

Tab. 5.3 (Fortsetzung)

#	Autor(en)	Jahr	Forschungsmethodik und -ziel(e)	Zentrale(s) Ergebnis(se)	Faktoren zur Auswahl von internationalen Märkten	Eigene Verfahrenseinordnunga
27	Andersen & Buvik	2002	Forschungsmethodik: Theoretische/Konzeptionelle Arbeit Forschungsziele: Ziel ist eine Forschungsagenda zur Marktauswahl von ausländischen Märkten und Kunden aufzustellen.	Anstelle eines Marktes sucht man sich einen Partner. Ein Relationship Approach ist wahrscheinlicher, wenn die Kunden Produktions- und Dienstleistungsunternehmen sind.	Selektion eines Partners nicht eines Landes	Keine Gruppierung und kein Ranking
28	Chen & Hennart	2002	Forschungsmethodik: Empirische Arbeit Forschungsziele: Zusammenstellung von Variablen, die zwischen branchen- und unternehmensspezifischen Fähigkeiten unterscheiden, um die Eigentumsentscheidungen japanischer Investoren in den USA zu analysieren.	Die Ergebnisse stützen im Allgemeinen die Hypothese, dass japanische Investoren, die in die von höheren Marktbarrieren geprägte U.S.-amerikanische Industrie einsteigen, sich eher für Joint Ventures entscheiden, aber diejenigen, die über eine stärkere Wettbewerbsfähigkeit verfügen, werden eher Tochtergesellschaften gründen. Die Ergebnisse zeigen insbesondere, dass Marketingvariablen Einfluss auf die Eigentumsentscheidungen japanischer Investoren haben.	– Industriemarkenwert – Offenheit der Industriekanäle – Intensität der Branchenwerbung – FuE-Intensität der Industrie – Energieintensität der Industrie – Werbeintensität der Muttergesellschaft in den USA – Werbeintensität der Muttergesellschaft in Japan – Forschungs- und Entwicklungsintensität der Muttergesellschaft – gleiche Fertigung von Produkten in den USA – Übernahme der U.S. Tochtergesellschaften	Keine Gruppierung und kein Ranking

(Fortsetzung)

Tab. 5.3 (Fortsetzung)

#	Autor(en)	Jahr	Forschungsmethodik und -ziel(e)	Zentrale(s) Ergebnis(se)	Faktoren zur Auswahl von internationalen Märkten	Eigene Verfahrenseinordnunga
29	Brewer	2001	Forschungsmethodik: Empirische Arbeit Forschungsziele: Ziel ist es eine Theorie zu entwickeln das Unternehmen neue Märkte aufgrund von erwarteten betrieblichen Erträgen auswählen.	Schritt 1: Legen Sie einen Ländermarkt fest Schritt 2: Identifizieren Sie ein Land Schritt 3: Bewerten Sie das Land mit Hilfe von Informanten zu den Punkten – Attraktivität – Wettbewerbsposition Schritt 4: Wählen Sie den Markt aus	Informanten können sein: – Alliierte – Anfragen – Ausstellungen – Erfahrung – Regierungsprogramme – Netzwerke – Frühere Kunden – Hauptforschung – Veröffentliche Berichte – Quantitative Modelle – Seminare – Vertreter – Besuche in Märkten	Marktgruppierungsverfahren

(Fortsetzung)

Tab. 5.3 (Fortsetzung)

#	Autor(en)	Jahr	Forschungsmethodik und -ziel(e)	Zentrale(s) Ergebnis(se)	Faktoren zur Auswahl von internationalen Märkten	Eigene Verfahrenseinordnunga
30	Koch	2001	Forschungsmethodik: Theoretische/Konzeptionelle Arbeit Forschungsziele: Ziel ist es aufzuzeigen, dass die Konstrukte Marktauswahl und Markteintritt nicht als getrennter Prozess betrachtet werden sollen, sondern als zwei Aspekte einer Entscheidung.	Modell: Globale Unternehmensziele Entscheidungskriterien globale Marktsituation und -trends Überprüfung einzelner Märkte Eliminierung nicht realisierbarer Märkte realisierbare Markt-/Markteintrittsoptionen Bewertung realisierbarer Markt-/Markteintrittsoptionen Multi-Kriterien-Vergleich der erwarteten Auszahlungen für verschiedene flexible Markt-/Markteintrittsoptionen Würden alle Optionen der Markt-/Markteintrittsmöglichkeiten eine gute globale strategische Anpassung für das Unternehmen darstellen? Auswahl der optimalen Optionen für den Markt-/Markteintrittsmodus	Es werden nur die Schritte aufgezeigt, die zur Auswahl von neuen Ländermärkten führen.	Keine Gruppierung und kein Ranking

(Fortsetzung)

Tab. 5.3 (Fortsetzung)

#	Autor(en)	Jahr	Forschungsmethodik und -ziel(e)	Zentrale(s) Ergebnis(se)	Faktoren zur Auswahl von internationalen Märkten	Eigene Verfahrenseinordnunga
31	Wood & Robertson	2000	Forschungsmethodik: Empirische Arbeit Forschungsziele: Ziel ist es die Wichtigkeit von unterschiedlichen Typen von ausländischen Marktinformationen herauszubekommen.	Die Autoren schlagen vor, dass Manager alle potenziellen Märkte anhand der identifizierten Variablen ausleuchten sollen und dann an Märkte ein gewisses Standardniveau in den einzelnen Variablen einführen und so Märkte eliminieren die nicht in Betracht kommen.	– Politik – Marktpotenzial – Wirtschaft – Kultur – Infrastruktur – Recht	Marktgruppierungsverfahren
32	Okechuku & Onyemah	1999	Forschungsmethodik: Empirische Arbeit Forschungsziele: Ziel ist es zur Country-of-Origin bzw. Country-of-Manufacture-Forschung von einer afrikanischen Developing Country-Perspektive aus beizutragen.	Country-of-Origin Effekt: Regierungen von Entwicklungsländern sollten auf Joint Ventures oder Lizenzierungen pochen.	– Country of Origin Effekt	Marktgruppierungsverfahren

(Fortsetzung)

Tab. 5.3 (Fortsetzung)

#	Autor(en)	Jahr	Forschungsmethodik und -ziel(e)	Zentrale(s) Ergebnis(se)	Faktoren zur Auswahl von internationalen Märkten	Eigene Verfahrenseinordnunga
33	Minifie & West	1998	Forschungsmethodik: Theoretische/Konzeptionelle Arbeit Forschungsziele: Ziel ist es Erfolgsfaktoren der Internationalisierung herauszuarbeiten, um anschließend ein Modell für kleinere Unternehmen aufzustellen.	4-stufiges Modell: Schritt 1: Regierungsstabilität? Ja/Nein Schritt 2: Regierungspartnerschaft? Niedrig/Hoch Schritt 3: Kulturelle Zugänglichkeit? Ja/Nein Schritt 4: Marktanalyse und/oder Platzierung in die endgültige Liste zur weiteren Betrachtung. Weitere Länder zu prüfen? Ja/Nein	– Regierungsstabilität – Regierungspartnerschaft – kulturelle Zugänglichkeit	Marktgruppierungsverfahren

(Fortsetzung)

Tab. 5.3 (Fortsetzung)

#	Autor(en)	Jahr	Forschungsmethodik und -ziel(e)	Zentrale(s) Ergebnis(se)	Faktoren zur Auswahl von internationalen Märkten	Eigene Verfahrenseinordnunga
34	Hoffman	1997	Forschungsmethodik: Empirische Arbeit Forschungsziele: Ziel ist es ein Modell zur Produkteinführung in internationalen Märkten zu entwickeln.	Zweistufiges Modell Stufe 1: Länderauswahl Stufe 2: Testmarktstadtauswahl	– Auswahlkriterien Stufe 1: Potenzielle Nachfrage im Land, voraussichtliche Produkteinführungskosten im Land, Wirtschaftsausblick des Landes, projizierte Wachstumsrate des Marktes, Anzahl potenzieller konkurrierender Produkte im Land, Zugänglichkeit für Lieferanten, Importsteuern, Alphabetisierungsrate des Landes – Auswahlkriterien Stufe 2: Prozentsatz der Haushalte, die einen Computer besitzen, mittleres Haushaltseinkommen, Einzelhandelsverkäufe pro Kopf, durchschnittliche Ausbildungsdauer der Einwohner der Stadt, Bevölkerung, Fernsehberichterstattung, Zeitungsberichterstattung	Marktschätzungsverfahren

(Fortsetzung)

Tab. 5.3 (Fortsetzung)

#	Autor(en)	Jahr	Forschungsmethodik und -ziel(e)	Zentrale(s) Ergebnis(se)	Faktoren zur Auswahl von internationalen Märkten	Eigene Verfahrenseinordnunga
35	Kumar et al.	1994	Forschungsmethodik: Empirische Arbeit Forschungsziele: Ziel ist es den Forschungsstand aufzuzeigen und eine neue Methodik zur Auswahl von Ländern zu entwickeln.	Die Stärken der vorgeschlagenen Methodik sind: a) Berücksichtigung von multiplen Zielen, Ressourceneinschränkungen und Strategien b) Bietet Managern eine reduzierte Menge an optimalen Lösungen an c) Kostengünstig und einfach anzuwenden und d) ist sehr flexibel	– Marktwachstumsrate – Nettoverschiebung – Prozentuales Wachstum – Absolutes Wachstum – Marktgröße – Deckungsbeitrag – Minimierung des Wettbewerbsniveaus – Eintrittsbarrieren	Marktschätzungs-verfahren

(Fortsetzung)

Tab. 5.3 (Fortsetzung)

#	Autor(en)	Jahr	Forschungsmethodik und -ziel(e)	Zentrale(s) Ergebnis(se)	Faktoren zur Auswahl von internationalen Märkten	Eigene Verfahrenseinordnunga
36	Helsen et al.	1993	Forschungsmethodik: Empirische Arbeit Forschungsziele: Ziel ist es mit Diffusionsmustern Ländersegmentierungen vorzunehmen.	Die Ergebnisse zeigen, dass wenig Übereinstimmung zwischen den traditionell abgeleiteten Ländersegmenten und den auf Diffusion basierenden Ländersegmenten besteht. Haben also Länder, die ähnliche Diffusionsmuster für eine Innovation aufweisen, ähnliche Muster für später eingeführte Produkte? Die Segmentierungsvergleiche zeigten keine Stabilität von auf Diffusion basierenden Segmenten über zeitlich begrenzte Neuprodukteinführungen. Manager sollten daher vorsichtig sein, ähnliche Produktdiffusionsmuster für Länder anzunehmen, die als ähnlich eingestuft werden.	– Diffusionsmuster	Marktgruppierungsverfahren

(Fortsetzung)

Tab. 5.3 (Fortsetzung)

#	Autor(en)	Jahr	Forschungsmethodik und -ziel(e)	Zentrale(s) Ergebnis(se)	Faktoren zur Auswahl von internationalen Märkten	Eigene Verfahrenseinordnunga
37	Johanson & Vahlne	1990	Forschungsmethodik: Theoretische/Konzeptionelle Arbeit Forschungsziele: Ziel ist es das eigene Modell mit der Electric Theory von Dunning zu vergleichen und eine Weiterentwicklung der Theorie vorzustellen.	Zusammenfassung ihres Modells: Staatenaspekte: Marktbindung und Marktkenntnis Aspekte ändern: Verpflichtungsentscheidungen und aktuelle Aktivitäten. Beide Aspekte beeinflussen sich gegenseitig. Die Autoren verbinden Dunning's OLI Paradigm mit Ihrem Model und hängen dann noch neueste Erkenntnisse z. B. Industrial Networks Forschung dran. Sehr gute Beschreibung der beiden Modelle und mögliche Weiterentwicklung.	– altes Modell: Psychic Distance – neues Modell: Industrial Networks & Advantages	Keine Gruppierung und kein Ranking
38	Dichtl et al.	1990	Forschungsmethodik: Empirische Arbeit Forschungsziele: Ziel ist es herauszufinden, warum manche Firmen mehr exportieren als andere und wie man den anderen helfen kann.	Anhand von den Charakteristiken der Manager kann eine Aussage getroffen werden, ob ein Unternehmen exportiert oder nicht.	– Objektive Merkmale von Managern – Subjektive Merkmale von Managern	Keine Gruppierung und kein Ranking

(Fortsetzung)

Tab. 5.3 (Fortsetzung)

#	Autor(en)	Jahr	Forschungsmethodik und -ziel(e)	Zentrale(s) Ergebnis(se)	Faktoren zur Auswahl von internationalen Märkten	Eigene Verfahrenseinordnunga
39	Papadopoulos & Denis	1988	Forschungsmethodik: Theoretische/Konzeptionelle Arbeit Forschungsziele: Erstellung einer Taxonomie der IMS Literatur, Identifizierung welche Methoden davon in der Praxis verwendet werden und welche Methoden am besten sind bzw. wo Forschungsbedarf besteht.	Trotz ihrer Schwächen, welche hauptsächlich auf den Limitationen von Sekundärdaten basieren, können die identifizierten Methoden sehr nützlich sein. Sie werden benutzt in Forecasting und Environmental Scanning. Allerdings gibt es Zweifel, ob die Methoden auch wirklich zur internationalen Marktauswahl benutzt werden, um den Prozess effizienter und effektiver zu machen.	Es gibt qualitative (z. B. Regierungsagenturen, Handelskammern, Händler, Kunden und internationale Experten) und quantitative Marktauswahlfaktoren (Marktschätzungs- und Marktgruppierungsverfahren)	Erfinder der Bezeichnung Marktschätzungs- und Marktgruppierungsverfahren

(Fortsetzung)

Tab. 5.3 (Fortsetzung)

#	Autor(en)	Jahr	Forschungsmethodik und -ziel(e)	Zentrale(s) Ergebnis(se)	Faktoren zur Auswahl von internationalen Märkten	Eigene Verfahrenseinordnunga
40	Cavusgil	1985	Forschungsmethodik: Empirische Arbeit Forschungsziele: Ziel ist es einen systematischen Weg/Prozess zur Länderauswahl für den Export zu finden.	Stufe 1: Vorläufige Prüfung für Märkte in attraktiven Ländern KQ: Welche ausländischen Märkte rechtfertigen eine detaillierte Untersuchung? Stufe zwei: Bewertung des Marktpotenzials der Industrie KQ: Wie hoch ist die Gesamtnachfrage in jedem der ausgewählten Märkte? Stufe drei: Analyse des Umsatzpotenzials des Unternehmens KQ: Wie attraktiv ist die potenzielle Nachfrage nach Unternehmensprodukten?	– Stufe eins Konstrukte: Demografisches/physisches Umfeld, politisches Umfeld, wirtschaftliches Umfeld, soziales/kulturelles Umfeld – Stufe zwei Konstrukte: Marktzugang, Produktpotenzial, lokale Verteilung und Produktion – Stufe drei Konstrukte: Verkaufsprognosen, Wareneinstandspreise, Kosten der internen Verteilung, weitere Rentabilitätsfaktoren	Marktschätzungsverfahren

(Fortsetzung)

Tab. 5.3 (Fortsetzung)

#	Autor(en)	Jahr	Forschungsmethodik und -ziel(e)	Zentrale(s) Ergebnis(se)	Faktoren zur Auswahl von internationalen Märkten	Eigene Verfahrenseinordnunga
41	Green & Allaway	1985	Forschungsmethodik: Empirische Arbeit Forschungsziele: Ziel ist es eine Technik aufzuzeigen, mit deren Hilfe man Märkte und Produkte für potenzielle Exportaktivitäten screenen kann.	Shift-Share-Berechnung: "[…] (ein importiertes Produkt) für jedes Mitglied der Gruppe (importierende Länder) zu Beginn und am Ende eines bestimmten Analysezeitraums. Für jedes Mitglied wird eine erwartete Wachstumsgröße berechnet Das durchschnittliche Wachstum aller Mitglieder des Systems: Das erwartete Wachstum jedes Mitglieds wird dann mit seinem tatsächlichen Wachstum verglichen. Die Differenz, die Nettoverschiebung, wird sich positiv auf die Mitglieder auswirken, die im Laufe des Zeitraums Marktanteile gewinnen, und den Verlust von Mitgliedern, die Marktanteile verlieren. Die Höhe des Gewinns oder Verlusts stellt die Differenz zwischen der tatsächlichen Leistung des Mitglieds und der Leistung dar, die sich ergeben hätte, wenn seine Wachstumsrate dem durchschnittlichen Wachstum der gesamten Gruppe entsprochen hätte. (S. 84)"	Importe	Marktschätzungs-verfahren

(Fortsetzung)

Tab. 5.3 (Fortsetzung)

#	Autor(en)	Jahr	Forschungsmethodik und -ziel(e)	Zentrale(s) Ergebnis(se)	Faktoren zur Auswahl von internationalen Märkten	Eigene Verfahrenseinordnunga
42	Cavusgil & Godiwalla	1982	Forschungsmethodik: Theoretische/Konzeptionelle Arbeit Forschungsziele: Ziel ist eine Literaturanalyse, um das Thema IMS genau zu verstehen.	Der Artikel liefert erste Antworten auf die folgenden Punkte: – Motivation der Unternehmen bei internationalem Marketing mitzumachen – Internationale Marketingentscheidungen – Entscheidungsmodi für das internationale Marketing – der Entscheidungsprozess bei Internationalisierungsprozessen Konzeptualisierung eines Internationalisierungsprozesses mit sechs Stufen	– Risikobewusstsein – Art des Suchprozesses – dominanter Entscheidungsmodus – Entscheidungsfähigkeit	Keine Gruppierung und kein Ranking

(Fortsetzung)

Tab. 5.3 (Fortsetzung)

#	Autor(en)	Jahr	Forschungsmethodik und -ziel(e)	Zentrale(s) Ergebnis(se)	Faktoren zur Auswahl von internationalen Märkten	Eigene Verfahrenseinordnunga
43	Douglas, Craig & Keegan	1982	Forschungsmethodik: Empirische Arbeit Forschungsziele: Ziel ist es den Nutzen von Sekundärdaten bei der internationalen Marktauswahl darzustellen.	Die Hauptprobleme bei der Verwendung von Sekundärdaten ist die Auswahl der relevantesten Informationsquellen, deren effektive Verwendung und Analyse sowie deren Integration in die Entscheidungsfindung des Managements. In jedem Fall muss das Management seine Forschung an die eigenen spezifischen Ziele für internationale Operationen anpassen. Geeignete Verfahren werden auch durch ihr Budget für die Analyse solcher Möglichkeiten und die spezifischen Produktmärkte, in denen sie tätig sind, beeinflusst. Methoden zur Schätzung von Marktgrößen: – Lead-Lag Analysis – Surrogate Indicators – Barometric Analysis – Econometric Forecasting Models	Im Allgemeinen müssen fünf Faktoren bei der Bewertung internationaler Märkte berücksichtigt werden: 1) Marktgröße und Wachstumspotenzial, 2) Wettbewerb, 3) Risiko, das mit dem Betrieb in einem bestimmten nationalen Markt oder Produktmarkt verbunden ist, 4) Faktoren, die sich auf die Kosten von in dem Land tätig sind und 5) Zugang und Verfügbarkeit von Vertriebs- und Medienkanälen. Marktpotenzialindikatoren: – demographische Merkmale – geographische Merkmale – wirtschaftliche Faktoren– technologische Faktoren – sozio-kulturelle Faktoren – nationale Ziele und Pläne	Marktschätzungs-verfahren

(Fortsetzung)

Tab. 5.3 (Fortsetzung)

#	Autor(en)	Jahr	Forschungsmethodik und -ziel(e)	Zentrale(s) Ergebnis(se)	Faktoren zur Auswahl von internationalen Märkten	Eigene Verfahrenseinordnunga
44	Attiyeh & Werner	1981	Forschungsmethodik: Theoretische/Konzeptionelle Arbeit Forschungsziele: Ziel ist es mit den Konzepten kritische Masse und Selektivität ein erfolgreiches Exportprogramm zu entwickeln und zu implementieren.	"Die Antwort auf das Dilemma [Wir wählen möglicherweise die falschen Länder aus. Es ist sicherer, das Risiko zu verteilen], ist jedoch nicht auf die Selektivität zu verzichten. Vielmehr soll das Risiko einer falschen Auswahl durch sorgfältige Forschung und Analysen auf ein akzeptables Minimum reduziert werden." Beispiele von Marktentwicklungsplänen	– Wettbewerbsposition relativ zur kritischen Masse – Marktattraktivität	Marktgruppierungsverfahren
45	Kobrin et al.	1980	Forschungsmethodik: Empirische Arbeit Forschungsziele: Ziel ist es herauszufinden wie große U.S. Firmen nicht ökonomische Umgebungen evaluieren.	– Die Bewertung von nicht-marktbezogener Umgebungen entwickelt sich eindeutig als Managementfunktion in internationalen US-Unternehmen – Die Bewertung einer Umgebung außerhalb des Marktes ist eher reaktiv als aktiv	– Informationsquellen (z. B. Banken, Botschaften, siehe weitere S. 38) – Bewertungsmethoden (z. B. Investitionsmodelle, Checklisten, siehe weitere S. 40) – Wichtigste Aspekte der überseeischen Umwelt (z. B. politische Stabilität, Steuern, siehe weitere S. 41) – Wichtigkeit von Schritten zur Verbesserung der Umgebungsanalysefunktion (z. B. bessere Leitlinien für die Bereitstellung relevanter Informationen festlegen, siehe weitere S. 42)	Keine Gruppierung und kein Ranking

(Fortsetzung)

Tab. 5.3 (Fortsetzung)

#	Autor(en)	Jahr	Forschungsmethodik und -ziel(e)	Zentrale(s) Ergebnis(se)	Faktoren zur Auswahl von internationalen Märkten	Eigene Verfahrenseinordnunga
46	Ayal & Zif	1979	Forschungsmethodik: Theoretische/Konzeptionelle Arbeit Forschungsziele: Ziel ist es ein Rahmen für die Planung und Evaluierung von Expansionsstrategien zu erstellen.	Es geht um zwei unterschiedliche Strategien: Diversifikation oder Konzentration bei der Marktauswahl	– Vertriebsfunktion – Wachstumsrate jedes Marktes – Umsatzstabilität in jedem Markt – wettbewerbsfähige Durchlaufzeiten – Auswirkungen auf das Produkt – Bedarf an Produktanpassungen – Bedarf an Kommunikationsanpassungen – Skaleneffekte im Vertrieb – Anforderungen an die Programmsteuerung – Umfang der Einschränkungen Ausprägungen niedrig Diversifikationsstrategie, Ausprägungen hoch Konzentrationsstrategie	Keine Gruppierung und kein Ranking

(Fortsetzung)

Tab. 5.3 (Fortsetzung)

#	Autor(en)	Jahr	Forschungsmethodik und -ziel(e)	Zentrale(s) Ergebnis(se)	Faktoren zur Auswahl von internationalen Märkten	Eigene Verfahrenseinordnunga
47	Kobrin	1979	Forschungsmethodik: Theoretische/Konzeptionelle Arbeit Forschungsziele: Ziel ist es das Konstrukt "Politisches Risiko" besser zu verstehen und neue Ansätze für zukünftige Forschung aufzuzeigen.	Wenn Manager Urteile über die Auswirkungen der Politik auf Vorgänge in ihrem Unternehmen erörtern, dann fällt auf, dass diese oft oberflächlich und in der Regel fast ausschließlich auf subjektive Wahrnehmungen basieren. Deshalb bedarf es mehr Forschung in Bezug auf das Konstrukt politische Risiken und genaueren Methoden	politische Risiken	Keine Gruppierung und kein Ranking
48	Ayal & Zif	1978	Forschungsmethodik: Theoretische/Konzeptionelle Arbeit Forschungsziele: Ziel ist es einen konzeptionellen Rahmen für Wettbewerbsstrategien in der internationalen Marktauswahl aufzustellen.	Identifizierung von 3 Konstrukten mit jeweils 2 Ausprägungen: – Wettbewerbsziele: Offensiv/Defensiv – Produkt-/Marktfaktoren: Konzentration/Diversifikation – Heimatmarktbedingungen/Standort: Heimatmärkte, neutrales Territorium, Heimat des Mitbewerbers Ergebnis ist eine Tabelle mit 12 Strategien	Strategie	Marktgruppierungsverfahren

(Fortsetzung)

Tab. 5.3 (Fortsetzung)

#	Autor(en)	Jahr	Forschungsmethodik und -ziel(e)	Zentrale(s) Ergebnis(se)	Faktoren zur Auswahl von internationalen Märkten	Eigene Verfahrenseinordnunga
49	Bilkey	1978	Forschungsmethodik: Theoretische/Konzeptionelle Arbeit Forschungsziele: Ziel ist eine Analyse über das Verhalten von Exportfirmen, um daraus interessante Implikationen und zukünftige Forschungsprojekte abzuleiten.	Eine Exporttätigkeit ist im Wesentlichen ein Entwicklungsprozess	– Ausländischer Kunde – Möglichkeit zu exportieren – Gezielte Suche nach Exportmöglichkeit	Keine Gruppierung und kein Ranking
50	Samli	1977	Forschungsmethodik: Empirische Arbeit Forschungsziele: Ziel ist es das Marktpotenzial für Osteuropa zu bestimmen und die osteuropäischen Marktkonditionen in die bekannten amerikanischen Marktkonditionen zu transformieren.	Berechnung eines Quality Index mit Hilfe von acht Variablen (Pro-Kopf-Einkommen, Beschäftigung in der Produktion, Stahlverbrauch, erzeugte Kilowattstunden, Kfz-Zulassung, verwendete Telefone, verwendete Radios, verwendete Fernsehgeräte). Anschließende Berechnung des Marktpotenziales unter Zuhilfenahme der Bevölkerungszahl eines Landes. Marktpotenzial kann dann beliebig für z. B. Tonnen Kaffee ausgerechnet werden.	Marktpotenzial (Menge & Qualität)	Marktschätzungs-verfahren

(Fortsetzung)

Tab. 5.3 (Fortsetzung)

#	Autor(en)	Jahr	Forschungsmethodik und -ziel(e)	Zentrale(s) Ergebnis(se)	Faktoren zur Auswahl von internationalen Märkten	Eigene Verfahrenseinordnunga
51	Johanson & Vahlne	1977	Forschungsmethodik: Theoretische/Konzeptionelle Arbeit Forschungsziele: Darstellung eines Modells von einem Internationalisierungsprozess eines Unternehmens.	Der grundlegende Mechanismus der Internationalisierung: Marktkenntnis Verpflichtungsentscheidung; laufende Aktivitäten Marktengagement	Psychische Distanz	Marktschätzungsverfahren
52	Wind & Douglas	1972	Forschungsmethodik: Theoretische/Konzeptionelle Arbeit Forschungsziele: Die Ziele sind die Wichtigkeit einer internationalen Marktsegmentierung aufzuzeigen, das Konstrukt für die Forschung zu operationalisieren und für Praktiker erste Handhabungen abzuleiten.	2 Stufen Model: Zuerst werden Ländercharakteristika analysiert und ähnliche Länder gruppiert. Anschließend werden Kundencharakteristika für Ländergruppen identifizieren.	– Geographische Lage – demographische und bevölkerungsbezogene Merkmale usw.	Marktgruppierungsverfahren

(Fortsetzung)

Tab. 5.3 (Fortsetzung)

#	Autor(en)	Jahr	Forschungsmethodik und -ziel(e)	Zentrale(s) Ergebnis(se)	Faktoren zur Auswahl von internationalen Märkten	Eigene Verfahrenseinordnunga
53	Sethi	1971	Forschungsmethodik: Empirische Arbeit Forschungsziele: Ziel ist es zu zeigen, dass mit Hilfe der Cluster Analyse brauchbare Cluster für das internationale Marketing erstellt werden können.	Länder können klassifiziert werden, jedoch nicht in einer einzigen Dimension der Entwicklung. Gemeinsam klassifizierte Länder weisen Merkmale auf, die auf starke oder schwache Attributbereiche hinweisen können.	4 Konstrukte: – Produktion und Transport – persönlicher Konsum – Handel – Gesundheit und Bildung	Marktgruppierungsverfahren
54	Singh & Kumar	1971	Forschungsmethodik: Empirische Arbeit Forschungsziele: Ziel ist die Anwendbarkeit der relativen Einkommenshypothese aufzuzeigen.	Verbrauch ist ein besserer Indikator für den Lebensstandard als das Einkommen.	Konsum- und Einkommensdaten	Marktschätzungsverfahren

(Fortsetzung)

Tab. 5.3 (Fortsetzung)

#	Autor(en)	Jahr	Forschungsmethodik und -ziel(e)	Zentrale(s) Ergebnis(se)	Faktoren zur Auswahl von internationalen Märkten	Eigene Verfahrenseinordnunga
55	Armstrong	1970	Forschungsmethodik: Empirische Arbeit Forschungsziele: Die Ziele sind zum einen, darzustellen was in der Vergangenheit gemacht wurde, und zum anderen, ob mit einem ökonometrischen Ansatz verbesserte Ergebnisse erreicht werden können.	Das ökonometrische Modell führte zu einer Verbesserung des Backcastings und zeigte, dass der mittlere absolute prozentuale Fehler bei einem 8-jährigen Backcast von 30 % auf 23 % reduziert wurde.	Proxy für Kameraverkauf: Importe plus Produktion minus Exporte	Marktschätzungsverfahren
56	Moyer	1968	Forschungsmethodik: Empirische Arbeit Forschungsziele: Ziel ist es mit Hilfe von wirtschaftlichen und demografischen Beziehungen die Bedarfsschätzung für die Marktevaluierung vorauszusagen.	In dem Artikel werden verschiedene Techniken angesprochen z. B. Demand Patterns, Income Elasticity, Multiple Factor Indexes, Estimation by Analogy, Regression Analysis, Input-Output Analysis, Dual Economy Problem Die in diesem Artikel erörterten Forschungsmethoden sind in den entwickelten Ländern eher anwendbar als in den nicht entwickelten Ländern.	– Bruttosozialprodukt – Prozentsatz der gesamten verarbeitenden Produktion – Bruttoinlandsprodukt pro Kopf – Nachfrage nach Rohstoffen – Einkommen usw.	Marktschätzungsverfahren

(Fortsetzung)

Tab. 5.3 (Fortsetzung)

#	Autor(en)	Jahr	Forschungsmethodik und -ziel(e)	Zentrale(s) Ergebnis(se)	Faktoren zur Auswahl von internationalen Märkten	Eigene Verfahrenseinordnung[a]
57	Hodgson & Uyterhoeven	1962	Forschungsmethodik: Theoretische/Konzeptionelle Arbeit Forschungsziele: Ziel ist es die Wichtigkeit von operativen Gewinnmargen für den internationalen Vergleich hervorzuheben.	Unterscheidung zwischen operative Gewinnmargen in unreifen und reifen Märkten mit Hilfe der Opportunity Analysis	Operative Gewinnmarge, Umsatz	Marktgruppierungsverfahren

[a]Eigene Einordnung der Verfahren in Anlehnung an Papadopoulos & Denis 1988, S. 40.

fasst somit die Best Practice Ergebnisse aus über 54 Unternehmensinterviews (siehe separater und vertraulicher Anhang; siehe auch Hinweis im Quellenverzeichnis) zusammen. Die Tätigkeiten die in Abb. 5.1 aufgeführt sind, sind nicht abschließend aufgezählt. Sie ergeben sich aus den geführten Interviews. Unternehmen sollten sich die Auswertungskriterien anschauen und gegebenenfalls weitere eigene Auswertungskriterien in den Schnell-Check mitaufnehmen. Es besteht zudem Forschungsbedarf bezüglich der Gewichtung der einzelnen Auswertungskriterien (siehe Abschnitt 7.2).

5.2 Zur Implementierung des International Sales Accelerator Modells

Die Auswertung sowohl der Literatur als auch der eigenen Interviews zeigt, dass ein neues Modell zur Geschäftsfelder- und Vertriebsentwicklung regelmäßige als auch einmalige Tätigkeiten beinhalten muss. Diese Voraussetzungen bringt das ISA-Modell mit. In Abb. 5.2 sind die sieben Bausteine des ISA-Modells im Rad der Implementierung dargestellt. Im inneren Kreis sind die einmaligen Tätigkeiten abgebildet. Der äußere Kreis zeigt die regelmäßigen Tätigkeiten.

Zur Implementierung der einmaligen Tätigkeiten

Die einmaligen Tätigkeiten im ISA-Modell umfassen in der strategischen Analyse zunächst die Segmentierung der Weltregionen, die Erstellung eines Marktauswahlmodells sowie der erste Aufbau von Geschäftsbeziehungen mit dem Ländermarkt. Danach erfolgt die Strategieformulierung und Auswahl in Form einer Entscheidung für eine Markteintrittsstrategie. Anschließend folgt in der Strategieimplementierung die Entscheidung für eine erste Region und einen ersten Vertriebskanal. Weiterhin sollten im Anschluss daran Entscheidungen in Bezug auf weitere Vertriebskanäle sowie der weiteren Marketingpolitiken[8] (Kommunikations-, Produkt-, und Preispolitik) getroffen werden. Eventuell müssen auch weitere Marketingpolitiken für Dienstleistungsunternehmen beachtet werden (Ausstattungspolitik, Prozesspolitik und Personalpolitik)[9]. Letztendliches Ziel der Implementierung des ISA-Modells im Bereich der einmaligen Tätigkeiten ist der Aufbau einer Marke zur Steigerung der nationalen Marktpräsenz. Diese Tätigkeiten entsprechen im Prinzip dem in Abb. 2.5 aufgestellten ISA-Modell zu Beginn der Arbeit.

[8]Vgl. Homburg & Krohmer 2006, S. 557 f.

[9]Vgl. Meffert et al. 2015, S. 268.

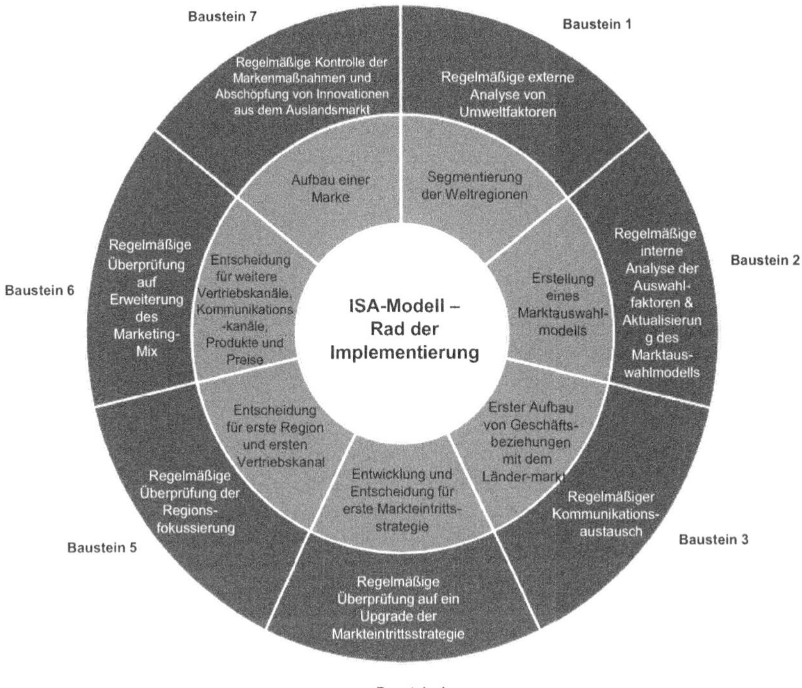

Abb. 5.2 ISA-Modell – Rad der Implementierung. (Quelle: Eigene Darstellung)

Zur Implementierung der regelmäßigen Tätigkeiten

Durch die Interviews mit Unternehmen aus Industrie- und Schwellenländern sowie aus unterschiedlichen Industrien konnten die regelmäßigen Tätigkeiten abgeleitet werden.

In Baustein 1 geht es um die regelmäßige externe Analyse von Umweltfaktoren nach Weltregionen. Wie sich gezeigt hat, analysieren Großunternehmen in regelmäßigen Abständen ihre vorher segmentierten und festgelegten Weltregionen nach der Gesetzeslage, Marktwachstumspotenzialen, Trends, industriellen Projektvorhaben, Aktivitäten von Wettbewerbern, politische Entwicklungen und kulturellen Gewohnheiten (siehe Abschnitt 3.1). Manager müssen für ihre Industrie und ihr Unternehmen die wichtigsten Umweltfaktoren herausfinden.

Im Anschluss an die externe Analyse steht eine interne Analyse in Baustein 2 an. Hier sollten regelmäßig die Auswahlfaktoren analysiert werden und eine Aktualisierung des Marktauswahlmodells vorgenommen werden. Potenzielle Auswahlfaktoren wurden in Abschnitt 2.2 und 3.2 vorgestellt. Die Interviews ergaben eine regelmäßige Analyse von folgenden Faktoren: Ressourcen, Auslandsaktivitäten von Großkunden, Analyse von langfristig potenziellen Märkten, Geschäftskontakten sowie die Einflussmöglichkeiten auf Stakeholder (siehe Abschnitt 3.2).

In Baustein 3 sollte ein regelmäßiger Kommunikationsaustausch als letzter Punkt der strategischen Analyse stattfinden. Die Interviews ergaben, dass Unternehmen aller Umsatzklassen einen regelmäßigen Austausch auf Messen begrüßen. Außerdem sind Kontakte zu Institutionen, Behörden, Verbänden & Vereinen, Kunden und Konkurrenzunternehmen im Auslandsmarkt hilfreich. Mehrere Unternehmen sammeln diese Informationen an einer Stelle im Unternehmen[10]. Weitere Möglichkeiten der regelmäßigen Kommunikation im Auslandsmarkt können z. B. durch Publikationen von Aufsätzen in Fachzeitschriften stattfinden oder durch die regelmäßige Teilnahme an Delegationsreisen (siehe Abschnitt 3.3).

Im Anschluss an die strategische Analyse folgen in Baustein 4 die Strategieformulierung und Strategieauswahl. Hierbei sollten Business und Sales Development Manager regelmäßig die Ziele und Motive für den Markteintritt überprüfen. Außerdem sollte überprüft werden, ob die Unternehmensstrategie noch im Einklang mit der Markteintrittsstrategie ist (siehe Abschnitt 4.1). Darüber hinaus ist es zu empfehlen, dass die Markteintrittsstrategie je nach erreichten Umsatzzielen im Auslandmarkt ein Upgrade bekommt (siehe Abb. 5.3 und 5.4).

In Abb. 5.3 werden konkrete Umsatzwachstumsziele für einen Auslandsmarkt vorgeschlagen. Verzeichnet ein Unternehmen ca. 100 K€ bis 300 K€ Auslandsumsatz durch direkte Exporte in einem Zielmarkt, gilt es den Auslandsumsatz weiter voranzutreiben. In der Regel (siehe idealtypischer Verlauf einer Entwicklung von Markteintrittsstrategien im Auslandsmarkt Abb. 5.4) entscheiden sich Unternehmen für einen lokalen Handelspartner, der die nächsten Umsatzziele von ca. 1 Mio. € erwirtschaften soll. Danach folgen oft weitere Handelspartner, die den Auslandsumsatz im betreffenden Zielmarkt auf ca. 3 Mio. € hochskalieren. Ab ca. 3 Mio. € bietet sich ein Upgrade der Markteintrittsstrategie an, d. h. der Wechsel vom indirekten Vertriebsstrukturen zu direkten Vertriebsstrukturen. Mehrere Unternehmen gaben in den Interviews an, dass sie gerne die Handelspartner aufkaufen und in ihr Unternehmen integrieren, um den Wechsel zu einer eigenen Vertriebsniederlassung zu meistern[11]. Ab ca. 10 Mio. € Auslandsumsatz bietet

[10]Vgl. z. B. Interview 16 2016 oder Interview 40 2017.

[11]Vgl. z. B. Interview 8 2015 und Interview 21 2016.

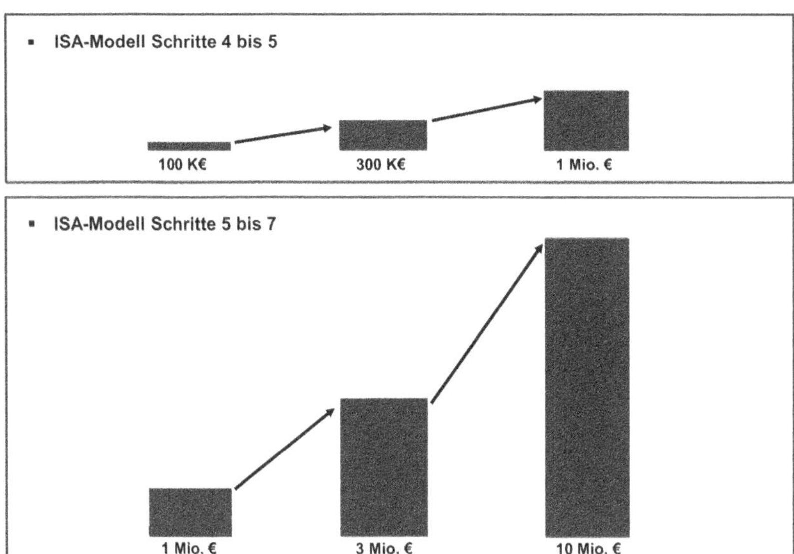

Abb. 5.3 Umsatzwachstumsempfehlungen für die Bausteine 4–7 des ISA-Modells. (Quelle: Eigene Darstellung in Anlehnung an Interview 11 2015)

sich ein Ausbau der eigenen Vertriebsniederlassung hin zu einer eigenen Landesgesellschaft an, welches der finale Schritt in einem idealtypischen Verlauf von Markteintrittsstrategien in einem Auslandsmarkt darstellt (siehe Abb. 5.4).

In Baustein 5 fallen ebenfalls regelmäßige Tätigkeiten an, z. B. sollte die Art des ersten Vertriebskanals in regelmäßigen Abständen überprüft werden. Außerdem gilt es die Schwerpunkte bei der Fokussierung auf eine bestimmte Region zu überprüfen (siehe Abschnitt 4.2). Macht es z. B. Sinn langfristig die Fokussierung auf zentrale Importzentren zugunsten von akquirierten Großkunden zu verlagern, etc.? Diese Überlegungen sind bereits Vorarbeiten zu Baustein 6.

In Baustein 6 geht es um die ständige Überprüfung und Verbesserung des Vertriebssystems sowie der weiteren Marketingpolitiken. Die Ergebnisse aus den Interviews zu diesem Schritt zeigen (siehe Abschnitt 4.3), dass die Unternehmen weitere Kundengruppen in unterschiedlichen Branchen erschließen, das Vertriebssystem von einem Einkanal- zu einem Mehrkanalsystem erweitern, den Ausbau weiterer, im Heimatmarkt bereits bestehender, Geschäftsbereiche vorantreiben, das Produktportfolio anpassen bzw. eine lokale Beschaffung aufbauen und den Ausbau der Vertriebsniederlassung zu einer Landesgesellschaft vorantreiben.

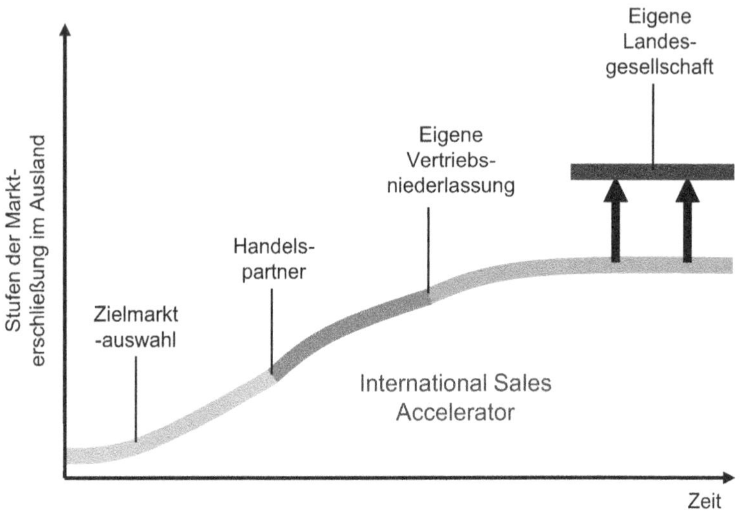

Abb. 5.4 Idealtypischer Verlauf einer Entwicklung von Markteintrittsstrategien in einem Auslandsmarkt. (Quelle: Eigene Darstellung)

Außerdem wurde berichtet, dass gezielte Kommunikationsstrategien ausgearbeitet werden, z. B. Suchmaschinenplatzierung, Eröffnung eines Kommunikationskanals in Social Media, Werbung in Fachzeitschriften, etc. Weiterhin müssen insbesondere in Schwellenländern die Preise angepasst werden bzw. weniger komplexe Produkte entwickelt werden, damit sie zu günstigeren Preisen verkauft werden können. In der Forschung spricht man in diesem Fall von frugalen Innovationen[12].

In Baustein 7 geht es um den Aufbau einer Marke zur Steigerung der nationalen Bekanntheit. Die Ergebnisse aus den Interviews haben gezeigt, dass auch hier regelmäßige Tätigkeiten anfallen. Zum Beispiel gilt es die Entwicklung der Anzahl der Vertriebsstandorte im gesamten Auslandsmarkt voranzutreiben. Darüber hinaus muss eine Marke aufgebaut werden, indem z. B. Kunden in einer Trendstadt akquiriert werden. Weitere Standorte können mit Hilfe von sogenannten Key Opinion Leadern und Multiplikatoren ausgebaut werden (siehe Abschnitt 4.4). Das Ziel ist eine kontinuierliche Verbesserung der Erreichbarkeit der Produkte für die Kunden. Außerdem sollte es, wie in Abschnitt 2.2

---

[12]Vgl. Radjou & Prabhu 2013.

aufgezeigt, das Ziel sein eine vollwertige Landesgesellschaft mit eigener Beschaffung, Produktion und Forschung & Entwicklungs-Abteilungen im Auslandsmarkt aufzubauen. Wie bereits erwähnt müssen manche Unternehmen in Schwellenländern ihr Produktportfolio anpassen, indem sie weniger komplexe und weniger teure Produkte verkaufen. Das Ziel sollte sein, durch die Entwicklung zur vollwertigen Landesgesellschaft die Trends und Erkenntnisse aus dem Zielmarkt zu sammeln und ggfs. Produktinnovationen aus dem Zielmarkt in den Heimatmarkt oder andere Märkte übertragen zu können, um die anfänglichen Verluste bei den Forschung- & Entwicklungskosten und den geringen Preisen wieder aus dem Markt zurückzugewinnen. Wie dies der Fall sein kann, wird im nachfolgenden Kapitel anhand von Fallstudien zur Implementierung des ISA-Modells vorgestellt.

6 Fallstudien

6.1 Fallstudie «Zielmarktanalyse in der Umwelttechnikindustrie»

Die vorliegende Fallstudie soll zeigen, wie sich Unternehmen, die am Anfang der Entwicklung eines eigenen Internationalisierungsmusters stehen, einen ersten Überblick über stark wachsende Weltmarktregionen und Zielmärkte in ihrer Industrie verschaffen können und wie sie im Anschluss erste Markteintrittspunkte zu den Zielmärkten sammeln können.

Zunächst werden dazu die Grundlagen für eine Zielmarktanalyse basierend auf einer Industrieanalyse gelegt (siehe Abschnitt 6.1.1). Anhand von Codenummern des harmonisierten Systems der Weltzollorganisation wird die Umwelttechnikindustrie von anderen abgegrenzt und segmentiert. Darüber hinaus werden kurz die wichtigsten Handelskennzahlen zur strategischen Handelsdatenanalyse vorgestellt und eine eigenständig weiterentwickelte Methodik für die Prognose von Export-/ Importdaten erläutert. Danach wird mit Hilfe von echten Handelsdaten beispielhaft aufgezeigt, wie Unternehmen in den Bausteinen 1–3 des ISA-Modells vorgehen könnten (siehe Abschnitt 6.1.2).

S. Reber, *Internationale Zielmarktanalyse und Vertriebsentwicklung*,
https://doi.org/10.1007/978-3-658-32389-9_6

6.1.1 Zur Segmentierung der Umwelttechnikindustrie und zur Entwicklung einer eigenen Methodik zur Auswahl von Zielmärkten

Die Umwelttechnikindustrie ist eine interdisziplinäre Querschnittsindustrie, d. h. Umweltschutzgüter (im Nachfolgenden bezeichnet als USG) werden von unterschiedlichen Industrien produziert und vertrieben[1]. Diese Verstreuung der Industrie auf mehrere Industrien ist eine Herausforderung für Statistiker und Wissenschaftler[2]. Eine Abgrenzung der Industrie ist aber nötig, um genaue Aussagen über z. B. Marktvolumen oder Handelsvolumen einzelner Segmente der Umwelttechnikindustrie treffen zu können. *Büchele et al.* schätzen, dass das weltweite Marktvolumen in grünen Leitmärkten von 2.536 Mrd. EUR im Jahr 2013 auf 5.385 Mrd. EUR im Jahr 2025 anwachsen wird[3]. In Tab. 6.1 sind die wichtigsten Ansätze zur Segmentierung der Umwelttechnikindustrie aufgelistet. Aufgrund der fehlenden Verbindung zu einer Handelsklassifikation kommt *Büchele et al.'s* Segmentierungsansatz für eine internationale Export-/ Import-Länderwettbewerbsanalyse in der Umwelttechnikindustrie nicht in Frage. Zudem grenzt die Studie von *Büchele et al.* die Luftreinhaltung nicht konkret genug von anderen Segmenten ab. Die Luftreinhaltung ist bei *Büchele et al.* nur ein Untersegment des Segmentes Materialeffizienz.[4] *Steenblik* fasst in seinem Aufsatz zwei Listen von APEC und OECD zusammen und klassifiziert die USG in drei unterschiedliche Gruppen (siehe Tab. 6.1)[5]. Dennoch ist die Auflistung der Codenummern des harmonisierten Systems der Weltzollorganisation (HS-Codes), z. B. für den Lärmschutz, nicht so umfangreich wie die Güterproduktionsnummern (GP-Nummern) von *Gehrke et al.*[6]

Der Ansatz von *Gehrke et al.* hat für die vorliegende Dissertation einen entscheidenden Vorteil, da mit Hilfe der PRODCOM List 2015[7] die GP-Nummern in HS 2012 Codes umgewandelt werden können. Die HS Codes werden benötigt, um bei der United Nations Comtrade Datenbank für die einzelnen Segmente

[1] Vgl. Clusterportal Baden-Württemberg 2017.

[2] Vgl. unterschiedliche Abgrenzungsansätze von Büchele et al. 2014, Gehrke et al. 2013 oder Steenblik 2005.

[3] Vgl. Büchele et al. 2014, S. 7.

[4] Vgl. Büchele et al. 2014, S. 27.

[5] Vgl. Steenblik 2005, S. 14–18.

[6] Vgl. Gehrke et al. 2013, S. 25–50.

[7] Vgl. Eurostat 2015.

Tab. 6.1 Vergleich von Abgrenzungs- und Segmentierungsansätzen in der Umwelttechnikindustrie

Abgrenzungsansatz	Segmentierung	Quelle
Basierend auf Kernwirtschaftszweigen.	- Energieeffizienz - Kreislaufwirtschaft - Nachhaltige Mobilität - Nachhaltige Wasserwirtschaft - Rohstoff- und Materialeffizienz - Umweltfreundliche Erzeugung, Speicherung und Verteilung von Energien	Büchele et al. 2014.
Basierend auf der offiziellen deutschen Produktionsstatistik 2009.	- Abfall- und Kreislaufwirtschaft - (Ab-) Wasserwirtschaft - Energieeffizienz - Erneuerbare Energien - Lärmschutz - Luftreinhaltung - Mess-, Steuerungs- und Regelungstechnik	Gehrke et al. 2013.
Basierend auf den Listen von APEC und OECD.	A. Verschmutzungsmanagement - Luftreinhaltung - Abwassermanagement - Feststoffabfallmanagement - Sanierung und Reinigung - Lärmbekämpfung - Umweltüberwachung B. Saubere Technologien und Produkte - Saubere und rohstoffeffiziente Technologien und Prozesse - Saubere und rohstoffeffiziente Produkte C. Rohstoffmanagement - Luftreinhaltung in Innenräumen - Wasserversorgung - Recycelte Materialien - Erneuerbare Energien Anlagen - Wärme und Energieeinsparung - Nachhaltige Landwirtschaft und Fischereien - Nachhaltige Forstwirtschaft - Katastrophenrisiko-Management - Eco-Tourismus	Steenblik 2005.

Quelle: Eigene Darstellung in Anlehnung an Malik et al. 2015, S. 7.

der Umwelttechnik die Export- und Importhandelsvolumen abzufragen[8]. Die United Nations Comtrade Datenbank wird von der United Nations Statistics Division bereitgestellt[9]. Für Jahrgänge vor 2012 empfiehlt es sich die HS 2012 Codes z. B. in HS 2002 Codes umzuwandeln, um auch Ergebnisse für die Jahre ab 2002 abfragen zu können. Die Umwandlung erfolgt anhand sogenannter Korrelationstabellen[10]. Die letztendlich verwendeten HS Codes können im Anhang zur Fallstudie (siehe auch Tab. 6.12) pro Segment eingesehen werden. Mit Hilfe von Handelskennzahlen und den beschriebenen HS Codes kann die Bedeutung und Entwicklung von Ländern in bestimmten Industrien dargestellt werden und eine nationale sowie internationale Einordnung stattfinden.[11] Auf die Umwelttechnikindustrie und ihre Segmente werden die nachfolgenden Kennzahlen angewandt[12]:

Die durchschnittliche jährliche Wachstumsrate (in Englisch: Compound Average Growth Rate (im Nachfolgenden bezeichnet als CAGR):

$$\mathrm{CAGR}(\%) = \left[\left(\frac{C_t}{C_0}\right)^{\frac{1}{t}} - 1\right]*100$$

Für Ct werden die Export- bzw. Importwerte aus dem letzten Jahr des betrachteten Zeitraums (2016) genutzt, für C0 diejenigen aus dem Basisjahr (2012). Dabei steht t für die Anzahl der Perioden. Von 2012 bis 2016 gilt $t = 5$.[13] Hat China z. B. eine CAGR von 9 % in der Abfall- und Kreislaufwirtschaft bedeutet das, dass Chinas Exporte in dem Segment in den letzten fünf Jahren durchschnittlich um 9 % gewachsen sind. Das bedeutet nicht, dass die Exporte jährlich mit 9 % gewachsen sind. Die CAGR gibt die durchschnittliche jährliche Wachstumsrate im betrachteten Zeitraum an.

Weiterhin wurde mit Hilfe der Kennzahl Export Performance (auch normierte Außenhandelsbilanz genannt[14]), die Exportvolumen der Länder in den einzelnen Segmenten beurteilt.

---

[8]Vgl. United Nations Comtrade Datenbank 2015.

[9]Vgl. United Nations Comtrade Datenbank 2015.

[10]Vgl. United Nations Statistics Division 2014.

[11]Vgl. Statistisches Bundesamt (im Nachfolgenden bezeichnet als Destatis) 2017, S. 20.

[12]Vgl. Export.gov 2013.

[13]Vgl. Brick et al. 2016, S. 373.

[14]Vgl. Destatis 2017, S. 21.

Die Export Performance wird folgendermaßen berechnet[15]:

$$\text{Export Performance} = \frac{\text{Exporte} - \text{Importe}}{\text{Exporte} + \text{Importe}}$$

Die Export Performance kann Werte zwischen -1 und 1 annehmen. Ist die Export Performance positiv, bedeutet das, dass die heimische Industrie mehr exportiert als sie importiert. Bei einem Wert von 1 hätte das betrachtete Land nichts in diesem Segment importiert. Ist die Export Performance dagegen negativ, bedeutet das, dass die heimische Industrie weniger exportiert als sie importiert. Bei einem Wert von -1 hätte das betrachtete Land nichts in diesem Segment exportiert. Um eine Aussage über die Entwicklung der Export Performance eines Landes treffen zu können, wurden die Export- und Importvolumen in einem Zeitraum von 10 Jahren betrachtet. Derselbe Zeitraum, 2008 bis 2017, wurde für die anschließende Export-GAP Analyse gewählt. Die Export-Gap-Analyse, welche auch vom U.S. Handelsministerium in Veröffentlichungen zur Unterstützung der heimischen Industrie verwendet wird,[16] wurde für die vorliegende Fallstudie abgeändert. Zum einen enthält die nachfolgende Analyse durch die Vorarbeiten zur Abgrenzung der Industrie nicht nur ein Proxy HS Code[17], sondern alle für das Segmente bzw. die Industrie relevanten HS Codes[18]. Zum anderen wird anstelle eines Gravitationsmodells eine Zeitreihenanalyse/ Regressionsanalyse zur Prognose zukünftiger Handelsdaten verwendet. Der Grund dafür ist, dass die Analyse für Unternehmen möglichst einfach umzusetzen sein sollte. Ein Gravitationsmodell benötigt wesentlich mehr Daten und Zeit[19]. Außerdem sollten die Zielmärkte immer mit weiteren Quellen verglichen und überprüft werden.

Für die Analyse von Zielmärkten anhand von Handelsdaten bietet sich z. B. die Zeitreihenanalyse-Methode an. Dabei sind Zeitreihenanalysen Anwendungsgebiete von Regressionsanalysen[20]. *Backhaus et al.* haben eine allgemeine Vorgehensweise bei Zeitreihenanalysen definiert, wonach die Analysen in dieser Fallstudie stattfinden (siehe Abb. 6.1)[21].

[15] Vgl. Destatis 2017, S. 21.

[16] Vgl. Interview 21 und Export.gov 2013.

[17] Vgl. Export.gov 2013, S. 7.

[18] Vgl. Anhang zur Fallstudie Tab. 6.12

[19] Vgl. World Trade Organization 2012, S. 101 ff.

[20] Vgl. Backhaus et al. 2016, S. 136.

[21] Vgl. Backhaus et al. 2016, S. 140.

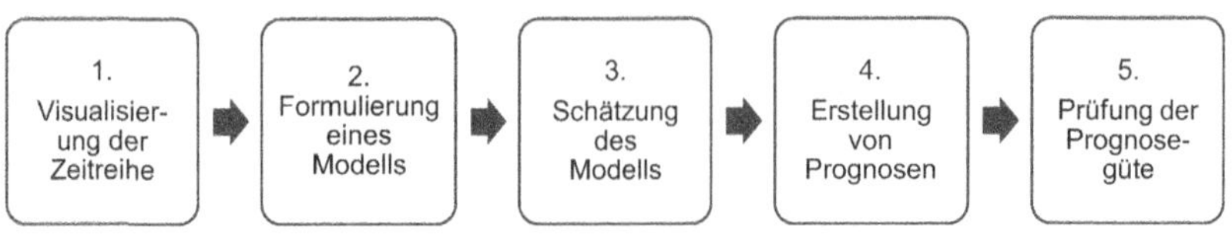

Abb. 6.1 Vorgehensweise bei Zeitreihenanalysen. (Quelle: Eigene Darstellung in Anlehnung an Backhaus et al. 2016, S. 140)

Zunächst wurde mit Hilfe der Software SPSS Statistics die Zeitreihe visualisiert. Anschließend wurde das Modell formuliert:

$$Y = A + K + S + u$$

Y = Prognosevariable mit den Werten ($y1, y2, y3, \ldots yt, \ldots y_T$)
A = Trendkomponente
K = Konjunkturkomponente
S = Saisonkomponente
u = zufällige Komponente (Störgröße)[22]

Da keine zyklischen Komponenten aus der Visualisierung der Zeitreihe zu erkennen waren, konnte das Zeitreihenmodell auf die folgende Gleichung reduziert werden[23]:

$$Y = A + u$$

Außerdem wurde ein linearer Trendverlauf angenommen. Dadurch entstand folgendes lineare Trendmodell[24]:

$$Y = a + b * t + u$$

Die Werte a und b sind unbekannte Parameter, welche mit Hilfe einer linearen Regression über SPSS Statistics geschätzt wurden. SPSS Statistics verwendet dazu die Methode der kleinsten Quadrate. Anschließend konnten die Prognosen erstellt werden, die für die Export-Gap Analyse benötigt wurden. Die Güte der

[22]Backhaus et al. 2016, S. 142.

[23]Vgl. Backhaus et al. 2016, S. 142.

[24]Vgl. Backhaus et al. 2016, S. 142.

Prognose kann anhand von R^2 abgelesen werden. Das R^2 kann dabei Werte zwischen 0 und 1 annehmen. Je näher die Werte an der 1 liegen, desto besser die Prognose.[25]

Eine Beispielrechnung:
Lineares Regressionsergebnis für die Exporte Deutschlands an die Tschechische Republik im Segment der Luftreinhaltung:

Y (t) = \$−3.160.000.000.000 + \$157.478.014,2*2021
Y (2021) = \$ 2.263.066.698
$R^2 = 0{,}851$

6.1.2 Zur Anwendung der Handelsdaten zur strategischen Zielmarktanalyse

Zur Segmentierung und Auswahl einer Weltmarktregion
Mit Hilfe, der in Abschnitt 6.1.1 beschriebenen HS-Codes und Handelskennzahlen lassen sich die Weltmarktregionen für eine bestimmte Industrie, ein bestimmtes Segment sowie eine bestimmte Produktgruppe analysieren. Abb. 6.2 zeigt die Ergebnisse einer Import-Weltmarktanalyse über die gesamte Umwelttechnikindustrie in der Periode 2012–2016. Demnach verzeichnet lediglich Asien ein positives durchschnittliches jährliches Wachstum von 0,6 %. Das Importhandelsvolumen der Regionen Afrika, Amerika, Europa und Ozeanien dagegen sank im betrachteten Zeitraum um −0,8 %, −0,1 %, −1,1 % und −5,4 %. Aus der Import-Weltmarktanalyse lassen sich zudem die Länder mit dem größten CAGR der vergangenen Jahre erkennen. Diese Länder sind z. B. die Seychellen mit 24,0 %, Myanmar mit 25,7 % und die Zentralafrikanische Republik mit 28,7 % (siehe Tab. 6.13 im Anhang zur Fallstudie). Allerdings ist das Import-Handelsvolumen der stärksten durchschnittlichen jährlichen gewachsenen Länder im Vergleich zu den Import-Handelsvolumen von den USA, China und Deutschland relativ gering (siehe Tab. 6.13 im Anhang zur Fallstudie). Abb. 6.2 kann daher nur als erste Einschätzung zu Weltmarktwachstumsregionen herhalten.

---

[25] Vgl. Backhaus et al. 2016, S. 84.

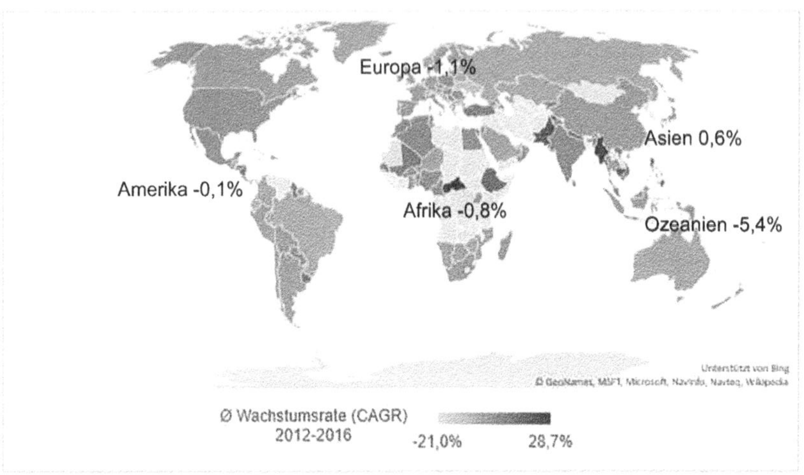

Abb. 6.2 Import-Weltmarktanalyse über die gesamte Umwelttechnikindustrie. (Quelle: Eigene Darstellung basierend auf einer eigenen Datenanalyse aus der United Nations Comtrade Databank 2018)

Werden die Ergebnisse der Import-Weltmarktanalyse mit den Ergebnissen der Export-Weltmarktanalyse (siehe Abb. 6.3) verglichen, fällt auf, dass die durchschnittlichen jährlichen Wachstumsraten im betrachteten Zeitraum allesamt negativ ausfallen. Die Weltmarktregion Afrika schrumpfte in der betrachteten Periode am stärksten, und zwar um −5,0 %. Danach folgt Ozeanien mit −4,4 %, Europa mit −1,1 %, Asien mit −0,6 % und Amerika mit −0,5 %. Wie in der Import-Weltmarktanalyse lassen sich die stärksten durchschnittlichen jährlichen gewachsenen Länder aus Abb. 6.3 herauslesen. Diese sind z. B. Myanmar mit 95,8 %, die Zentralafrikanische Republik mit 145,7 % und Guyana mit 145,8 % (siehe Tab. 6.14 im Anhang zur Fallstudie). Die Export-Handelsvolumen dieser Länder sind aber ebenfalls im Vergleich zu den größten Exportländern (China, Deutschland und den USA) relativ gering (siehe Tab. 6.14 im Anhang zur Fallstudie).

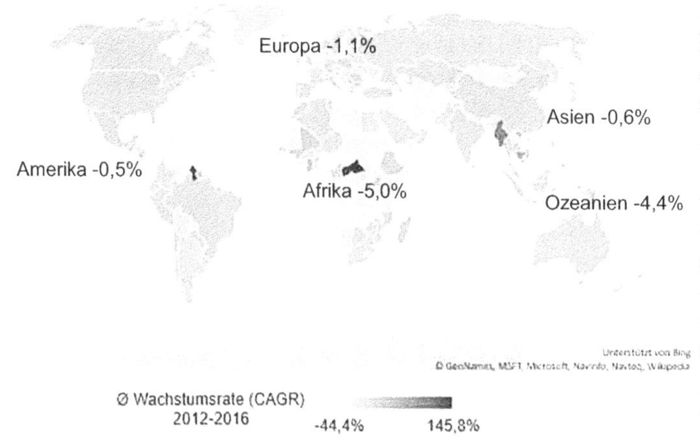

Abb. 6.3 Export-Weltmarktanalyse über die gesamte Umwelttechnikindustrie. (Quelle: Eigene Darstellung basierend auf einer eigenen Datenanalyse aus der United Nations Comtrade Databank 2018)

Insgesamt zeigt die Import-/ Export-Weltmarktanalyse einen Rückgang der Handelsvolumen im betrachteten Zeitraum. Das kann mehrere Gründe haben. Zum einen können Unternehmen Exporte und Importe umgehen, indem sie in den jeweiligen Ländern Produktionsniederlassungen aufbauen und vor Ort produzieren und zum anderen kann es an politischen Entscheidungen liegen[26].

Die aufgezeigten Weltmarktanalysen können auch für die einzelnen Segmente der Umwelttechnikindustrie dargestellt werden (siehe Abb. 6.4). Wie bereits aus den Abb. 6.2 und Abb. 6.3 ersichtlich wurde, ist das durchschnittliche jährliche Wachstum für viele Segmente in mehreren Weltmarktregionen im betrachteten Zeitraum negativ ausgefallen. Positive Wachstumsraten verzeichnen die Segmente Energieeffizienz, Erneuerbare Energien, Lärmschutz und Luftreinhaltung. Die Segmente Erneuerbare Energien und Luftreinhaltung verzeichnen darüber hinaus sowohl beim Export- als auch beim Importhandelsvolumen positive durchschnittliche jährliche Wachstumsraten. Die aufgezeigte Weltmarktanalyse kann auch mit Zahlen von Marktvolumen, Marktgrößen, etc. dargestellt werden. Darüber hinaus sollten Unternehmen sich fragen, welche Segmentierung der Weltmärkte für ihr Unternehmen am besten passt.

[26] z. B. wurde während der U.S. Wahl 2016 Umweltschutzthemen von den Republikanern teilweise komplett in Frage gestellt. Wenn die größte Volkswirtschaft der Welt den Fokus von Umweltthemen abwendet, ziehen andere weniger gut entwickelte Länder nach.

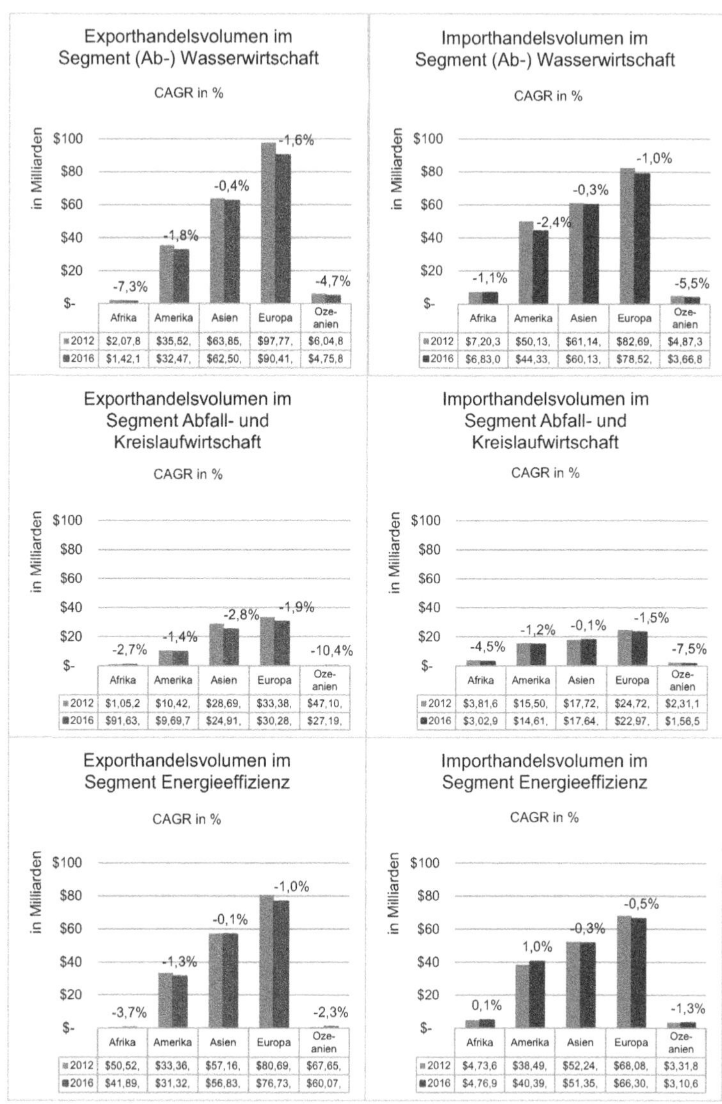

Abb. 6.4 Export- und Import-Weltmarktanalysen für die Segmente der Umwelttechnikindustrie. (Quelle: Eigene Darstellung basierend auf einer eigenen Datenanalyse aus der United Nations Comtrade Databank 2018)

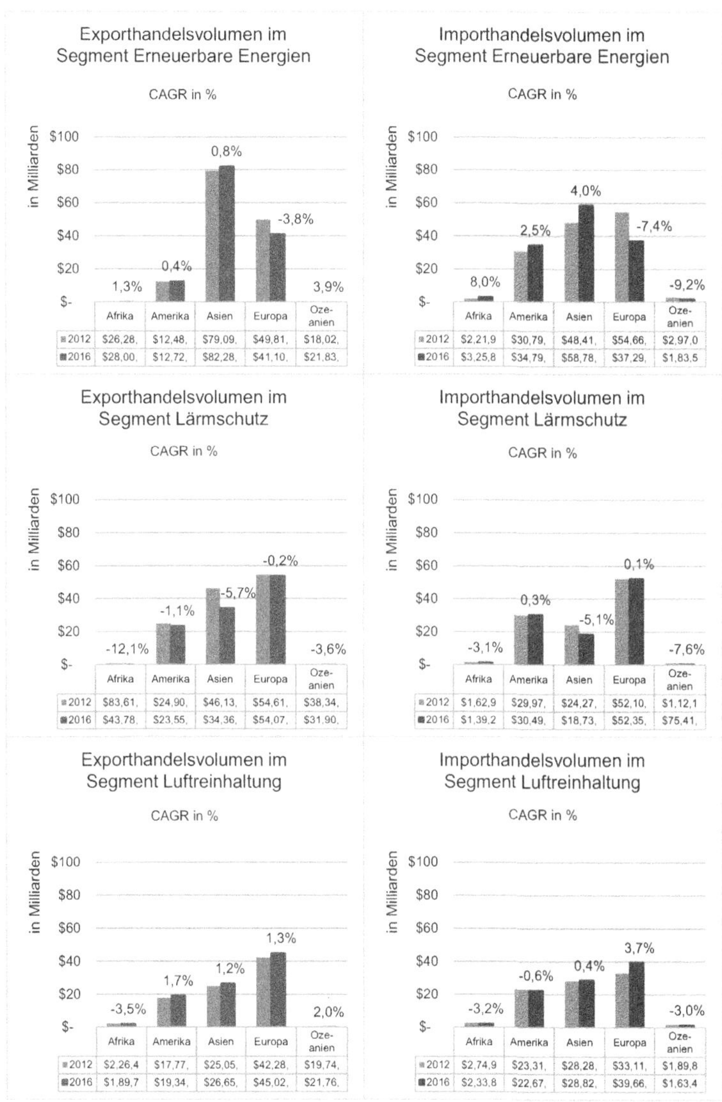

Abb. 6.4 (Fortsetzung)

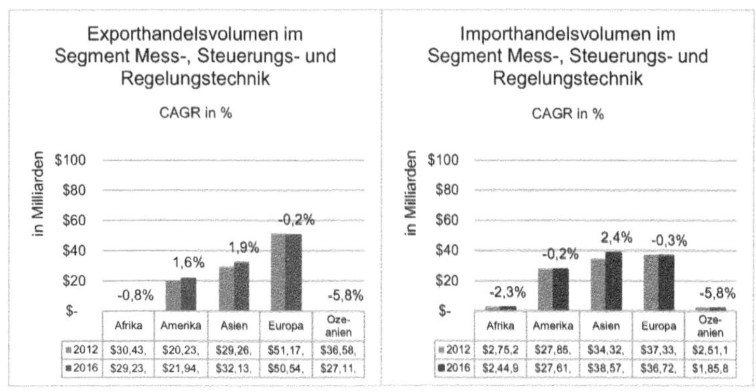

Abb. 6.4 (Fortsetzung)

Abb. 6.5 zeigt zu guter Letzt noch eine Export-/ Importweltmarktanalyse für ein HS-Code. Dabei fällt auf, dass über den betrachteten Zeitraum von 5 Jahren die Exporte in den Weltmarktregionen Amerika, Asien und Europa in der Produktgruppe für Filter gesteigert werden konnte. Die größte Wachstumsrate verzeichnet Asien. Afrika und Ozeanien dagegen haben über den betrachteten Zeitraum weniger exportiert und verzeichnen eine negative Wachstumsrate von −5,6 % und −1,2 %. Bei den Importhandelsvolumen für die Produktgruppe Filter können bei allen fünf Weltmarktregionen positive Wachstumsraten berichtet werden. Dabei sticht Europa mit einer Wachstumsrate von 4,9 % noch vor der Weltmarktregion Asien hervor.

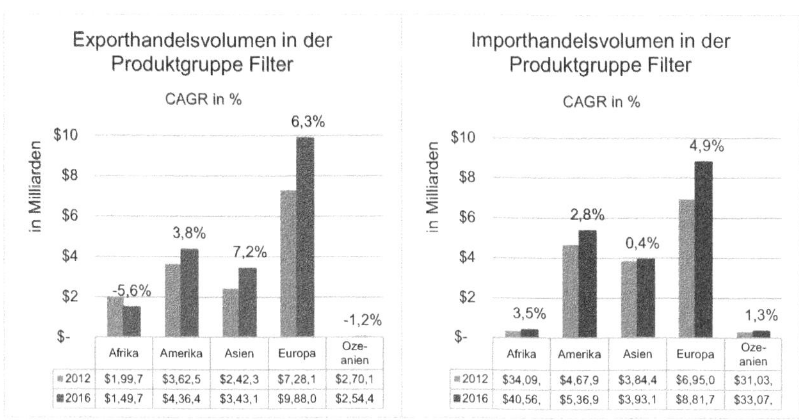

Abb. 6.5 Export- und Import-Weltmarktanalysen für eine Produktgruppe. (Quelle: Eigene Darstellung basierend auf einer eigenen Datenanalyse aus der United Nations Comtrade Databank 2018)

Zusammenfassend lässt sich festhalten, dass die Analyse der Weltmarktregionen unter Zuhilfenahme der Export- und Importhandelsdaten einen groben Überblick über die wichtigsten Handelsregionen verschafft. Um eine Auswahl eines neuen Ländermarktes zu treffen, muss die Analyse auf Zielmarktebene stattfinden. Diese wird im nachfolgenden Kapitel beschrieben.

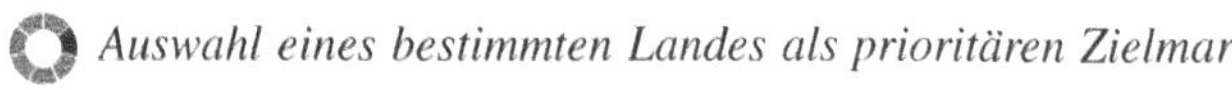
Auswahl eines bestimmten Landes als prioritären Zielmarkt

Das Segment Abfall- und Kreislaufwirtschaft

Zunächst einmal sollten Unternehmen sich einen Überblick verschaffen, welche Länder stark in der Industrie sind, in der sie selbst aktiv sind. Dies kann mit Hilfe einer Analyse der strategischen Handelsdaten (siehe Tab. 6.2) erfolgen. Die Zielmärkte mit einer hohen Export Performance 2017, wie z. B. Guyana (starke Steigerung von −0,987 auf 0,801), China, Italien und Deutschland (konstante Performance) haben eine starke eigene Industrie aufgebaut und mehr Produkte im Segment Abfall- und Kreislaufwirtschaft exportiert als importiert. Deutsche und chinesische Unternehmen z. B. sollten sich in einem zweiten Schritt Zielmärkte

Tab. 6.2 Export-Performance der Top 40 Exportländer 2017 im Segment Abfall- und Kreislaufwirtschaft

Rank	Reporter	Exporte 2017 (Mio. US$)	Exp. Anteil (%)	Importe 2017 (Mio. US$)	Imp. Anteil (%)	Ex.-Imp. 2017 (Mio. US$)	Performance 2017	Performance 2008
1	China	$ 18,28,42,47,090	26.49	$ 3,48,07,58,790	6.08	$ 14,80,34,88,300	0.680	0.673
2	Deutschland	$ 9,38,98,22,193	13.60	$ 3,69,76,05,248	6.46	$ 5,69,22,16,945	0.435	0.534
3	USA	$ 5,68,03,42,457	8.23	$ 8,13,75,60,211	14.22	$ -2,45,72,17,754	-0.178	-0.055
4	Italien	$ 4,56,37,92,752	6.61	$ 1,22,35,13,439	2.14	$ 3,34,02,79,313	0.577	0.673
5	Kanada	$ 2,27,74,90,003	3.30	$ 2,35,70,99,064	4.12	$ -7,96,09,061	-0.017	-0.038
6	Großbritannien	$ 1,97,35,98,651	2.86	$ 2,00,36,83,597	3.50	$ -3,00,84,946	-0.008	0.107
7	Frankreich	$ 1,90,09,63,385	2.75	$ 2,65,37,59,522	4.64	$ -75,27,96,137	-0.165	-0.023
8	Niederlande	$ 1,79,32,76,935	2.60	$ 1,52,36,30,576	2.66	$ 26,96,46,359	0.081	-0.028
9	Polen	$ 1,64,98,12,702	2.39	$ 92,92,02,261	1.62	$ 72,06,10,441	0.279	-0.014
10	Japan	$ 1,52,16,97,227	2.20	$ 2,36,73,67,238	4.14	$ -84,56,70,011	-0.217	-0.052
11	Spanien	$ 1,44,26,54,294	2.09	$ 1,09,29,71,649	1.91	$ 34,96,82,645	0.138	0.011
12	Südkorea	$ 1,40,01,51,261	2.03	$ 1,01,86,22,281	1.78	$ 38,15,28,980	0.158	0.196
13	Malaysia	$ 1,36,75,38,862	1.98	$ 66,88,93,412	1.17	$ 69,86,45,450	0.343	0.525
14	Belgien	$ 1,34,95,42,415	1.96	$ 1,35,80,44,098	2.37	$ -85,01,683	-0.003	0.002
15	Türkei	$ 1,04,82,28,577	1.52	$ 76,89,89,953	1.34	$ 27,92,38,624	0.154	0.022
16	Russland	$ 98,09,49,108	1.42	$ 1,70,07,45,725	2.97	$ -71,97,96,617	-0.268	-0.682
17	Indien	$ 89,21,87,925	1.29	$ 96,95,81,807	1.69	$ -7,73,93,882	-0.042	-0.289
18	Schweden	$ 82,03,12,445	1.19	$ 71,79,94,529	1.25	$ 10,23,17,916	0.067	0.101
19	Schweiz	$ 69,48,25,376	1.01	$ 96,87,66,470	1.69	$ -27,39,41,094	-0.165	-0.021
20	Finnland	$ 68,08,14,325	0.99	$ 26,19,33,096	0.46	$ 41,88,81,229	0.444	0.456
21	Tschechische Republik	$ 66,38,94,028	0.96	$ 66,90,00,548	1.17	$ -51,06,520	-0.004	0.005
22	Dänemark	$ 62,16,09,555	0.90	$ 50,72,31,349	0.89	$ 11,43,78,206	0.101	0.106
23	Mexiko	$ 58,25,25,614	0.84	$ 2,12,43,54,803	3.71	$ -1,54,18,29,189	-0.570	-0.610
24	Singapur	$ 42,87,64,172	0.62	$ 53,52,43,177	0.94	$ -10,64,79,005	-0.110	-0.031
25	Brasilien	$ 41,05,02,430	0.59	$ 48,63,66,921	0.85	$ -7,58,64,491	-0.085	-0.091
26	Südafrika	$ 40,17,90,705	0.58	$ 41,89,82,797	0.73	$ -1,71,92,092	-0.021	-0.165
27	Ungam	$ 39,90,26,876	0.58	$ 39,75,42,749	0.69	$ 14,84,127	0.002	-0.128
28	Slowakei	$ 39,49,79,715	0.57	$ 27,55,36,397	0.48	$ 11,94,43,318	0.178	0.127
29	Portugal	$ 37,02,41,652	0.54	$ 30,03,36,416	0.52	$ 6,99,05,236	0.104	-0.168
30	Litauen	$ 33,04,85,010	0.48	$ 19,34,80,271	0.34	$ 13,70,04,739	0.261	0.029
31	Indonesien	$ 32,39,01,070	0.47	$ 1,19,85,33,209	2.09	$ -87,46,32,139	-0.574	n/a
32	China, Hong Kong SAR	$ 30,21,08,356	0.44	$ 42,53,53,805	0.74	$ -12,32,45,449	-0.169	-0.064
33	Israel	$ 28,98,46,000	0.42	$ 33,32,05,000	0.58	$ -4,33,59,000	-0.070	0.194
34	Guyana	$ 24,13,02,736	0.35	$ 2,67,34,012	0.05	$ 21,45,68,724	0.801	-0.987
35	Slowenien	$ 23,26,49,235	0.34	$ 13,75,39,909	0.24	$ 9,51,09,326	0.257	0.009
36	Norwegen	$ 21,64,61,060	0.31	$ 70,20,52,336	1.23	$ -48,55,91,276	-0.529	-0.524
37	Chile	$ 19,94,63,155	0.29	$ 39,70,58,551	0.69	$ -19,75,95,396	-0.331	-0.384
38	Australien	$ 19,74,21,552	0.29	$ 1,47,96,24,244	2.59	$ -1,28,22,02,692	-0.765	-0.597
39	Irland	$ 19,40,26,617	0.28	$ 41,46,01,002	0.72	$ -22,05,74,385	-0.362	-0.549
40	Rumänien	$ 18,78,73,205	0.27	$ 35,48,17,024	0.62	$ -16,69,43,819	-0.308	-0.708
	TOP 40	**$ 66,70,11,20,726**	**96.64**	**$ 49,27,83,17,486**	**86.12**	**$ 17,42,28,03,240**	**0.150**	**0.180**
	Rest der Welt	$ 2,31,78,95,124	3.36	$ 7,94,14,58,515	13.88	$ -5,62,35,63,391	-0.548	-0.546
	Welt	**$ 69,01,90,15,850**	**100.00**	**$ 57,21,97,76,001**	**100.00**	**$ 11,79,92,39,849**	**0.093**	**0.124**

Quelle: Eigene Darstellung basierend auf einer eigenen Datenanalyse aus der United Nations Comtrade Databank 2018.

mit negativer Export Performance anschauen, weil diese Länder potenzielle Zielmärkte sind. Weitere Erkenntnisse für deutsche Unternehmen liefert Tab. 6.3. Demnach sind die TOP 3 der potenziellen Zielmärkte für deutsche Unternehmen, die in der Abfall- und Kreislaufwirtschaft tätig sind, Indonesien mit einer prognostizierten Export GAP von ca. 49 Mio. USD, USA mit einer Export GAP von 47 Mio. USD und Polen mit einer Export GAP von 46 Mio. USD. Weitere Zielmärkte können der Tab. 6.3 entnommen werden.

Tab. 6.3 Export Gap Analyse in der Abfall- und Kreislaufwirtschaft

Reporter: Deutschland	**2017**	**GAP**	**2021**
Indonesien	$ 28.450.368,00	**$ 49.735.280,07**	$ 78.185.648,07
USA	$ 640.411.363,00	**$ 47.836.280,24**	$ 688.247.643,24
Polen	$ 456.713.773,00	**$ 46.888.518,15**	$ 503.602.291,15
Großbritannien	$ 546.897.384,00	**$ 46.414.882,13**	$ 593.312.266,13
China	$ 653.505.278,00	**$ 36.872.292,38**	$ 690.377.570,38
Peru	$ 22.269.982,00	**$ 32.204.518,86**	$ 54.474.500,86
Malaysia	$ 36.856.193,00	**$ 21.081.741,90**	$ 57.937.934,90
Israel	$ 59.853.464,00	**$ 20.706.227,13**	$ 80.559.691,13
Ungarn	$ 144.962.401,00	**$ 19.996.375,81**	$ 164.958.776,81
Schweden	$ 166.024.713,00	**$ 17.432.028,09**	$ 183.456.741,09
Irak	$ 5.859.042,00	**$ 15.250.156,02**	$ 21.109.198,02
Belgien	$ 334.045.674,00	**$ 15.061.723,21**	$ 349.107.397,21
China, Hong Kong SAR	$ 10.729.025,00	**$ 14.745.951,51**	$ 25.474.976,51
Algerien	$ 42.958.974,00	**$ 12.619.146,80**	$ 55.578.120,80
Luxemburg	$ 43.591.563,00	**$ 11.947.735,34**	$ 55.539.298,34
Türkei	$ 166.023.642,00	**$ 11.666.339,84**	$ 177.689.981,84
Thailand	$ 63.069.791,00	**$ 10.957.290,30**	$ 74.027.081,30
Österreich	$ 387.891.368,00	**$ 9.918.315,01**	$ 397.809.683,01
Kolumbien	$ 18.683.626,00	**$ 9.729.859,97**	$ 28.413.485,97
Tschechische Republik	$ 233.335.015,00	**$ 8.386.978,98**	$ 241.721.993,98
Saudi Arabien	$ 42.832.421,00	**$ 8.344.747,80**	$ 51.177.168,80
Kanada	$ 80.533.859,00	**$ 6.840.273,50**	$ 87.374.132,50
Dänemark	$ 161.991.249,00	**$ 6.734.847,55**	$ 168.726.096,55
El Salvador	$ 2.585.319,00	**$ 4.943.517,33**	$ 7.528.836,33
Japan	$ 100.716.953,00	**$ 4.639.532,50**	$ 105.356.485,50
Irland	$ 56.617.496,00	**$ 4.271.465,61**	$ 60.888.961,61
Äthiopien	$ 3.892.596,00	**$ 3.696.700,01**	$ −195.895,99
Singapur	$ 17.284.842,00	**$ 3.616.888,62**	$ −13.667.953,38
Lettland	$ 16.786.468,00	**$ 3.605.479,76**	$ 20.391.947,76
Mexiko	$ 122.779.950,00	**$ 3.470.039,24**	$ 126.249.989,24
TOP 30 (2021)	**$ 4.668.153.792,00**	**$ 509.615.133,66**	**$ 5.135.414.049,66**
Rest der Welt	$ 4.721.668.401,00	$ −890.311.503,06	$ 3.873.711.773,94
Welt	**$ 9.389.822.193,00**	**$ −380.696.369,40**	**$ 9.009.125.823,60**

Quelle: Eigene Darstellung basierend auf einer eigenen Datenanalyse aus der United Nations Comtrade Databank 2018.

Insgesamt zeigt die Export-Gap Analyse zum Segment Abfall- und Kreislaufwirtschaft eine Export GAP der TOP 30 Zielmärkte von ca. 509 Mio. USD. Die akkumulierte Prognose für den Rest der Welt fällt negativ aus, d. h. nicht, dass alle Länder eine negative Export-Gap haben, sondern dass die akkumulierte Menge negativ ausfällt. Die Exporte sind für die Abfall- und Kreislaufwirtschaft insgesamt leicht rückläufig und pendeln sich bei ca. 9 Mrd. USD ein.

Das Segment (Ab-) Wasserwirtschaft

Die strategische Analyse der Handelsdaten im Segment der (Ab-) Wasserwirtschaft zeigt, dass z. B. Italien, Jamaika, China und Deutschland für das Jahr 2017 eine positive Export Performance aufweisen (siehe Tab. 6.4). Länder mit einer relativ hohen negativen Export Performance sind z. B. Russland, Norwegen und Südafrika. Da diese tendenzielle Zielmärkte darstellen, müssen im Anschluss an eine Zielmarktanalyse weitere Informationen zu den Zielmärkten eingeholt werden (siehe nachfolgender Abschnitt zur Sammlung von Markteintrittspunkten im Zielmarkt).

Tab. 6.4 Export-Performance der Top 40 Exportländer 2017 im Segment (Ab-) Wasserwirtschaft

Rank	Reporter	Exporte 2017 (Mio. US$)	Exp. Anteil (%)	Importe 2017 (Mio. US$)	Imp. Anteil (%)	Ex.-Imp. 2017 (Mio. US$)	Performance 2017	Performance 2008
1	China	$ 29,39,64,90,832	14.79	$ 14,79,24,22,946	7.56	$ 14,60,40,67,886	0.330	0.089
2	Deutschland	$ 28,16,92,31,381	14.17	$ 14,74,54,01,656	7.54	$ 13,42,38,29,725	0.313	0.359
3	USA	$ 21,37,98,44,733	10.76	$ 24,82,06,06,774	12.69	$ -3,44,07,62,041	-0.074	-0.105
4	Italien	$ 14,17,24,05,185	7.13	$ 5,25,80,57,000	2.69	$ 8,91,43,48,185	0.459	0.436
5	Japan	$ 7,61,45,42,530	3.83	$ 5,59,49,83,813	2.86	$ 2,01,95,58,717	0.153	0.324
6	Frankreich	$ 6,66,20,30,057	3.35	$ 8,64,12,38,227	4.42	$ -1,97,92,08,170	-0.129	-0.036
7	Niederlande	$ 6,52,12,82,921	3.28	$ 5,55,78,16,217	2.84	$ 96,34,66,704	0.080	0.041
8	Australien	$ 6,23,81,48,064	3.14	$ 3,63,09,05,662	1.86	$ 2,60,72,42,402	0.264	0.270
9	Südkorea	$ 5,13,70,52,009	2.58	$ 4,80,67,68,459	2.46	$ 33,02,83,550	0.033	-0.085
10	Großbritannien	$ 4,61,06,08,358	2.32	$ 5,54,48,94,677	2.83	$ -93,42,86,319	-0.092	-0.034
11	Belgien	$ 4,26,23,04,326	2.14	$ 4,17,92,43,934	2.14	$ 8,30,60,392	0.010	-0.036
12	Spanien	$ 4,06,38,56,506	2.04	$ 3,98,90,21,029	2.04	$ 7,48,35,477	0.009	0.024
13	Kanada	$ 4,01,49,80,478	2.02	$ 7,64,32,61,537	3.91	$ -3,62,82,81,059	-0.311	-0.253
14	Mexiko	$ 3,95,15,97,482	1.99	$ 8,65,58,62,064	4.43	$ -4,70,42,64,582	-0.373	-0.452
15	Tschechische Republik	$ 3,86,87,35,092	1.95	$ 3,66,33,09,061	1.87	$ 20,54,26,031	0.027	0.020
16	Polen	$ 3,71,89,98,722	1.87	$ 3,81,82,66,626	1.95	$ -9,92,67,904	-0.013	-0.202
17	Brasilien	$ 3,52,81,63,383	1.77	$ 2,46,85,99,486	1.26	$ 1,05,95,63,897	0.177	0.035
18	Indien	$ 3,32,27,43,916	1.67	$ 4,22,61,69,371	2.16	$ -90,34,25,455	-0.120	0.029
19	Schweiz	$ 3,06,52,45,973	1.54	$ 2,93,03,18,139	1.50	$ 13,49,27,834	0.023	0.099
20	Türkei	$ 2,60,01,05,880	1.31	$ 2,71,71,95,661	1.39	$ -11,70,89,781	-0.022	0.017
21	Schweden	$ 2,16,81,87,562	1.09	$ 2,43,65,34,963	1.25	$ -26,83,47,401	-0.058	0.089
22	China, Hong Kong SAR	$ 2,09,90,75,799	1.06	$ 2,11,64,42,006	1.08	$ -1,73,66,207	-0.004	0.003
23	Ungarn	$ 2,06,67,65,652	1.04	$ 1,90,95,79,967	0.98	$ 15,71,85,685	0.040	-0.079
24	Dänemark	$ 1,97,47,20,603	0.99	$ 1,67,19,57,763	0.85	$ 30,27,62,840	0.083	0.151
25	Russland	$ 1,93,05,52,334	0.97	$ 6,82,60,03,475	3.49	$ -4,89,54,51,141	-0.559	-0.578
26	Singapur	$ 1,75,83,76,020	0.88	$ 2,37,59,83,787	1.21	$ -61,76,07,767	-0.149	-0.147
27	Malaysia	$ 1,73,29,20,036	0.87	$ 3,05,77,23,507	1.56	$ -1,32,48,03,471	-0.277	-0.156
28	Irland	$ 1,33,26,41,933	0.67	$ 93,00,81,701	0.48	$ 40,25,60,232	0.178	0.089
29	Israel	$ 1,31,18,39,000	0.66	$ 74,28,73,000	0.38	$ 56,89,66,000	0.277	0.076
30	Rumänien	$ 1,25,54,46,945	0.63	$ 2,07,66,34,485	1.06	$ -82,11,87,540	-0.246	-0.403
31	Ukraine	$ 1,05,65,83,539	0.53	$ 80,29,74,391	0.41	$ 25,36,09,148	0.136	0.377
32	Slowakei	$ 1,02,18,30,495	0.51	$ 1,53,14,06,534	0.78	$ -50,95,76,039	-0.200	-0.191
33	Portugal	$ 97,18,17,360	0.49	$ 1,04,03,34,354	0.53	$ -6,85,16,994	-0.034	-0.190
34	Oman	$ 89,54,15,629	0.45	$ 68,89,88,564	0.35	$ 20,64,27,065	0.130	-0.394
35	Indonesien	$ 86,24,82,379	0.43	$ 2,27,83,66,817	1.16	$ -1,41,58,84,438	-0.451	n/a
36	Finnland	$ 77,04,46,942	0.39	$ 1,21,73,42,500	0.62	$ -44,68,95,558	-0.225	-0.117
37	Norwegen	$ 65,88,37,545	0.33	$ 2,09,30,99,307	1.07	$ -1,43,42,61,762	-0.521	-0.327
38	Südafrika	$ 56,48,10,289	0.28	$ 1,40,11,49,425	0.72	$ -83,63,39,136	-0.425	-0.538
39	Ägypten	$ 53,90,55,527	0.27	$ 1,17,20,41,478	0.60	$ -63,29,85,951	-0.370	-0.586
40	Jamaika	$ 52,04,31,163	0.26	$ 18,16,23,174	0.09	$ 33,88,07,989	0.483	0.685
	TOP 40	**$ 1,91,79,06,04,580**	**96.49**	**$ 1,74,23,54,83,537**	**89.08**	**$ 17,55,51,21,043**	**0.048**	**0.042**
	Rest der Welt	$ 6,98,28,13,760	3.51	$ 21,35,47,83,695	10.92	$ -14,37,19,69,935	-0.507	-0.491
	Welt	**$ 1,98,77,34,18,340**	**100.00**	**$ 1,95,59,02,67,232**	**100.00**	**$ 3,18,31,51,108**	**0.008**	**0.005**

Quelle: Eigene Darstellung basierend auf einer eigenen Datenanalyse aus der United Nations Comtrade Databank 2018.

Tab. 6.5 zeigt die Ergebnisse der Export GAP-Analyse im Segment (Ab-) Wasserwirtschaft. Die mit Abstand größte Export-Gap von ca. 1 Mrd. USD weist Kenia auf. Anschließend folgen die Länder USA und Rumänien mit deutlich kleineren Export-Gaps von ca. 288 Mio. USD und ca. 125 Mio. USD. Weitere potenzielle Zielmärkte können Tab. 6.5 entnommen werden.

Insgesamt existiert eine deutlich größere Export-Gap im Segment (Ab-) Wasserwirtschaft als im vorherigen Segment Abfall- und Kreislaufwirtschaft. Mit einer Export-Gap von ca. 2 Mrd. USD besteht viel Exportpotenzial für Unternehmen, die in Deutschland ansässig sind. Aber auch hier fällt die Prognose für das gesamte Segment negativ aus. Insgesamt wird eine Schrumpfung des Exportvolumens auf ca. 26 Mrd. USD prognostiziert.

Tab. 6.5 Ergebnisse der Export Gap Analyse im Segment (Ab-) Wasserwirtschaft

Reporter: Deutschland	**2017**	**GAP**	**2021**
Kenia	$ 9.246.697,00	**$ 1.095.059.750,30**	$ 1.104.306.447,30
USA	$ 2.144.484.442,00	**$ 288.714.832,96**	$ 2.433.199.274,96
Rumänien	$ 488.839.314,00	**$ 125.467.073,15**	$ 614.306.387,15
Polen	$ 1.502.917.218,00	**$ 81.588.392,95**	$ 1.584.505.610,95
Tschechische Republik	$ 1.310.707.181,00	**$ 80.086.707,89**	$ 1.390.793.888,89
Saudi Arabien	$ 155.450.263,00	**$ 77.299.092,91**	$ 232.749.355,91
Ungarn	$ 653.253.901,00	**$ 73.440.764,25**	$ 726.694.665,25
Irak	$ 17.637.683,00	**$ 48.656.865,78**	$ 66.294.548,78
Türkei	$ 482.223.662,00	**$ 44.681.366,13**	$ 526.905.028,13
Südkorea	$ 388.779.448,00	**$ 35.222.215,59**	$ 424.001.663,59
Mexiko	$ 300.206.344,00	**$ 31.535.744,57**	$ 331.742.088,57
Indonesien	$ 98.773.388,00	**$ 29.907.324,69**	$ 128.680,712,69
Thailand	$ 140.858.906,00	**$ 21.359.197,06**	$ 162.218.103,06
Aserbaidschan	$ 8.758.325,00	**$ 20.384.068,78**	$ 29.142.393,78
China, Hong Kong SAR	$ 138.305.946,00	**$ 14.088.045,54**	$ 152.393.991,54
Kanada	$ 157.799.896,00	**$ 13.936.819,53**	$ 171.736.715,53
Bulgarien	$ 94.275.649,00	**$ 13.871.235,01**	$ 108.146.884,01
Vietnam	$ 76.818.571,00	**$ 11.879.244,33**	$ 88.697.815,33
Argentinien	$ 67.966.881,00	**$ 11.527.244,76**	$ 79.494.125,76
Katar	$ 36.545.894,00	**$ 11.101.416,40**	$ −25.444.477,60
Turkmenistan	$ 3.382.173,00	**$ 8.306.183,24**	$ 11.688.356,24
Luxemburg	$ 108.678.085,00	**$ 7.226.127,47**	$ 115.904.212,47
Chile	$ 59.902.220,00	**$ 6.806.590,75**	$ 66.708.810,75
Estland	$ 44.703.126,00	**$ 6.726.779,98**	$ 51.429.905,98
Litauen	$ 74.036.591,00	**$ 5.350.590,64**	$ 79.387.181,64
Pakistan	$ 22.369.110,00	**$ 5.164.839,73**	$ 27.533.949,73
Japan	$ 298.734.003,00	**$ 5.047.364,70**	$ 303.781.367,70
Slowakei	$ 336.589.796,00	**$ 4.145.697,65**	$ 340.735.493,65
Kambodscha	$ 820.992,00	**$ 4.080.135,64**	$ 4.901.127,64
Bolivien	$ 3.379.457,00	**$ 3.942.148,93**	$ 7.321.605,93
TOP 30 (2021)	**$ 9.226.445.162,00**	**$ 2.186.603.861,32**	**$ 11.339.957.235,32**
Rest der Welt	$ 18.942.786.219,00	$ −3.666.384.708,32	$ 15.349.493.298,68
Welt	**$ 28.169.231.381,00**	**$ −1.479.780.847,00**	**$ 26.689.450.534,00**

Quelle: Eigene Darstellung basierend auf einer eigenen Datenanalyse aus der United Nations Comtrade Databank 2018.

Das Segment Luftreinhaltung

Im Jahr 2017 waren die drei größten Exportländer im Segment der Luftreinhaltung Deutschland, USA und China (siehe Tab. 6.6). Die USA exportierten Umweltschutzgüter, wie z. B. Filter im Wert von ca. 15 Mrd. USD. China exportierte ca. 14 Mrd. USD. Länder mit einer hohen positiven Export Performance 2017 waren Mazedonien, Italien, Südafrika und China. Eine hohe negative Export Performance 2017 hatten dagegen Länder wie Russland, Australien und Kanada.

Tab. 6.6 Export-Performance der Top 40 Exportländer 2017 im Segment Luftreinhaltung

Rank	Reporter	Exporte 2017 (Mio. US$)	Exp. Anteil (%)	Importe 2017 (Mio. US$)	Imp. Antei (%)	Ex.-Imp. 2017 (Mio. US$)	Performance 2017	Performance 2008
1	Germany	$ 15,79,34,90,440	16.51	$ 9,36,28,41,616	10.14	$ 6,43,06,48,824	0.256	0.257
2	USA	$ 15,07,23,05,919	15.76	$ 13,79,36,96,508	14.94	$ 1,27,86,09,411	0.044	-0.050
3	China	$ 14,26,79,44,605	14.92	$ 6,60,37,94,173	7.15	$ 7,66,41,50,432	0.367	0.276
4	Italy	$ 6,71,13,84,579	7.02	$ 2,28,33,44,734	2.47	$ 4,42,80,39,845	0.492	0.555
5	Japan	$ 4,80,50,25,306	5.02	$ 2,81,19,41,455	3.04	$ 1,99,30,83,851	0.262	0.221
6	United Kingdom	$ 3,56,40,91,169	3.73	$ 3,10,03,14,087	3.36	$ 46,37,77,082	0.070	0.019
7	Mexico	$ 3,44,00,17,104	3.60	$ 4,15,09,62,006	4.49	$ -71,09,44,902	-0.094	-0.017
8	France	$ 3,14,83,41,696	3.29	$ 3,21,79,28,811	3.48	$ -6,95,87,115	-0.011	-0.045
9	Poland	$ 2,37,43,68,542	2.48	$ 2,03,51,54,537	2.20	$ 33,92,14,005	0.077	0.066
10	Rep. of Korea	$ 2,18,53,15,017	2.28	$ 3,49,29,85,880	3.78	$ -1,30,76,70,863	-0.230	-0.217
11	Netherlands	$ 2,12,89,80,122	2.23	$ 1,80,25,58,371	1.95	$ 32,64,21,751	0.083	0.154
12	Belgium	$ 1,96,45,52,922	2.05	$ 1,83,04,63,203	1.98	$ 13,40,89,719	0.035	0.042
13	Czechia	$ 1,94,34,84,461	2.03	$ 1,37,48,84,390	1.49	$ 56,86,00,071	0.171	-0.015
14	South Africa	$ 1,87,10,72,853	1.96	$ 70,72,47,780	0.77	$ 1,16,38,25,073	0.451	0.635
15	TFYR of Macedonia	$ 1,76,28,20,428	1.84	$ 35,37,03,626	0.38	$ 1,40,91,16,802	0.666	n/a
16	Spain	$ 1,42,21,07,208	1.49	$ 2,23,57,69,588	2.42	$ -81,36,62,380	-0.222	-0.298
17	Canada	$ 1,25,39,34,352	1.31	$ 3,70,60,78,188	4.01	$ -2,45,21,43,836	-0.494	-0.283
18	India	$ 1,22,91,98,181	1.29	$ 1,64,46,75,906	1.78	$ -41,54,77,725	-0.145	-0.231
19	Denmark	$ 1,17,69,77,923	1.23	$ 54,57,85,172	0.59	$ 63,11,92,751	0.366	0.151
20	Switzerland	$ 89,43,17,762	0.94	$ 92,52,11,745	1.00	$ -3,08,93,983	-0.017	-0.101
21	Sweden	$ 87,67,05,502	0.92	$ 76,38,30,856	0.83	$ 11,28,74,646	0.069	-0.018
22	Brazil	$ 83,80,23,654	0.88	$ 93,09,37,953	1.01	$ -9,29,14,299	-0.053	-0.250
23	Singapore	$ 70,99,93,143	0.74	$ 1,27,27,19,608	1.38	$ -56,27,26,465	-0.284	-0.140
24	Hungary	$ 65,46,98,731	0.68	$ 61,13,50,521	0.66	$ 4,33,48,210	0.034	0.042
25	Malaysia	$ 58,27,29,386	0.61	$ 97,43,08,503	1.05	$ -39,15,79,117	-0.251	-0.406
26	Turkey	$ 47,47,89,666	0.50	$ 1,66,22,88,156	1.80	$ -1,18,74,98,490	-0.556	-0.524
27	Finland	$ 41,32,82,956	0.43	$ 42,56,39,872	0.46	$ -1,23,56,916	-0.015	0.179
28	Russian Federation	$ 38,43,53,587	0.40	$ 6,78,80,25,179	7.35	$ -6,40,36,71,592	-0.893	-0.691
29	Philippines	$ 31,96,65,570	0.33	$ 26,73,23,968	0.29	$ 5,23,41,602	0.089	-0.407
30	Portugal	$ 31,39,50,451	0.33	$ 66,63,76,192	0.72	$ -35,24,25,741	-0.359	0.116
31	China, Hong Kong SAR	$ 27,11,94,888	0.28	$ 33,46,37,617	0.36	$ -6,34,42,729	-0.105	-0.127
32	Indonesia	$ 24,59,72,064	0.26	$ 85,03,19,010	0.92	$ -60,43,46,946	-0.551	n/a
33	Romania	$ 22,80,10,201	0.24	$ 46,12,55,288	0.50	$ -23,32,45,087	-0.338	-0.538
34	Luxembourg	$ 20,45,31,407	0.21	$ 12,35,65,531	0.13	$ 8,09,65,876	0.247	0.257
35	Lithuania	$ 18,39,20,820	0.19	$ 14,22,28,567	0.15	$ 4,16,92,253	0.128	0.073
36	Australia	$ 17,92,96,811	0.19	$ 1,29,28,28,987	1.40	$ -1,11,35,32,176	-0.756	-0.762
37	Slovakia	$ 16,96,46,277	0.18	$ 56,90,49,908	0.62	$ -39,94,03,631	-0.541	-0.615
38	Bulgaria	$ 16,39,60,996	0.17	$ 11,74,17,099	0.13	$ 4,65,43,897	0.165	0.150
39	Israel	$ 15,35,33,000	0.16	$ 42,49,69,000	0.46	$ -27,14,36,000	-0.469	-0.244
40	Slovenia	$ 14,19,16,975	0.15	$ 10,60,28,909	0.11	$ 3,58,88,066	0.145	0.189
	TOP 40	**$ 94,51,99,06,674**	**98.82**	**$ 84,76,44,42,500**	**91.78**	**$ 9,75,54,64,174**	0.054	0.078
	Rest der Welt	$ 1,12,69,17,770	1.18	$ 7,58,81,73,949	8.22	$ -6,46,12,56,179	-0.741	-0.652
	Welt	**$ 95,64,68,24,444**	**100.00**	**$ 92,35,26,16,449**	**100.00**	**$ 3,29,42,07,995**	0.018	0.038

Quelle: Eigene Darstellung basierend auf einer eigenen Datenanalyse aus der United Nations Comtrade Databank 2018.

In Tab. 6.7 werden die Länder aufgelistet, die nach einer Prognose für deutsche Unternehmen die größte Export-Gap in der Luftreinhaltung bis zum Jahr 2021 aufweisen. Auf Platz 1 landet die tschechische Republik mit einer GAP von ca. 904 Mio. USD. Auf Platz 2 und 3 folgen Polen und die USA mit einer prognostizierten Export-Gap von ca. jeweils 300 Mio. USD. Insgesamt wird eine Export-Gap von ca. 3,8 Mrd. U.S. Dollar vorhergesagt. Im Vergleich zu den anderen beiden Segmenten ist die Prognose für das weltweite Wachstum in diesem Segment positiv.

Tab. 6.7 Ergebnisse der Export Gap Analyse im Segment Luftreinhaltung

Reporter: Deutschland	**2017**	**Export GAP**	**2021**
Tschechische Republik	$ 1.358.570.359,00	**$ 904.496.339,20**	$ 2.263.066.698,20
Polen	$ 1.209.899.792,00	**$ 375.669.914,77**	$ 1.585.569.706,77
USA	$ 1.145.916.103,00	**$ 304.188.875,86**	$ 1.450.104.978,86
China	$ 1.162.100.219,00	**$ 246.585.545,01**	$ 1.408.685.764,01
Portugal	$ 468.964.549,00	**$ 226.941.060,78**	$ 695.905.609,78
Ungarn	$ 350.289.155,00	**$ 219.391.833,16**	$ 569.680.988,16
Großbritannien	$ 829.695.062,00	**$ 164.512.017,58**	$ 994.207.079,58
Mazedonien	$ 197.934.490,00	**$ 135.161.769,61**	$ 333.096.259,61
Indien	$ 200.888.328,00	**$ 113.362.065,21**	$ 314.250.393,21
Südkorea	$ 321.215.569,00	**$ 108.717.019,02**	$ 429.932.588,02
Schweden	$ 364.693.406,00	**$ 106.814.836,07**	$ 471.508.242,07
Türkei	$ 295.031.232,00	**$ 97.360.012,64**	$ 392.391.244,64
Italien	$ 689.711.708,00	**$ 83.093.644,82**	$ 772.805.352,82
Spanien	$ 509.752.516,00	**$ 82.891.556,65**	$ 592.644.072,65
Saudi Arabien	$ 187.417.056,00	**$ 57.552.384,68**	$ 244.969.440,68
Niederlande	$ 612.814.108,00	**$ 36.673.937,79**	$ 649.488.045,79
Österreich	$ 574.061.471,00	**$ 34.339.401,79**	$ 608.400.872,79
Frankreich	$ 954.056.780,00	**$ 32.560.551,65**	$ 98,6.617.331,65
Slowakei	$ 76.126.874,00	**$ 30.991.563,22**	$ 107.118.437,22
Indonesien	$ 51.417.422,00	**$ 29.507.990,90**	$ 80.925.412,90
Weiteres Asien, nes	$ 137.492.113,00	**$ 25.860.970,91**	$ 163.353.083,91
Irland	$ 35.834.677,00	**$ 18.951.120,33**	$ 54.785.797,33
Argentinien	$ 51.136.029,00	**$ 16.386.639,79**	$ 67.522.668,79
Mexiko	$ 163.449.649,00	**$ 16.146.627,18**	$ 179.596.276,18
Thailand	$ 82.211.044,00	**$ 14.295.162,24**	$ 96.506.206,24
Algerien	$ 23.503.259,00	**$ 13.965.032,45**	$ 37.468.291,45
Schweiz	$ 478.888.561,00	**$ 13.013.053,36**	$ 491.901.614,36
Oman	$ 48.588.654,00	**$ 12.394.381,28**	$ 60.983.035,28

(Fortsetzung)

Tab. 6.7 (Fortsetzung)

Reporter: Deutschland	2017	Export GAP	2021
Rumänien	$ 94.518.331,00	**$ 11.800.632,87**	$ 106.318.963,87
Australien	$ 61.817.794,00	**$ 11.182.470,53**	$ 73.000.264,53
TOP 30 (2021)	**$ 12.737.996.310,00**	**$ 3.544.808.411,36**	**$ 16.282.804.721,36**
Übrige Welt	$ 3.055.494.130,00	$ 277.915.785,34	$ 3.333.409.915,34
Welt	**$ 15.793.490.440,00**	**$ 3.822.724.196,70**	**$ 19.616.214.636,70**

Quelle: Eigene Darstellung basierend auf einer eigenen Datenanalyse aus der United Nations Comtrade Databank 2018.

Bevor im nachstehenden Kapitel die Markteintrittspunkte für drei ausgewählte Zielmärkte erläutert werden, muss beachtet werden, dass dies Prognosen sind, die auf Werten in der Vergangenheit beruhen. Durch politische oder ökonomische Ereignisse, wie z. B. Sanktionen oder eine weltweite Finanzkrise kann jede Prognose zunichtegemacht werden. Deshalb gilt es, wie im nächsten Kapitel beschrieben wird, möglichst viele Informationen zu sammeln.

Zur Sammlung von Markteintrittspunkten im Zielmarkt
Wie aus den Handelsdaten ersichtlich wurde, existieren für die Zielmärkte China, USA und Mexiko in allen Segmenten Export-Gaps. Zudem wurde im Zuge eines gemeinsamen Drittmittelprojektes für das Land Baden-Württemberg die Marktvolumina durch die Prognos AG für die TOP 5 Zielmärkte in der gesamten Umwelttechnikindustrie berechnet (siehe Tab. 6.8).

Tab. 6.8 Top 5 Zielmärkte in der Umwelttechnikindustrie anhand der geschätzten Marktvolumina

Zielmarkt	geschätztes Marktvolumen 2015 in Mrd. €
China	365
USA	177
Südkorea	36
Mexiko	11
Indien	23

Quelle: Umwelttechnik Baden-Württemberg 2018.

Aufgrund der eigenen Ergebnisse, der Möglichkeit von Forschungsaufenthalten in den Ländern und der Ergebnisse der Prognos AG wurden die drei Zielmärkte China, Mexiko und die USA für die Analyse der Markteintrittspunkte beschlossen, die im Nachfolgenden beschrieben werden.

China
Umweltgesetze gehören in der Umwelttechnikindustrie zu den wichtigsten Markteintrittspunkten die Unternehmen nach einer Welt- und Zielmarktanalyse analysieren sollten. Dazu müssen zunächst einmal die zuständigen Ministerien und Institutionen in den jeweiligen Zielmärkten ausfindig gemacht werden. In China gibt es seit dem Jahr 2008 ein Umweltministerium, das sogenannte Ministry of Ecology and Environment. Davor wurden Umweltschutzthemen seit 1974 von einem Team unter dem Staatsrat verwaltet (siehe auch Abb. 6.6). Es bietet sich an, die Umweltgesetze in einem Zeitstrahl darzustellen und ggfs. zukünftige Umweltgesetze, insofern sie bereits angekündigt wurden, mit aufzunehmen. Große GUs analysieren in regelmäßigen Abständen die Gesetzeslage in den für sie relevanten Segmenten[27].

Vergleicht man die Gründung der Umweltministerien mit den anderen Ländern, erfolgt die Gründung des Umweltministeriums in China relativ spät. In Deutschland wurde 1986 ein Ministerium gegründet, in Mexiko 1982 und in den USA bereits 1970.[28] Die Gesetzeslage in China hat sich in den vergangenen Jahren verschärft und China wird noch strengere Umweltgesetze erlassen[29]. Dies macht auch die jüngste Aussage von Premier Jiangping Xi auf dem 12. Nationalen Volkskongress deutlich:

> „We should protect the environment like protecting our eyes and treat the environment the way we treat our lives."[30]

Das Zitat unterstreicht die Relevanz der Umwelttechnik für die aktuelle chinesische Regierung und deren 13. Fünf-Jahresplan, der im Zuge des 12. Nationalen Volkskongresses verabschiedet wurde. Im 13. Fünf-Jahresplan wurden ehrgeizige Ziele hinsichtlich des Umweltschutzes gesetzt. Zum Beispiel strebt die chinesische Regierung das strengst mögliche Umweltschutz- und Umweltmanagementsystem an.[31] Weiterhin werden unter anderem detaillierte Ziele für die Umweltsegmente Energieeffizienz und Erneuerbare Energien, Wasserwirtschaft, Landschutz, Abfall- und Kreislaufwirtschaft, MSR-Technik und Luftreinhaltung genannt.[32]

[27] Vgl. z. B. Interview 1 2015 oder Interview 16 2016.

[28] Vgl. Abb. 6-6 bis 6-8, The Organisation for Economic Co-operation and Development 2012 und Bundesministerium für Umwelt, Naturschutz, Bau und Reaktorsicherheit 2018.

[29] Vgl. Interview 33 2017.

[30] National People's Congress of China 2016, S. 10.

[31] Vgl. Compilation and Translation Bureau 2016, S. 127.

[32] Vgl. Compilation and Translation Bureau 2016, S. 127.

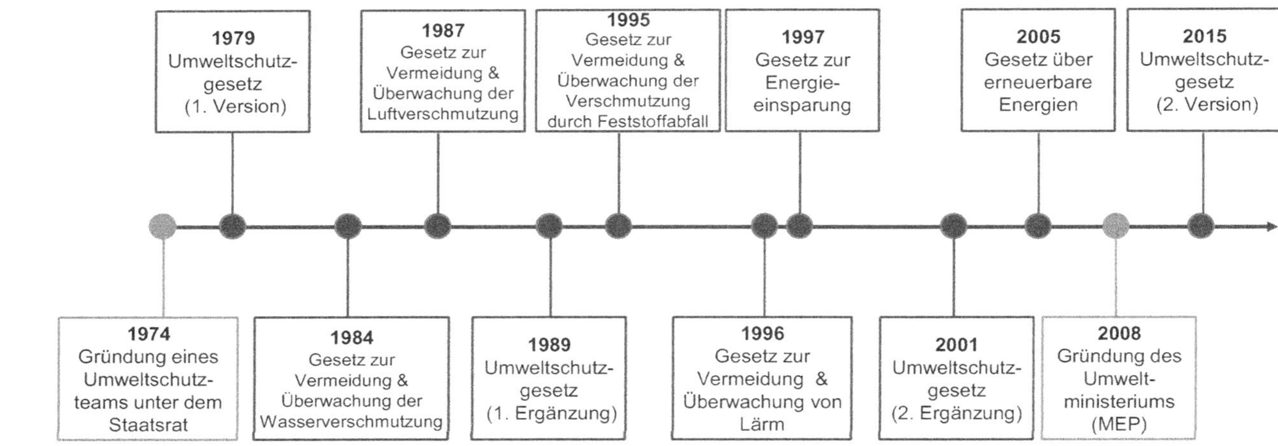

Abb. 6.6 Übersicht über wichtige Umweltgesetze und Umweltinstitutionen in China. (Quellen: Eigene Darstellung basierend auf The Organisation for Economic Co-operation and Development 2007 und Ministry of Ecology and Environment 2018a und 2018b)

Es kann einige Zeit in Anspruch nehmen, um die zentralen Ministerien und Institutionen in einem Ländermarkt ausfindig zu machen. Weiterhin können Unternehmen sich an Außenhandelskammern wenden, um weitere Informationen zu einem Markteintritt zu gewinnen. In China hat Deutschland Außenhandelskammern an den folgenden Standorten: Peking, Shanghai, Taipei, Guangzhou und Hongkong. Hinzukommend gibt es noch weitere sieben kleinere Büros in Chengdu, Shenyang, Qingdao, Tianjin, Taicang, Hangzhou und Shenzen.[33] Darüber hinaus sollten Unternehmen bei Wirtschaftsförderungsgesellschaften, wie z. B. Baden-Württemberg-International, nachfragen, ob Delegationsreisen in die Zielmärkte anstehen. Vielen KMUs hilft es, wenn sie mit dem jeweiligen Landesministern einreisen können, um erste Kontakte zu knüpfen. In China, wo der Staat eng mit Unternehmen verknüpft ist, sollte diese Möglichkeit noch mehr überprüft werden als in anderen Ländern. Zu guter Letzt sollten Unternehmen sich auch mit den wichtigsten Messen für ihre Industrie bzw. ihr Segment vertraut machen. In Tab. 6.9 werden einige Messen beispielhaft dargestellt.

Tab. 6.9 Beispielhafte Darstellung einiger Umweltmessen in China

Name der Messe	Hauptfokus	Veranstaltungsort	Rhythmus
CEEC – Clean Energy Expo China	Energiewirtschaft	Peking	Jährlich im März
IE Expo China	alle Segmente der Umwelttechnikindustrie	Shanghai	Jährlich im April
CIEPEC – International Environmental Protection Exhibition and Conference	alle Segmente der Umwelttechnikindustrie	Peking	Jährlich im Juni
…	…	…	…

Quelle: Eigene Darstellung in Anlehnung an Verband der deutschen Messewirtschaft 2018.

Mexiko

In Mexiko wurde 1982 das Secretaria de Medio Ambiente y Recursos Naturales gegründet, welches gleichbedeutend ist mit dem Umweltamt in Deutschland (siehe Abb. 6.7). In den ersten Jahren nach der Gründung des Amtes wurden bis zum Jahrhundertwechsel wenige Umweltschutzgesetze verabschiedet. Erst Mitte der ersten Hälfte des neuen Jahrzehnts wurde mit dem Gesetz zur Förderung & Entwicklung von Bioenergetik eine Reihe von wichtigen Umweltgesetzen verabschiedet, die es Unternehmen aus Ländern deren Umwelttechnikindustrie bereits stark entwickelt ist, möglich macht ihre Produkte in Mexiko zu verkaufen.

[33] Vgl. AHK Greater China 2018.

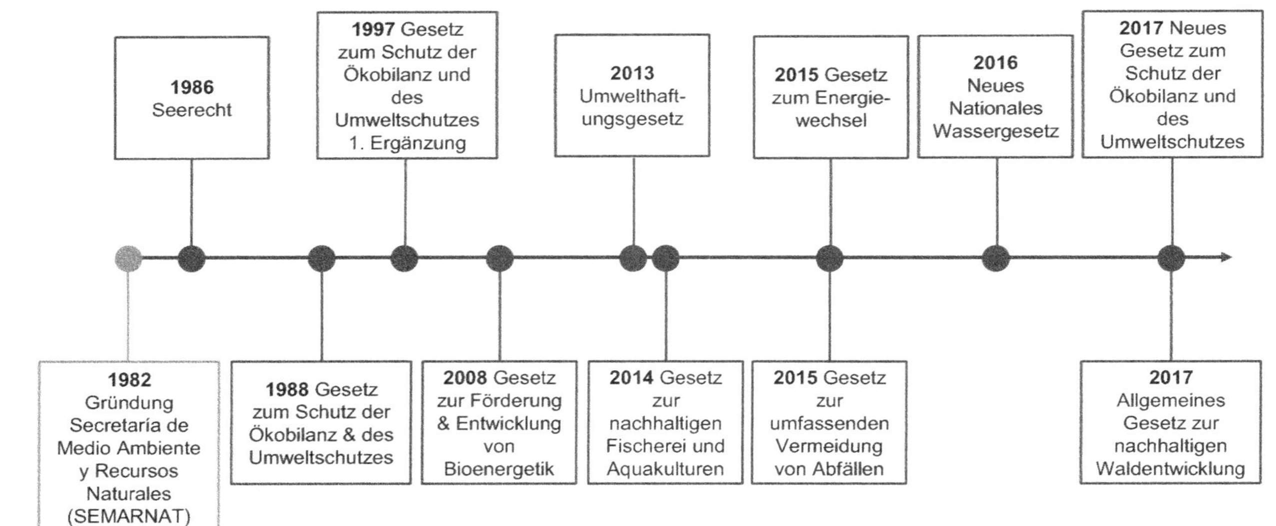

Abb. 6.7 Übersicht über wichtige Umweltgesetze und Umweltinstitutionen in Mexiko. (Quellen: Eigene Darstellung basierend auf The Organisation for Economic Co-operation and Development 2013 und Secretaría de Medio Ambiente y Recursos Naturales 2017)

Erste Kontakte können Unternehmen auf internationalen Fachmessen, wie z. B. der Green Expo, Mexiko WindPower oder Expo ANEAS (siehe Tab. 6.10) knüpfen.

Tab. 6.10 Beispielhafte Darstellung einiger Umweltmessen in Mexiko

Name der Messe	Hauptfokus	Veranstaltungsort	Rhythmus
Mexico WindPower Exhibition & Congress	Windenergie	Mexiko-Stadt	Jährlich im Februar/März
The Green Expo	alle Segmente der Umwelttechnikindustrie	Mexiko-Stadt	Jährlich im September/Oktober
Expo ANEAS	Wasserwirtschaft	Mexiko-Stadt	Jährlich im Oktober/November
...	...	...	...

Quelle: Eigene Darstellung in Anlehnung an Verband der deutschen Messewirtschaft 2018 und Interview 24 2016.

Je nachdem in welchem Segment ein Unternehmen tätig ist, gibt es unterschiedliche Fachmessen. Die Expo ANEAS ist z. B. eine internationale Fachmesse für die Wasserwirtschaft und findet regelmäßig jährlich im Oktober/November in Mexiko-Stadt statt. Unternehmen sollten, nachdem sie einen Zielmarkt festgelegt haben, interessante Messen ihrer eigenen Industrie ausfindig machen. Möglicherweise bietet es sich auch an auf Messen von potenziellen Kundenindustrien, wie z. B. die Expo Antad & Alimentaria in Guadalajara zu gehen.

Weitere erste Markteintrittspunkte können aber auch, wie in den vorigen Ausführungen bereits erwähnt, Werbeanzeigen in Fachzeitschriften sein. Für Wasserwirtschaftsunternehmen bietet sich z. B. die Revista Aqua Y Saneamiento an. Es muss sich dabei nicht immer um eine Werbung im klassischen Sinn handeln. Manche Unternehmen berichten in den Fachzeitschriften von interessanten Projekten und bekommen dadurch z. B. Anfragen von Kommunen, die ähnliche Probleme, z. B. beim Abwasser, zu lösen haben[34]. Eine weitere wichtige Zeitschrift ist das Directorio Ambiental, welche im Zweijahresrhythmus herausgegeben wird. In diesem Directorio Ambiental werden Umwelttechnikunternehmen nach den Segmenten mit Kontaktdaten und Internetadressen aufgelistet. Das

[34]Vgl. Interview 24 2016 oder Interview 16 2016.

Directorio Ambiental ist überaus nützlich, denn in Mexiko gibt es kein Handelsregister und viele mexikanische Unternehmen besitzen keine Webseite[35]. Daher ist das Directorio Ambiental eine nützliche erste Anlaufstelle, um in Kontakt mit potenziellen Handelspartnern oder ersten Kunden zu kommen. Weitere Markteintrittspunkte können durch die Außenhandelskammer in Mexiko-Stadt, dem German Centre for Industry and Trade Mexiko sowie der deutschen Gesellschaft für internationale Zusammenarbeit (im Nachfolgenden bezeichnet als GIZ) erschlossen werden. Die Außenhandelskammer verfügt zudem über eine eigene Unternehmensdatenbank aufgrund der oben beschriebenen Problematik eines nicht existierenden Handelsregisters. Sowohl die Außenhandelskammer als auch die GIZ organisieren je nach genehmigter Zielmarktanalyse[36] Delegationsreisen für deutsche und mexikanische Umwelttechnikunternehmen. Das German Centre for Industry and Trade bietet deutschen Unternehmen hauptsächlich Unterstützung bei der Umsetzung des Markteintrittes an, indem Büros angemietet werden können. Diese Büros bieten sich an, wenn die konkrete Gewinnung von ersten Handelspartnern und Kunden ansteht (siehe z. B. ISA-Modell Baustein 5).

USA

Die USA waren 1970 eine der ersten Nationen, die ein Umweltamt, die sogenannte Environmental Protection Agency, gründeten (siehe Abb. 6–8). 1972 veröffentlichte der Club of Rome seine Studie mit dem Titel „Die Grenzen des Wachstums“[37]. Die Ergebnisse der Studie wurden seither vielfach zitiert und waren vermutlich der Anlass warum in den USA in den 1980er Jahren viele neue Umweltgesetze verabschiedet wurden[38] (Vgl. Abb. 6.8).

[35]Vgl. auch Interview 22 2016.

[36]Vgl. Interview 22 2016.

[37]Vgl. Meadows et al. 1972.

[38]Vgl. z. B. Ekins 1993.

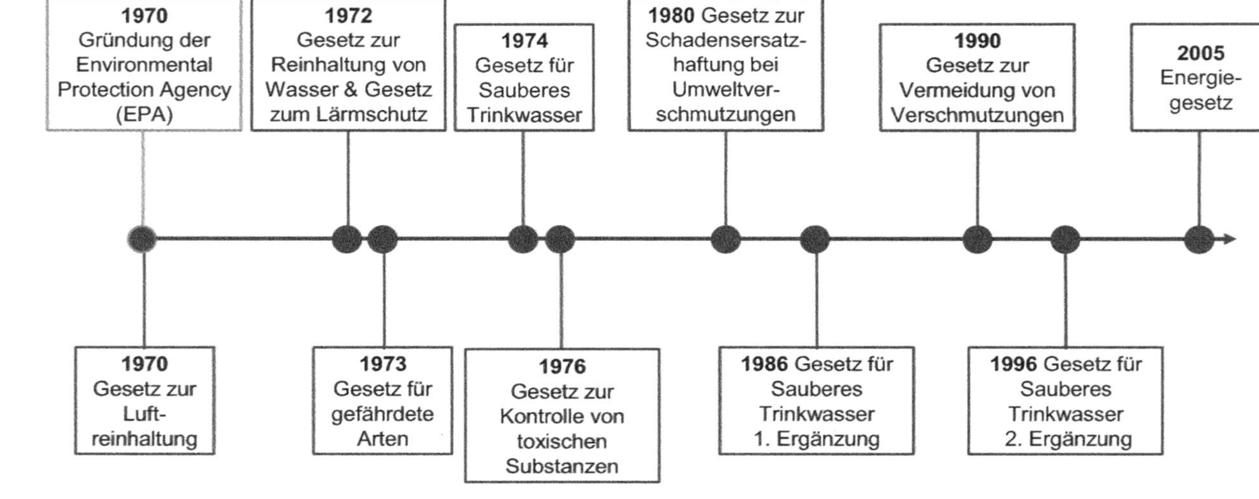

Abb. 6.8 Übersicht über wichtige Umweltgesetze und Umweltinstitutionen in den USA. (Quellen: Eigene Darstellung basierend auf The Organisation for Economic Co-operation and Development 2005 und EPA 2017)

In Tab. 6.11 sind einige beispielhafte Umweltmessen in den USA dargestellt. Umwelttechnikunternehmen sollten auf den für sie relevanten Umweltmessen z. B. der Waste Expo vertreten sein bzw. nach potenziellen Handelspartnern oder Kunden suchen. Dazu bedarf es einer genauen Vorbereitung, indem z. B. eine ähnliche Liste wie in Tab. 6.11 erstellt wird. Unternehmen müssen dann die Ausstellerlisten durchsehen, um herauszufinden welche Unternehmen als potenzielle Handelspartner oder Kunden in Frage kommen, etc.

In den USA gibt es mehrere deutsche Außenhandelskammern. Die Hauptstellen sind in Atlanta, Chicago und New York. Darüber hinaus gibt es sogenannte Zweigstellen in Detroit, Houston[39], Philadelphia und San Francisco.[40] Auf der amerikanischen Seite gibt es den U.S. Commercial Service, der für U.S.-Unternehmen Informationen über Zielmärkte, Markteintrittspotenziale etc. zusammenträgt. Eine weitere Quelle über Märkte ist zudem Germany Trade and Invest.

Tab. 6.11 Beispielhafte Darstellung einiger Umweltmessen in den USA

Name der Messe	Hauptfokus	Veranstaltungsort	Rhythmus
EUEC – Energy and Environment Conference	Energiewirtschaft, Umwelt und Klimaschutz	San Diego	Jährlich im Februar
Waste Expo	Abfallwirtschaft	An wechselnden Orten	Jährlich im Mai
HydroVision International	Wasserwirtschaft	An wechselnden Orten	Jährlich im Juni
…	…	…	…

Quelle: Eigene Darstellung in Anlehnung an Verband der deutschen Messewirtschaft 2018.

[39]Vgl. Interview 17 2016.

[40]Vgl. AHK USA 2018.

Anhang zur Fallstudie

Tab. 6.12 Übersicht der verwendeten HS Codes für die einzelnen Segmente der Umwelttechnikindustrie

Name des Segments	HS 2002/2012 Codes
Abfall- und Kreislaufwirtschaft	481930, 401011, 401012, 401013, 392010, 392321, 392329, 690290, 730900, 850530, 841780, 846239, 846596, 847410, 847420, 847439, 844110, 847780, 847982, 870520, 870590, 860900
(Ab-) Wasser	540710, 540720, 540730, 540810, 540821, 540822, 540823, 540824, 540831, 540832, 540833, 540834, 590800, 591000, 591110, 591120, 591140, 591190, 280110, 281511, 281512, 281610, 281640, 281830, 282720, 282731, 282732, 282735, 282733, 282734, 282739, 282736, 290511, 380840, 391721, 391722, 391723, 391729, 391732, 391739, 391740, 392510, 392690, 681019, 730441, 730449, 730431, 730451, 730439, 730459, 730490, 730640, 730630, 730650, 730660, 281820, 730300, 730711, 730719, 730900, 761100, 731010, 732510, 841350, 841360, 841370, 841381, 841382, 840510, 841940, 842121, 842119, 841989, 841939
Energieeffizienz	560311, 560391, 560312, 560392, 560313, 560393, 560314, 560394, 560311, 560312, 560313, 560314, 560391, 560392, 560393, 560394, 441191, 441199, 441131, 441139, 441810, 940600, 390311, 400219, 400220, 400231, 400239, 400249, 400259, 400260, 400270, 400280, 400299, 540500, 400911, 391620, 392030, 392111, 392113, 392119, 392190, 392520, 392530, 392590, 700800, 701939, 690410, 681011, 680800, 681099, 680610, 680620, 680690, 850220, 854340, 854389, 841181, 841182, 840690, 841199, 841950
Erneuerbare Energien	701940, 701951, 701952, 701959, 400921, 700991, 700992, 681510, 730820, 840310, 840219, 840220, 854140, 850131, 850440, 732183, 732181, 841911, 841919, 841011, 841012, 841013, 850231, 841090, 841861
Lärmschutz	450410, 400520, 400591, 400599, 400811, 400821, 401610, 681091, 680800, 251730, 870892, 870899
Luftreinhaltung	252100, 560210, 560221, 560229, 560290, 282300, 283630, 291712, 380210, 381511, 381512, 381519, 381590, 690912, 690919, 252220, 848180, 841960, 842139
Mess-, Steuerungs- und Regelungstechnik	902519,902580, 902610, 902620, 902680, 902710, 902720, 902730, 902740, 903281,903210, 903220, 903289, 848180

Quelle: Eigene Darstellung.

Tab. 6.13 Import Weltmarktanalyse über die gesamte Umwelttechnikindustrie

Weltregionen	Sub-Weltregionen	Länder	Importhandelsvolumen 2012 in USD	Importhandelsvolumen 2016 in USD	CAGR pro Land
Afrika	Nordafrika	Algerien	52.900.968	126.580.006	19,1 %
		Ägypten	45.808.643	37.115.497	−4,1 %
		Libyen	n/a	n/a	n/a
		Marokko	18.871.066	64.869.788	28,0 %
		Sudan	983.975	n/a	n/a
		Tunesien	19.158.147	8.276.184	−15,5 %
		Westsahara	n/a	n/a	n/a
	Sub-Sahara Afrika/Ostafrika	Britisches Territorium des Indischen Ozeans	n/a	n/a	n/a
		Burundi	117.692	56.635	−13,6 %
		Komoren	495	n/a	n/a
		Dschibuti	n/a	n/a	n/a
		Eritrea	n/a	n/a	n/a
		Äthiopien	2.543.507	9.649.688	30,6 %
		Südfranzösische Territorien	n/a	n/a	n/a
		Kenia	n/a	n/a	n/a
		Madagaskar	485.569	1.180.864	19,5 %
		Malawi	225.967	n/a	n/a
		Mauritius	1.326.410	1.784.512	6,1 %

(Fortsetzung)

Tab. 6.13 (Fortsetzung)

Weltregionen	Sub-Weltregionen	Länder	Importhandelsvolumen 2012 in USD	Importhandelsvolumen 2016 in USD	CAGR pro Land
		Mayotte	n/a	n/a	n/a
		Mozambik	2.678.230	4.416.012	10,5 %
		Réunion	n/a	n/a	n/a
		Ruanda	749.389	313.145	−16,0 %
		Seychellen	67.615	195.357	23,6 %
		Somalia	n/a	n/a	n/a
		Südsudan	n/a	n/a	n/a
		Uganda	680.007	1.555.031	18,0 %
		Vereinigte Republik Tansania	3.330.183	3.139.021	−1,2 %
		Sambia	7.282.329	n/a	n/a
		Zimbabwe	2.986.581	2.114.998	−6,7 %
	Mittleres Afrika	Angola	31.931.613	n/a	n/a
		Kamerun	2.989.902	4.780.774	9,8 %
		Zentralafrikanische Rep.	4.844	24.805	38,6 %
		Tschad	n/a	n/a	n/a
		Kongo	3.864.546	n/a	n/a
		Demokratische Republik Kongo	n/a	n/a	n/a

(Fortsetzung)

Tab. 6.13 (Fortsetzung)

Weltregionen	Sub-Weltregionen	Länder	Importhandelsvolumen 2012 in USD	Importhandelsvolumen 2016 in USD	CAGR pro Land
		Äquatorialguinea	n/a	n/a	n/a
		Gabun	n/a	n/a	n/a
		Sao Tome und Principe	50.229	48.190	−0,8 %
	Südliches Afrika	Botswana	1.073.912	759.645	−6,7 %
		Eswatini	n/a	n/a	n/a
		Lesotho	11.918	n/a	n/a
		Namibia	706.884	946.927	6,0 %
		Südafrika	85.566.651	93.854.302	1,9 %
	Westafrika	Benin	182.037	218.310	3,7 %
		Burkina Faso	2.213.144	1.979.999	−2,2 %
		Cabo Verde	438.591	64.268	−31,9 %
		Côte d'Ivoire	3.642.321	n/a	n/a
		Gambia	5.629	33.629	43,0 %
		Ghana	3.396.337	4.839.141	7,3 %
		Guinea	n/a	n/a	n/a
		Guinea-Bissau	n/a	n/a	n/a
		Liberia	n/a	n/a	n/a
		Mali	1.715.336	727.152	−15,8 %

(Fortsetzung)

Tab. 6.13 (Fortsetzung)

Weltregionen	Sub-Weltregionen	Länder	Importhandelsvolumen 2012 in USD	Importhandelsvolumen 2016 in USD	CAGR pro Land
		Mauretanien	6.713.062	1.055.295	−30,9 %
		Niger	3.478.674	446.848	−33,7 %
		Nigeria	30.438.105	33.754.805	2,1 %
		St. Helena	n/a	n/a	n/a
		Senegal	2.129.192	767.778	−18,5 %
		Sierra Leone	n/a	3.470	n/a
		Togo	249.650	142.335	−10,6 %
Afrika gesamt			**340.999.350**	**405.694.411**	**3,5 %**
Amerika	Lateinamerika und Karibik	Anguilla	n/a	n/a	n/a
		Antigua und Barbuda	n/a	67.605	n/a
		Aruba	577.915	472.217	−4,0 %
		Bahamas	313.877	n/a	n/a
		Barbados	642.549	1.048.695	10,3 %
		Bonaire, Sint Eustatius and Saba	n/a	n/a	n/a
		Britische Jungferninseln	n/a	n/a	n/a
		Cayman Inseln	n/a	n/a	n/a
		Kuba	n/a	n/a	n/a

(Fortsetzung)

Tab. 6.13 (Fortsetzung)

Weltregionen	Sub-Weltregionen	Länder	Importhandelsvolumen 2012 in USD	Importhandelsvolumen 2016 in USD	CAGR pro Land
		Curacao	n/a	n/a	n/a
		Dominica	19.593	n/a	n/a
		Dominikanische Rep.	24.050.439	15.588.966	−8,3 %
		Grenada	n/a	n/a	n/a
		Guadeloupe	n/a	n/a	n/a
		Haiti	n/a	n/a	n/a
		Jamaika	1.511.210	1.413.824	−1,3 %
		Martinique	n/a	n/a	n/a
		Montserrat	5.708	n/a	n/a
		Puerto Rico	n/a	n/a	n/a
		St. Barthélemy	n/a	n/a	n/a
		St. Kitts und Nevis	30.321	29.913	−0,3 %
		St. Lucia	263.157	219.394	−3,6 %
		Sankt Martin	n/a	n/a	n/a
		St Vincent und die Grenadinen	125.959	37.193	−21,6 %
		St Maarten	n/a	n/a	n/a
		Trinidad und Tobago	25.629.542	n/a	n/a
		Turks- und Caicosinseln	43.737	n/a	n/a

(Fortsetzung)

Tab. 6.13 (Fortsetzung)

Weltregionen	Sub-Weltregionen	Länder	Importhandelsvolumen 2012 in USD	Importhandelsvolumen 2016 in USD	CAGR pro Land
		Amerikanische Jungferninseln	n/a	n/a	n/a
	Zentralamerika	Belize	211.240	402.525	13,8 %
		Costa Rica	9.681.899	12.849.493	5,8 %
		El Salvador	2.043.192	2.287.214	2,3 %
		Guatemala	10.205.510	6.893.051	−7,5 %
		Honduras	1.266.510	2.702.293	16,4 %
		Mexiko	726.193.674	991.482.492	6,4 %
		Nicaragua	1.001.563	2.135.546	16,3 %
		Panama	251.959	354.247	7,1 %
	Südamerika	Argentinien	93.172.209	77.352.976	−3,7 %
		Bolivien (plurinationaler Staat)	8.214.119	4.442.226	−11,6 %
		Bouvet Island	n/a	n/a	n/a
		Brasilien	229.462.714	233.375.616	0,3 %
		Chile	43.717.952	41.379.381	−1,1 %
		Kolumbien	40.331.197	41.181.986	0,4 %
		Ecuador	14.077.043	16.652.279	3,4 %
		Falkland Inseln	n/a	n/a	n/a
		Französisch-Guayana	n/a	n/a	n/a

(Fortsetzung)

Tab. 6.13 (Fortsetzung)

Weltregionen	Sub-Weltregionen	Länder	Importhandelsvolumen 2012 in USD	Importhandelsvolumen 2016 in USD	CAGR pro Land
		Guyana	186.586	228.484	4,1 %
		Paraguay	4.032.204	3.733.734	−1,5 %
		Peru	34.951.782	37.931.453	1,6 %
		Süd-Georgien und die südlichen Sandwich-Inseln	n/a	n/a	n/a
		Suriname	388.667	603.859	9,2 %
		Uruguay	5.380.950	2.419.284	−14,8 %
		Venezuela	72.879.212	n/a	n/a
	Nordamerika	Bermuda	263.327	170.154	−8,4 %
		Kanada	771.236.450	998.527.215	5,3 %
		Grönland	22.042	146.927	46,1 %
		St. Pierre und Miquelon	n/a	n/a	n/a
		USA	2.557.519.887	2.872.976.528	2,4 %
Amerika gesamt			**4.679.905.895**	**5.369.106.770**	**2,8 %**
Antarktis			**n/a**	**n/a**	**n/a**
Asien	Zentralasien	Kasachstan	84.792.660	76.601.197	−2,0 %
		Kirgisistan	2.718.680	1.007.131	−18,0 %
		Tadschikistan	n/a	n/a	n/a
		Turkmenistan	n/a	n/a	n/a

(Fortsetzung)

Tab. 6.13 (Fortsetzung)

Weltregionen	Sub-Weltregionen	Länder	Importhandelsvolumen 2012 in USD	Importhandelsvolumen 2016 in USD	CAGR pro Land
		Usbekistan	n/a	n/a	n/a
	Ostasien	China	846.545.887	856.037.313	0,2 %
		China, Hong Kong SAR	47.347.336	65.408.879	6,7 %
		China, Macao SAR	1.723.870	1.873.302	1,7 %
		Demokratische Volksrepublik Korea	n/a	n/a	n/a
		Anderes Asien, nes	134.116.846	298.968.186	17,4 %
		Japan	568.652.457	411.691.466	−6,3 %
		Mongolei	n/a	1.303.594	n/a
		Rep. von Korea	220.068.399	341.221.306	9,2 %
	Süd-östliches Asien	Brunei Darussalam	269.396	1.833.907	46,8 %
		Kambodscha	109.208	5.521.338	119,2 %
		Indonesien	149.224.508	176.296.515	3,4 %
		Dem. Volksrep. Laos	89.307	176.660	14,6 %
		Malaysia	105.707.083	117.508.804	2,1 %
		Myanmar	114.896	1.686.155	71,1 %
		Philippinen	7.350.464	65.875.068	55,1 %
		Singapur	76.154.675	131.170.574	11,5 %

(Fortsetzung)

Tab. 6.13 (Fortsetzung)

Weltregionen	Sub-Weltregionen	Länder	Importhandelsvolumen 2012 in USD	Importhandelsvolumen 2016 in USD	CAGR pro Land
		Thailand	176.326.704	172.538.458	−0,4 %
		Timor-Leste	n/a	n/a	n/a
		Vietnam	81.908.372	170.335.314	15,8 %
	Südasien	Afghanistan	n/a	n/a	n/a
		Bangladesch	9.938.638	n/a	n/a
		Bhutan	312.052	n/a	n/a
		Indien	183.572.637	172.178.745	−1,3 %
		Iran	n/a	n/a	n/a
		Malediven	41.835	453.871	61,1 %
		Nepal	959.257	1.485.945	9,1 %
		Pakistan	17.123.163	45.847.872	21,8 %
		Sri Lanka	1.898.685	3.879.920	15,4 %
	Westasien	Armenien	854.200	713.829	−3,5 %
		Aserbaidschan	15.330.747	11.399.533	−5,8 %
		Bahrain	24.692.006	6.636.826	−23,1 %
		Zypern	6.661.950	1.228.986	−28,7 %
		Georgia	3.464.710	9.579.739	22,6 %
		Irak	n/a	n/a	n/a
		Israel	398.571.000	86.500.000	−26,3 %

(Fortsetzung)

Tab. 6.13 (Fortsetzung)

Weltregionen	Sub-Weltregionen	Länder	Importhandelsvolumen 2012 in USD	Importhandelsvolumen 2016 in USD	CAGR pro Land
		Jordan	2.482.044	4.397.371	12,1 %
		Kuwait	n/a	25.489.869	n/a
		Libanon	5.009.537	5.152.082	0,6 %
		Oman	21.142.739	21.159.596	0,0 %
		Katar	n/a	428.196	n/a
		Saudi-Arabien	185.867.966	100.974.791	−11,5 %
		Staat Palästina	396.886	548.943	6,7 %
		Syrische Arabische Republik	n/a	n/a	n/a
		Türkei	373.200.915	454.416.917	4,0 %
		Vereinigte Arabische Emirate	89.052.230	82.430.942	−1,5 %
		Jemen	1.064.651	n/a	n/a
Asien gesamt			**3.844.858.596**	**3.931.959.140**	**0,4 %**
Europa	Osteuropa	Weißrussland	29.916.000	22.688.600	−5,4 %
		Bulgarien	5.843.094	11.850.908	15,2 %
		Tschechien	403.307.915	394.635.829	−0,4 %
		Ungarn	123.545.921	319.881.326	21,0 %
		Polen	236.687.486	638.821.357	22,0 %
		Rep. von Moldawien	4.216.882	1.766.859	−16,0 %

(Fortsetzung)

Tab. 6.13 (Fortsetzung)

Weltregionen	Sub-Weltregionen	Länder	Importhandelsvolumen 2012 in USD	Importhandelsvolumen 2016 in USD	CAGR pro Land
		Rumänien	143.845.173	103.386.018	−6,4 %
		Russische Föderation	548.381.792	246.931.964	−14,7 %
		Slowakei	253.567.590	161.612.961	−8,6 %
		Ukraine	61.703.053	29.507.311	−13,7 %
	Nordeuropa	Aland Islands	n/a	n/a	n/a
		Guernsey	n/a	n/a	n/a
		Jersey	n/a	n/a	n/a
		Sark	n/a	n/a	n/a
		Dänemark	55.878.177	98.512.925	12,0 %
		Estland	12.554.937	8.078.755	−8,4 %
		Färöer-Inseln	n/a	n/a	n/a
		Finnland	52.605.280	53.496.327	0,3 %
		Island	2.077.720	3.012.494	7,7 %
		Irland	22.955.335	35.470.698	9,1 %
		Isle of Man	n/a	n/a	n/a
		Lettland	4.528.501	10.857.488	19,1 %
		Litauen	7.588.088	18.307.106	19,3 %
		Norwegen	62.641.395	40.984.609	−8,1 %

(Fortsetzung)

Tab. 6.13 (Fortsetzung)

Weltregionen	Sub-Weltregionen	Länder	Importhandelsvolumen 2012 in USD	Importhandelsvolumen 2016 in USD	CAGR pro Land
		Svalbard und Jan Mayen Islands	n/a	n/a	n/a
		Schweden	202.713.890	161.794.415	−4,4 %
		Großbritannien	596.513.213	686.845.930	2,9 %
	Südeuropa	Albanien	565.714	863.317	8,8 %
		Andorra	37.952	n/a	n/a
		Bosnien-Herzegowina	3.559.855	6.680.146	13,4 %
		Kroatien	9.770.602	19.384.323	14,7 %
		Gibraltar	n/a	n/a	n/a
		Griechenland	10.605.044	12.449.232	3,3 %
		Vatikan	n/a	n/a	n/a
		Italien	384.284.809	463.617.721	3,8 %
		Malta	624.473	1.197.705	13,9 %
		Montenegro	3.219.046	715.883	−26,0 %
		Portugal	24.906.852	29.030.110	3,1 %
		San Marino	n/a	n/a	n/a
		Serbien	15.036.129	16.606.368	2,0 %
		Slowenien	39.740.988	17.033.714	−15,6 %
		Spanien	302.826.877	900.061.721	24,3 %
		TFYR von Mazedonien	3.722.926	6.366.889	11,3 %

(Fortsetzung)

Tab. 6.13 (Fortsetzung)

Weltregionen	Sub-Weltregionen	Länder	Importhandelsvolumen 2012 in USD	Importhandelsvolumen 2016 in USD	CAGR pro Land
	Westeuropa	Österreich	159.420.106	214.599.350	6,1 %
		Belgien	285.908.144	325.997.249	2,7 %
		Frankreich	407.630.329	524.051.593	5,2 %
		Deutschland	2.036.550.962	2.872.202.418	7,1 %
		Liechtenstein	n/a	n/a	n/a
		Luxemburg	4.426.893	4.895.879	2,0 %
		Monaco	n/a	n/a	n/a
		Niederlande	285.437.363	210.722.808	−5,9 %
		Schweiz	141.186.194	143.044.100	0,3 %
Europa gesamt			**6.950.532.700**	**8.817.964.406**	**4,9 %**
Ozeanien	Australien und Neuseeland	Australien	288.084.766	313.111.017	1,7 %
		Weihnachtsinseln	n/a	n/a	n/a
		Kokosinseln	n/a	n/a	n/a
		Heard Island und McDonald Islands	n/a	n/a	n/a
		Neuseeland	13.591.950	16.802.274	4,3 %
		Norfolk Inseln	n/a	n/a	n/a

(Fortsetzung)

Tab. 6.13 (Fortsetzung)

Weltregionen	Sub-Weltregionen	Länder	Importhandelsvolumen 2012 in USD	Importhandelsvolumen 2016 in USD	CAGR pro Land
	Melanesien	Fidschi	669.232	696.540	0,8 %
		Neu-Kaledonien	4.858.732	n/a	n/a
		Papua Neu-Guinea	2.610.606	n/a	n/a
		Solomon Isds	n/a	108.698	n/a
		Vanuatu	n/a	n/a	n/a
	Mikronesien	Guam	n/a	n/a	n/a
		Kiribati	45	1.973	113,0 %
		Marshallinseln	n/a	n/a	n/a
		Mikronesien	3.345	n/a	n/a
		Nauru	n/a	n/a	n/a
		Nördliche Marianneninseln	n/a	n/a	n/a
		Palau	38.132	34.126	−2,2 %
		Kleinere abgelegene Inseln der Vereinigten Staaten	n/a	n/a	n/a

(Fortsetzung)

Tab. 6.13 (Fortsetzung)

Weltregionen	Sub-Weltregionen	Länder	Importhandelsvolumen 2012 in USD	Importhandelsvolumen 2016 in USD	CAGR pro Land
	Polynesien	Amerikanische Samoa-Inseln	n/a	n/a	n/a
		Cookinseln	n/a	n/a	n/a
		Französisch-Polynesien	449.642	n/a	n/a
		Niue	n/a	n/a	n/a
		Pitcairn	n/a	n/a	n/a
		Samoa	8.654	20.682	19,0 %
		Tokelau	n/a	n/a	n/a
		Tonga	5.496	n/a	n/a
		Tuvalu	n/a	n/a	n/a
		Wallis and Futuna Islands	n/a	n/a	n/a
Ozeanien gesamt			**310.320.600**	**330.775.310**	**1,3 %**
Welt gesamt			**16.126.617.141**	**18.855.500.037**	**3,2 %**

Quelle: Eigene Tabelle basierend auf einer eigenen Datenanalyse aus der United Nations Comtrade Datenbank 2015 und der Segmentierung der Weltregionen nach United Nations Statistics Division 2013.

Tab. 6.14 Export Weltmarktanalyse über die gesamte Umwelttechnikindustrie

Weltregionen	Sub-Weltregionen	Länder	Exporthandelsvolumen 2012 in USD	Exporthandelsvolumen 2016 in USD	CAGR pro Land
Afrika	Nordafrika	Algerien	117.348	17.330	−31,8 %
		Ägypten	119.277	8.870	−40,5 %
		Libyen	n/a	n/a	n/a
		Marokko	1.841.254	1.977.979	1,4 %
		Sudan	n/a	n/a	n/a
		Tunesien	540.934	1.212.344	17,5 %
		Westsahara	n/a	n/a	n/a
	Sub-Sahara Afrika/Ostafrika	Britisches Territorium des Indischen Ozeans	n/a	n/a	n/a
		Burundi	n/a	n/a	n/a
		Komoren	n/a	n/a	n/a
		Dschibuti	n/a	n/a	n/a
		Eritrea	n/a	n/a	n/a
		Äthiopien	11.225	538	−45,5 %
		Südfranzösische Territorien	n/a	n/a	n/a
		Kenia	n/a	n/a	n/a
		Madagaskar	20.147	8.634	−15,6 %
		Malawi	32.628	n/a	n/a

(Fortsetzung)

Tab. 6.14 (Fortsetzung)

Weltregionen	Sub-Weltregionen	Länder	Exporthandelsvolumen 2012 in USD	Exporthandelsvolumen 2016 in USD	CAGR pro Land
		Mauritius	30.516	53.483	11,9 %
		Mayotte	n/a	n/a	n/a
		Mozambik	1.591	156.033	150,2 %
		Réunion	n/a	n/a	n/a
		Ruanda	n/a	10	n/a
		Seychellen	n/a	n/a	n/a
		Somalia	n/a	n/a	n/a
		Südsudan	n/a	n/a	n/a
		Uganda	1.699	5.269	25,4 %
		Vereinigte Republik Tansania	88.068	1.345	−56,7 %
		Sambia	171.576	n/a	n/a
		Zimbabwe	73.573	2.448	−49,4 %
	Mittleres Afrika	Angola	n/a	n/a	n/a
		Kamerun	n/a	2.519	n/a
		Zentralafrikanische Rep.	n/a	n/a	n/a
		Tschad	n/a	n/a	n/a
		Kongo	2.045.280	n/a	n/a

(Fortsetzung)

Tab. 6.14 (Fortsetzung)

Weltregionen	Sub-Weltregionen	Länder	Exporthandelsvolumen 2012 in USD	Exporthandelsvolumen 2016 in USD	CAGR pro Land
		Demokratische Republik Kongo	n/a	n/a	n/a
		Äquatorialguinea	n/a	n/a	n/a
		Gabun	n/a	n/a	n/a
		Sao Tome und Principe	n/a	n/a	n/a
	Südliches Afrika	Botswana	23.861	7.220	−21,3 %
		Eswatini	n/a	n/a	n/a
		Lesotho	n/a	n/a	n/a
		Namibia	38.241	24.493	−8,5 %
		Südafrika	1.991.708.889	1.493.801.126	−5,6 %
	Westafrika	Benin	691	n/a	n/a
		Burkina Faso	12.583	1.429	−35,3 %
		Cabo Verde	1.190	n/a	n/a
		Côte d'Ivoire	13.202	n/a	n/a
		Gambia	n/a	n/a	n/a
		Ghana	322.187	40.858	−33,8 %
		Guinea	n/a	n/a	n/a
		Guinea-Bissau	n/a	n/a	n/a
		Liberia	n/a	n/a	n/a

(Fortsetzung)

Tab. 6.14 (Fortsetzung)

Weltregionen	Sub-Weltregionen	Länder	Exporthandelsvolumen 2012 in USD	Exporthandelsvolumen 2016 in USD	CAGR pro Land
		Mali	228.442	28.945	−33,8 %
		Mauretanien	n/a	n/a	n/a
		Niger	501	n/a	n/a
		Nigeria	n/a	n/a	n/a
		St. Helena	n/a	n/a	n/a
		Senegal	45.045	59.525	5,7 %
		Sierra Leone	n/a	n/a	n/a
		Togo	60.025	9.607	−30,7 %
Afrika gesamt			**1.997.549.973**	**1.497.420.005**	**−5,6 %**
Amerika	Lateinamerika und Karibik	Anguilla	n/a	n/a	n/a
		Antigua und Barbuda	n/a	3.053	n/a
		Aruba	3.128	83	−51,6 %
		Bahamas	10.166	n/a	n/a
		Barbados	1.966	18.197	56,1 %
		Bonaire, Sint Eustatius and Saba	n/a	n/a	n/a
		Britische Jungferninseln	n/a	n/a	n/a
		Cayman Inseln	n/a	n/a	n/a
		Kuba	n/a	n/a	n/a

(Fortsetzung)

Tab. 6.14 (Fortsetzung)

Weltregionen	Sub-Weltregionen	Länder	Exporthandelsvolumen 2012 in USD	Exporthandelsvolumen 2016 in USD	CAGR pro Land
		Curacao	n/a	n/a	n/a
		Dominica	n/a	n/a	n/a
		Dominikanische Rep.	171.413	204.027	3,5 %
		Grenada	n/a	n/a	n/a
		Guadeloupe	n/a	n/a	n/a
		Haiti	n/a	n/a	n/a
		Jamaika	35.430	166.738	36,3 %
		Martinique	n/a	n/a	n/a
		Montserrat	n/a	n/a	n/a
		Puerto Rico	n/a	n/a	n/a
		St. Barthélemy	n/a	n/a	n/a
		St. Kitts und Nevis	180	1.793	58,4 %
		St. Lucia	3.250	7.373	17,8 %
		Sankt Martin	n/a	n/a	n/a
		St. Vincent und die Grenadinen	n/a	n/a	n/a
		St. Maarten	n/a	n/a	n/a
		Trinidad und Tobago	100.414	n/a	n/a
		Turks- und Caicosinseln	10.801	n/a	n/a

(Fortsetzung)

Tab. 6.14 (Fortsetzung)

Weltregionen	Sub-Weltregionen	Länder	Exporthandelsvolumen 2012 in USD	Exporthandelsvolumen 2016 in USD	CAGR pro Land
		Amerikanische Jungferninseln	n/a	n/a	n/a
	Zentralamerika	Belize	135.394	n/a	n/a
		Costa Rica	167.929	483.315	23,5 %
		El Salvador	98.236	183.554	13,3 %
		Guatemala	196.314	1.420.231	48,6 %
		Honduras	3.049	12.739	33,1 %
		Mexiko	1.107.901.263	1.397.329.007	4,8 %
		Nicaragua	n/a	3.380	n/a
		Panama	378.105	485.476	5,1 %
	Südamerika	Argentinien	12.923.962	5.837.624	−14,7 %
		Bolivien (plurinationaler Staat)	n/a	n/a	n/a
		Bouvet Island	n/a	n/a	n/a
		Brasilien	72.999.656	194.497.319	21,7 %
		Chile	3.499.874	1.860.387	−11,9 %
		Kolumbien	899.114	2.077.336	18,2 %
		Ecuador	813.078	211.625	−23,6 %
		Falkland Inseln	n/a	n/a	n/a

(Fortsetzung)

Tab. 6.14 (Fortsetzung)

Weltregionen	Sub-Weltregionen	Länder	Exporthandelsvolumen 2012 in USD	Exporthandelsvolumen 2016 in USD	CAGR pro Land
		Französisch-Guayana	n/a	n/a	n/a
		Guyana	65	103.647	337,0 %
		Paraguay	n/a	34.278	n/a
		Peru	254.759	296.481	3,1 %
		Süd-Georgien und die südlichen Sandwich-Inseln	n/a	n/a	n/a
		Suriname	32.010	5.372	−30,0 %
		Uruguay	52.122	4.305	−39,3 %
		Venezuela	56	n/a	n/a
	Nordamerika	Bermuda	n/a	n/a	n/a
		Kanada	362.348.784	309.237.127	−3,1 %
		Grönland	n/a	n/a	n/a
		St. Pierre und Miquelon	n/a	n/a	n/a
		USA	2.062.256.862	2.450.487.661	3,5 %
Amerika gesamt			**3.625.297.380**	**4.364.972.128**	**3,8 %**
Antarktis			**n/a**	**n/a**	**n/a**
Asien	Zentralasien	Kasachstan	279.910	1.271.548	35,4 %
		Kirgisistan	472.327	2.055	−66,3 %

(Fortsetzung)

Tab. 6.14 (Fortsetzung)

Weltregionen	Sub-Weltregionen	Länder	Exporthandelsvolumen 2012 in USD	Exporthandelsvolumen 2016 in USD	CAGR pro Land
		Tadschikistan	n/a	n/a	n/a
		Turkmenistan	n/a	n/a	n/a
		Usbekistan	n/a	n/a	n/a
	Ostasien	China	923.697.210	1.886.387.277	15,4 %
		China, Hong Kong SAR	42.372.120	51.508.734	4,0 %
		China, Macao SAR	n/a	n/a	n/a
		Demokratische Volksrepublik Korea	n/a	n/a	n/a
		Anderes Asien, nes	60.941.524	80.677.165	5,8 %
		Japan	563.584.412	395.079.877	−6,9 %
		Mongolei	n/a	176.719	n/a
		Rep. von Korea	247.151.266	386.142.046	9,3 %
	Süd-östliches Asien	Brunei Darussalam	10.826	725.316	131,9 %
		Kambodscha	n/a	75.557	n/a
		Indonesien	8.941.690	5.213.735	−10,2 %
		Dem. Volksrep. Laos	n/a	n/a	n/a
		Malaysia	75.256.869	203.003.663	22,0 %
		Myanmar	n/a	n/a	n/a
		Philippinen	21.141	219.638	59,7 %

(Fortsetzung)

Tab. 6.14 (Fortsetzung)

Weltregionen	Sub-Weltregionen	Länder	Exporthandelsvolumen 2012 in USD	Exporthandelsvolumen 2016 in USD	CAGR pro Land
		Singapur	51.913.835	82.323.529	9,7 %
		Thailand	269.052.085	130.324.102	−13,5 %
		Timor-Leste	n/a	n/a	n/a
		Vietnam	1.699.859	2.382.576	7,0 %
	Südasien	Afghanistan	n/a	n/a	n/a
		Bangladesch	116.086	n/a	n/a
		Bhutan	n/a	n/a	n/a
		Indien	59.601.650	98.192.032	10,5 %
		Iran	n/a	n/a	n/a
		Malediven	n/a	n/a	n/a
		Nepal	n/a	n/a	n/a
		Pakistan	645.113	603.727	−1,3 %
		Sri Lanka	2.367	18.187	50,4 %
	Westasien	Armenien	870	33.599	107,7 %
		Aserbaidschan	23.238	39.313	11,1 %
		Bahrain	155.774	1.160.374	49,4 %
		Zypern	4.775.780	127.405	−51,6 %
		Georgia	50.709	285.131	41,3 %
		Irak	n/a	n/a	n/a

(Fortsetzung)

Tab. 6.14 (Fortsetzung)

Weltregionen	Sub-Weltregionen	Länder	Exporthandelsvolumen 2012 in USD	Exporthandelsvolumen 2016 in USD	CAGR pro Land
		Israel	15.252.000	10.066.000	−8,0 %
		Jordan	100.211	735.231	49,0 %
		Kuwait	n/a	94.985	n/a
		Libanon	1.885.690	570.710	−21,3 %
		Oman	25.730	367.740	70,2 %
		Katar	n/a	n/a	n/a
		Saudi-Arabien	4.497.072	3.246.403	−6,3 %
		Staat Palästina	708	n/a	n/a
		Syrische Arabische Republik	n/a	n/a	n/a
		Türkei	62.721.931	63.665.789	0,3 %
		Vereinigte Arabische Emirate	28.371.484	26.324.433	−1,5 %
		Jemen	27.069	n/a	n/a
Asien gesamt			**2.423.648.556**	**3.431.044.596**	**7,2 %**
Europa	Osteuropa	Weißrussland	3.745.200	5.654.200	8,6 %
		Bulgarien	741.532	3.544.164	36,7 %
		Tschechien	330.649.716	647.600.086	14,4 %
		Ungarn	51.252.566	29.482.045	−10,5 %

(Fortsetzung)

Tab. 6.14 (Fortsetzung)

Weltregionen	Sub-Weltregionen	Länder	Exporthandelsvolumen 2012 in USD	Exporthandelsvolumen 2016 in USD	CAGR pro Land
		Polen	156.850.965	377.696.255	19,2 %
		Rep. von Moldawien	269.449	65.568	−24,6 %
		Rumänien	15.767.721	58.718.027	30,1 %
		Russische Föderation	28.158.804	38.964.337	6,7 %
		Slowakei	91.457.333	104.248.225	2,7 %
		Ukraine	47.730.757	5.371.172	−35,4 %
	Nordeuropa	Aland Islands	n/a	n/a	n/a
		Guernsey	n/a	n/a	n/a
		Jersey	n/a	n/a	n/a
		Sark	n/a	n/a	n/a
		Dänemark	170.044.155	106.647.251	−8,9 %
		Estland	10.006.433	11.263.256	2,4 %
		Färöer-Inseln	n/a	n/a	n/a
		Finnland	48.008.808	73.498.512	8,9 %
		Island	5.542	131.633	88,4 %
		Irland	11.035.465	7.222.704	−8,1 %
		Isle of Man	n/a	n/a	n/a
		Lettland	6.048.928	20.465.308	27,6 %
		Litauen	11.075.270	18.257.229	10,5 %

(Fortsetzung)

Tab. 6.14 (Fortsetzung)

Weltregionen	Sub-Weltregionen	Länder	Exporthandelsvolumen 2012 in USD	Exporthandelsvolumen 2016 in USD	CAGR pro Land
		Norwegen	19.449.060	70.116.502	29,2 %
		Svalbard und Jan Mayen Islands	n/a	n/a	n/a
		Schweden	135.041.394	151.037.991	2,3 %
		Großbritannien	657.131.276	1.244.720.382	13,6 %
	Südeuropa	Albanien	180.826	n/a	n/a
		Andorra	107	n/a	n/a
		Bosnien-Herzegowina	2.946.914	3.310.169	2,4 %
		Kroatien	4.280.796	3.705.039	−2,8 %
		Gibraltar	n/a	n/a	n/a
		Griechenland	3.950.771	1.877.791	−13,8 %
		Vatikan	n/a	n/a	n/a
		Italien	571.541.229	630.078.157	2,0 %
		Malta	8.815	18.234	15,6 %
		Montenegro	2.733	1.069	−17,1 %
		Portugal	10.944.436	12.829.907	3,2 %
		San Marino	n/a	n/a	n/a
		Serbien	5.898.277	4.254.347	−6,3 %
		Slowenien	30.748.234	34.500.794	2,3 %

(Fortsetzung)

Tab. 6.14 (Fortsetzung)

Weltregionen	Sub-Weltregionen	Länder	Exporthandelsvolumen 2012 in USD	Exporthandelsvolumen 2016 in USD	CAGR pro Land
		Spanien	183.045.359	83.667.161	−14,5 %
		TFYR von Mazedonien	175.614.563	549.715.802	25,6 %
	Westeuropa	Österreich	190.950.787	181.597.739	−1,0 %
		Belgien	214.767.633	250.672.015	3,1 %
		Frankreich	297.574.911	480.211.729	10,0 %
		Deutschland	3.483.763.161	4.268.917.731	4,1 %
		Liechtenstein	n/a	n/a	n/a
		Luxemburg	2.139.290	1.512.595	−6,7 %
		Monaco	n/a	n/a	n/a
		Niederlande	232.345.886	257.252.813	2,1 %
		Schweiz	76.132.817	141.475.354	13,2 %
Europa gesamt			**7.281.307.919**	**9.880.303.293**	**6,3 %**
Ozeanien	Australien und Neuseeland	Australien	24.419.416	21.752.560	−2,3 %
		Weihnachtsinseln	n/a	n/a	n/a
		Kokosinseln	n/a	n/a	n/a
		Heard Island und McDonald Islands	n/a	n/a	n/a
		Neuseeland	2.474.470	3.666.426	8,2 %
		Norfolk Inseln	n/a	n/a	n/a

(Fortsetzung)

Tab. 6.14 (Fortsetzung)

Weltregionen	Sub-Weltregionen	Länder	Exporthandelsvolumen 2012 in USD	Exporthandelsvolumen 2016 in USD	CAGR pro Land
	Melanesien	Fidschi	6.599	30.475	35,8 %
		Neu-Kaledonien	106.761	n/a	n/a
		Papua Neu-Guinea	1.269	n/a	n/a
		Solomon Isds	n/a	n/a	n/a
		Vanuatu	n/a	n/a	n/a
	Mikronesien	Guam	n/a	n/a	n/a
		Kiribati	n/a	n/a	n/a
		Marshallinseln	n/a	n/a	n/a
		Mikronesien	n/a	n/a	n/a
		Nauru	n/a	n/a	n/a
		Nördliche Marianneninseln	n/a	n/a	n/a
		Palau	n/a	6	n/a
		Kleinere abgelegene Inseln der Vereinigten Staaten	n/a	n/a	n/a
	Polynesien	Amerikanische Samoa-Inseln	n/a	n/a	n/a
		Cookinseln	n/a	n/a	n/a
		Französisch-Polynesien	7.380	n/a	n/a

(Fortsetzung)

Tab. 6.14 (Fortsetzung)

Weltregionen	Sub-Weltregionen	Länder	Exporthandelsvolumen 2012 in USD	Exporthandelsvolumen 2016 in USD	CAGR pro Land
		Niue	n/a	n/a	n/a
		Pitcairn	n/a	n/a	n/a
		Samoa	n/a	n/a	n/a
		Tokelau	n/a	n/a	n/a
		Tonga	n/a	n/a	n/a
		Tuvalu	n/a	n/a	n/a
		Wallis and Futuna Islands	n/a	n/a	n/a
Ozeanien gesamt			**27.015.895**	**25.449.467**	**−1,2 %**
Welt gesamt			**15.354.819.723**	**19.199.189.489**	**4,6 %**

Quelle: Eigene Tabelle basierend auf einer eigenen Datenanalyse aus der United Nations Comtrade Datenbank 2015 und der Segmentierung der Weltregionen nach United Nations Statistics Division 2013.

6.2 Fallstudien «Internationaler Vertriebsaufbau und Vertriebsentwicklung»

In Abb. 6.9 sind die Markteintrittsstrategien der in den nachfolgenden Kapiteln beschriebenen Fallstudien dargestellt. Die Einordnung der Fallstudien in Markteintrittsstrategien soll dem interessierten Leser bei der eigenen Entwicklung eines Internationalisierungsmusters helfen, dabei kann er sich anhand der Markteintrittsstrategien eine Orientierung verschaffen. Zudem lassen sich aus Abb. 6.9 die allgemeinen Unternehmensstrategien der in den Fallstudien dargestellten Unternehmen erkennen: internationale, globale, multinationale und transnationale Unternehmensstrategie (siehe auch Abschn. 2.2).

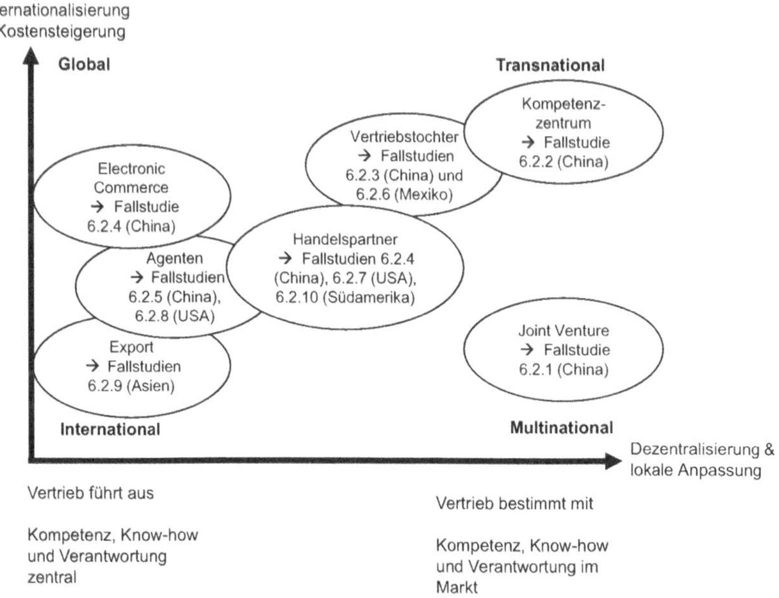

Abb. 6.9 Übersicht über die Fallstudien und deren Markteintrittsstrategien in bestimmte Länder bzw. Regionen. (Quelle: Eigene Darstellung in Anlehnung an Belz & Reinhold 1999, S. 98)

Die Auswahl der Fallstudien erfolgte anhand unterschiedlicher Kriterien: Zum einen sollten Internationalisierungsmuster von Unternehmen aus Industrieländern dargestellt werden, die in Schwellenländer (siehe Fallstudien 6.2.1–6.2.6) oder in Industrieländer (siehe Fallstudien 6.2.7–6.2.8) eintreten. Zum anderen sollten erste Internationalisierungsmuster von Unternehmen aus Schwellenländern (siehe Fallstudien 6.2.9–6.2.10) aufgezeigt werden.

6.2.1 Vertriebsaufbau und Vertriebsentwicklung in der Sanitärindustrie im chinesischen Markt

Zur Segmentierung und Auswahl einer Weltmarktregion und zur Auswahl eines bestimmten Landes als prioritären Zielmarkt
Das für diese Fallstudie ausgewählte Unternehmen[41] ist ein Hersteller von Sanitärkeramik, das bereits weltweite Produktions- und Vertriebsniederlassungen besitzt. Dabei unterteilt das Unternehmen seine Weltmarktregionen nach geographischen Segmentierungskriterien und ist in vier von fünf Kontinenten mit Produktions- und Vertriebsniederlassungen vor Ort aktiv.

Die Auswahl von neuen Zielmärkten hängt von der Markteintrittsstrategie ab. Zum Beispiel bieten sich für die Produktion von Sanitärkeramik Zielmärkte mit tropischen bzw. subtropischen Klimazonen an. Diese Klimazonen schaffen vor Ort ideale Produktionsbedingungen, um die Produkte effizient zu trocknen. Die strategische Auswahl von neuen Zielmärkten, unabhängig von den Produktionsstandorten, erfolgt aufgrund von Kennzahlen, wie z. B. Urbanisierungs- und Kaufkraftentwicklungen. Insgesamt strebt das Unternehmen eine globale Präsenz mit wenigen Produktionsstandorten und strategisch ausgewählten Vertriebsniederlassungen in mehreren Zielmärkten an. Eine dieser Zielmärkte ist der chinesische Markt, dessen Markterschließung im Nachfolgenden beschrieben wird.

Zur Sammlung von Markteintrittspunkten und zur Entwicklung einer Markteintrittsstrategie in der Weltregion Asien und dem chinesischen Markt
Anfang der 1990er Jahre wurden erste Markteintrittspunkte zu Distributoren aus Hongkong geknüpft. Herr Schröter[42] berichtet, dass damals zahlreiche Unternehmen aus Europa von Geschäftsleuten aus Hongkong angesprochen wurden, um ihnen den Markteintritt zu den Märkten Asiens insbesondere China zu erleichtern. Nachdem erste Exportgeschäfte mit Hongkonger Geschäftsleuten erfolgsversprechend abgewickelt waren, wurden Mitte der 1990er Jahre erste Überlegungen für eine Erweiterung der Markteintrittsstrategie angestellt. Auf internationalen

---

[41] Die vorliegende Fallstudie basiert auf Interview 46 2018.

[42] Name der interviewten Person wurde geändert.

Messen, wie z. B. der ISH Weltleitmesse für Wasser, Wärme und Klima, sammelten Exportleiter des Unternehmens weitere Markteintrittspunkte zu chinesischen Distributoren. Im Anschluss an die Messen wurden Verträge zum Vertrieb der Produkte abgeschlossen.

Zur Entwicklung einer bestimmten Region und zum Aufbau erster Vertriebsstrukturen im chinesischen Markt
Nachdem die Umsatzzahlen über die Distributoren in Hongkong im chinesischen Markt stark gestiegen waren, entschloss sich das Unternehmen Anfang der 2000er Jahre zum Aufbau einer ersten eigenen Vertriebsniederlassung in Shanghai. Um eigene erste Vertriebsstrukturen aufzubauen, warb das Management lokale Vertriebsleiter mit Markenerfahrung von Konkurrenzunternehmen ab. Herr Schröter berichtet, dass dieses Vorgehen einen entscheidenden Vorteil mitbrachte, da die lokalen Vertriebsleiter gute Kontakte zu Großhändlern aufgebaut hatten. Viele der chinesischen Großhändler haben eine bestimmte Region als Aktionsradius, in der sie ihren Kunden Produkte von verschiedenen Marken anbieten. Insgesamt schätzt Herr Schröter, dass es in der Sanitärbranche in China ca. 12 wichtige Großhändler gibt, z. B. Xieli in Suzhou, Wochi in Hangzhou und Odayascent in Beijing. Die Großhändler werden von internationalen Unternehmen hart umkämpft. Eine weitere wichtige Erkenntnis für das Management des Unternehmens war die Tatsache, dass die in Deutschland wichtigen Vertriebskanäle, wie z. B. Baumärkte und Handwerker, im chinesischen Markt weniger erfolgsversprechend waren:

> "Die Relevanz, die das Handwerk in Deutschland für den Verkauf von Sanitäranlagen hat, ist in der Welt einzigartig. Ebenso mussten wir in China feststellen, dass das Geschäftsmodell deutscher Baumärkte nicht aufgeht, weil die chinesischen Zielkunden markenbezogener sind. Das heißt die Zielkunden präferierten in exklusiven Markenboutiquen unsere Produkte einzukaufen."[43]

Die Alternative zu Baumärkten in China nennt sich Building Material Malls. In diesen Building Material Malls stehen exklusive Markenboutiquen, in denen zu kleinem Preis Baumaterial angeboten wird. Außerdem erklärt Herr Schröter bedeutet das Konzept Do-it-yourself (DIY) in China eher Buy-it-yourself (BIY). Chinesische Endkunden wählen zwar die Markenprodukte selbst aus, aber sie würden sie nicht selbst installieren. Diese Aufgabe übernehmen sogenannte Interior Decoration Companies.

Ein weiteres wichtiges Element in der Entwicklung von Vertriebsstrukturen ist die Unterteilung von Kundengruppen und deren erfolgreiche Erschließung.

[43] Interview 46 2018.

Die Zielgruppen waren in der Anfangsphase die Folgenden: Key Opinion Leader, Einzelhändler, Developer (z. B. die Wanda Plaza Gruppe (Kino King)) und Designer. Bei der Akquirierung der Zielgruppen ist das Team um Herrn Schröter sehr vorsichtig vorgegangen. Die Key Opinion Leader, z. B. sind in der Regel nicht leicht zu gewinnen. Sie sind sehr gut informiert und bekommen viele Anfragen. Daher empfiehlt Herr Schröter sehr gut vorbereitet zu sein. Die Wanda Plaza Gruppe z. B. baut vorwiegend gemischte Center. Die gemischten Center bestehen in der Regel aus einer Einkaufsmall, einem 5 Sterne Hotel, Apartments, Büros und einem Kino – also aus sehr unterschiedlichen Wertschöpfungseigenschaften. Diese Gruppe war sehr erfolgreich im Aufbau solcher Center. Es gibt in fast jeder größeren Stadt ein Wanda Plaza in China. Für die Einzelhändler wurden exklusive Markenboutiquen gebaut, damit sich die Kunden umschauen können.

In der Zeit von 2004–2015 konnte das Unternehmen jährlich ein doppelstelliges Umsatzwachstum verzeichnen. Die Durchschnittspreise waren trotz des schnellen Wachstums mitunter die Höchsten von allen Ländern, in denen das Unternehmen vertreten war. Aufgrund dieser positiven Umsatzentwicklung beschloss das Unternehmen Westchina zu erschließen. Da bereits Kontakte zum Management eines Staatsunternehmens geknüpft waren und dieses in Westchina aktiv war, entschied sich das Management für ein Joint Venture. Mitte der 2000er Jahre war es soweit. Zur damaligen Zeit war der Westen von China noch wenig erschlossen. Der Speckgürtel von China war im Osten. Das Unternehmen merkte jedoch schnell, dass der Joint Venture Partner eine ganz neue Geschäftsstrategie in China verfolgte und nicht mit voller Kraft hinter dem gemeinsamen Projekt stand. Daher trennte man sich schnell einvernehmlich und arbeitete an einem eigenen Aufbau einer Vertriebsniederlassung.

Parallel zum Aufbau eigener Vertriebsniederlassungen wurde, wie bereits weiter oben beschrieben, über Handelspartner der chinesische Markt weiter erschlossen. Bis Ende der 2000er Jahre wurde über ein 1-stufiges Händlersystem vertrieben. Ab den 2010er Jahren konnte das Unternehmen ein mehrstufiges Händlersystem nutzen. Herr Schröter berichtet, dass der Ausbau des Händlersystems in ein 2-stufiges bzw. mehrstufiges Händlersystem von den Händlern selbst vorangetrieben wurde.

Zum Rollout/Marktdurchdringungsstrategie im chinesischen Markt
Um sich von der weltweiten Konkurrenz abzuheben, stellte das Unternehmen bekannte Designer ein. Diese waren als Designer in ihrem Metier bereits einflussreich und hatten sich eine eigene Marke geschaffen oder das Unternehmen half den Designern sie als Marke aufzubauen. Um einen nationalen Bekanntheitsgrad zu erschaffen, wurden zunächst sogenannte Lighthouse-Projekte mit markanten

Designs in 5 Sterne Hotels in Tier 1-Städten ausgestattet. Anschließend wurden Flagship-Geschäfte vor Ort in der Nähe der Light House Projekte eröffnet. Herr Schröter erklärt, dass die Lighthouse-Projekte sehr hilfreich waren zur Werbung von Immobilienentwicklern. Die Flagship-Geschäfte vor Ort waren dafür da, die Designbäder für die breite Masse zugänglich zu machen. Der Marktdurchdringungsstrategie des Unternehmens unterliegt das Pareto-Prinzip (80:20). Mit Hilfe von 20 %, d. h. der Key Opinion Leader, will man die restlichen 80 %, d. h. die Gesamtbevölkerung, erreichen. Laut Herrn Schröter sind die Tier 1-Städte, Shanghai und Peking, am wichtigsten für die Markenbildung. Viele Chinesen verfolgen genau, welche Trends in den beiden Städten entstehen. Deshalb eröffnete das Unternehmen Verkaufsbüros in Shanghai und in Peking. Mitte der 2000er Jahren folgten dann weitere Verkaufsbüros, z. B. in Guangzhou und Chengdu.

In Abb. 6.10 ist die Marktdurchdringungsstrategie im chinesischen Markt des Unternehmens abgebildet. Herr Schröter erklärt, dass es in den Tier 1-Städten nach der Finanzkrise von 2009 weniger Wachstumsmöglichkeiten gab. Zudem war die Konkurrenz in den Tier 1-Städte sehr stark. Daher konzentrierte sich das Unternehmen in den Tier 1-Städte auf das Branding. Aus der Abb. 6.10 geht hervor, dass Umsatz und Wachstum hauptsächlich in den Tier 2-Tier 4-Städte generiert werden.

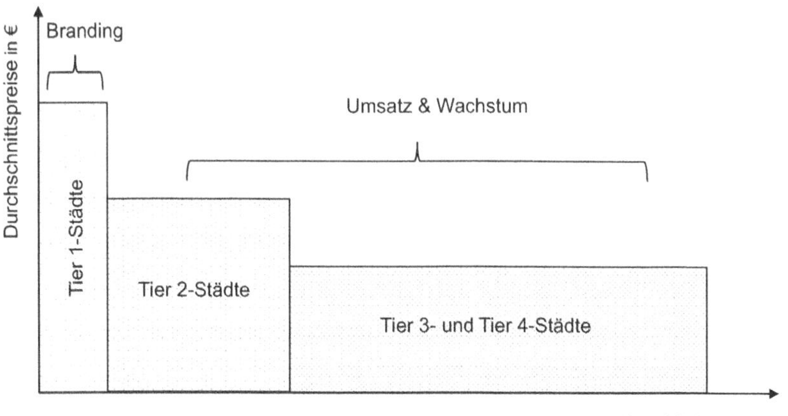

Abb. 6.10 Marktdurchdringungsstrategie eines Sanitärherstellers im chinesischen Markt. (Quelle: Eigene Darstellung in Anlehnung an Interview 46 2018, siehe separater und vertraulicher Anhang; siehe auch Hinweis im Quellenverzeichnis)

Da sich die Umsatzzahlen im chinesischen Markt gut entwickelten, entschloss das Management des Unternehmens die Vertriebsniederlassung um eine Produktionsniederlassung in Westchina zu erweitern. Eine Herausforderung bei der Produktion für den chinesischen Markt war die deutsche Qualität mit amerikanischen Standards zu erreichen (siehe Hintergrundinformationen zum chinesischen Sanitärkeramik-Markt).

Hintergrundinformationen zum chinesischen Sanitärkeramik-Markt

Um den chinesischen Markt zu verstehen, muss man wissen, dass die U.S.-amerikanischen Unternehmen die Ersten im Markt waren. Sie haben die Anschlussnormen geprägt, die bis heute noch verwendet werden. Im Konkreten gibt es zwei unterschiedliche Systeme. Das europäische Unterdruck-Siphon-System und das amerikanische Vakuum-Siphon-System. Hinzukommend gehen beim U.S.-System die Anschlüsse durch den Boden, weshalb die amerikanischen Toiletten länger sind, d. h. ca. 70/80 cm im Vergleich zu den europäischen Toiletten die ca. 40/50 cm lang sind. Im Prinzip haben die U.S.-Unternehmen den chinesischen Markt für den American Standard mit modernen Bädern und Lifestyle-getriebenem Markenbewusstsein vorbereitet. Von dem etablierten Bewusstsein für Qualität und Markendesigns konnten europäische Unternehmen und insbesondere das Unternehmen aus der Fallstudie profitieren, in dem sie laut Herrn Schröter mit noch etwas Besserem, d. h. modernere europäische Designs, in den chinesischen Markt eingestiegen sind.

Herr Schröter berichtet, dass z. B. ein spanisches Sanitärkeramikunternehmen versuchte mit den europäischen Standards im chinesischen Markt Fuß zu fassen. Mitte der 1990er Jahre trat das Unternehmen in den chinesischen Markt ein und scheiterte bei dem Versuch europäische Standards im chinesischen Markt durchzusetzen. Daher entschied sich das Management rund um Herrn Schröter Toiletten mit amerikanischem Standard für den chinesischen Markt anzufertigen. Mit Hilfe chinesischer Mitarbeiter und einer deutschen Keramikspezialistin, die gleichzeitig Produktionsleiterin war, wurden amerikanische Toilettenstandards für den chinesischen Markt entwickelt. Seitdem treibt das Unternehmen konsequent weitere Forschungs- und Entwicklungstätigkeiten im chinesischen Markt voran. Zum Beispiel wurde die Sparte „Dusch-WC" komplett in China entwickelt. Von China aus wurde dann das Dusch-WC in Deutschland eingeführt. Ein weiterer Trend ist die Digitalisierung der Bäder und WCs, z. B. wird an intelligenten WCs gearbeitet, die mit integrierten chemischen Analysen das Wohlbefinden eines Menschen messen können. Der Digitalisierungstrend wird vor allem vom chinesischen Markt angetrieben. Weitere Trends sind Lichteffekte in Bädern. Die Konzeption dazu stammt aus Deutschland; die Umsetzung aus China. Herr Schröter berichtet zudem von der hohen Geschwindigkeit des chinesischen Marktes. In Deutschland z. B. hätte es viele Jahre gedauert das Dusch-WC zu entwickeln und als erfolgreiches Geschäft zu etablieren.

Zur Implementierung des International Sales Accelerator Modells
Das in der Fallstudie vorgestellte Unternehmen ist ein absolutes Musterbeispiel für die erfolgreiche Anwendung der Bausteine des International Sales Accelerator Modells.

6.2.2 Vertriebsaufbau und Vertriebsentwicklung in der Automobilindustrie im chinesischen Markt

Zur Segmentierung und Auswahl einer Weltmarktregion und zur Auswahl eines bestimmten Landes als prioritären Zielmarkt
Seit 2014 ist Herr Larsson[44] Geschäftsführer einer Produktionsniederlassung eines Automobilherstellers[45] in Chengdu. Das Unternehmen wurde durch ein chinesisches Unternehmen aufgekauft. Vor dem Aufkauf produzierte das Unternehmen seine Modelle hauptsächlich in Europa und Nordamerika. Von diesen Weltmarktregionen aus wurden die Modelle weltweit exportiert und verkauft. Durch den Aufkauf wurde schnell klar, dass das Unternehmen eine Produktionsstrategie für den chinesischen Markt umsetzen muss, um den Anschluss an die Industrie nicht zu verpassen. Herr Larsson erklärt, große Konkurrenzunternehmen seien schon vor Jahren in den chinesischen Markt mit eigenen Produktionsniederlassungen eingestiegen. Außerdem sagte das chinesische Unternehmen großes Marktpotenzial für die Produkte des Unternehmens voraus.

Zur Sammlung von Markteintrittspunkten und zur Entwicklung einer Markteintrittsstrategie im chinesischen Markt
Durch die chinesische Muttergesellschaft konnte das Unternehmen schnell wichtige Markteintrittspunkte sammeln. Die chinesische Muttergesellschaft hatte wichtige Kontakte zu den lokalen Behörden für den Bau der Produktionsniederlassung bereits geknüpft und verfügte in Westchina über ein großes Händlernetz. Durch

[44] Name der interviewten Person wurde geändert.

[45] Die vorliegende Fallstudie basiert auf Interview 45 2017.

die veränderte Markteintrittsstrategie konnte das Unternehmen die Produkte günstiger anbieten, da z. B. Importzölle wegfielen. Weitere ausschlaggebende Gründe die Produktion im chinesischen Markt aufzubauen, waren die Möglichkeit der Reduzierung der Transportzeit und der Kosten. Neben der Produktionsniederlassung besitzt das Unternehmen ein Forschungs- und Entwicklungszentrum in Shanghai. Der Fokus des Forschungs- und Entwicklungszentrums liegt stark auf dem Innendesign der Modelle. Chinesische Kunden wollen häufiger eine luxuriösere und personalisierte Innenausstattung als europäische oder amerikanische Kunden.

Zur Entwicklung einer bestimmten Region und zum Aufbau erster Vertriebsstrukturen im chinesischen Markt

Vor dem Aufkauf durch ein chinesisches Unternehmen bediente das Unternehmen erste Kunden im chinesischen Markt durch Exporte. Die ersten Produkte verkaufte das Unternehmen in Tier-1 Städten in China, wie z. B. Shanghai, Chongqing oder Guangzhou. Die Verkaufszahlen lagen bei ca. 10.000–20.000 Einheiten pro Jahr zum Ende der 2010er Jahre. Als das Unternehmen vor ca. 10 Jahren aufgekauft wurde, setzte das chinesische Unternehmen ein Ziel von 200.000 verkauften Einheiten bis 2020. Das neue Management war sich einig, um das 2020 Ziel zu erreichen, mussten noch mehr Tier-1 Städte erschlossen werden. Dazu mussten weitere Händler akquiriert werden.

Hintergrundinformationen zum chinesischen Automobilhändler-Markt

Die Händlerstruktur im chinesischen Markt ist anders als in Europa. In China verkauft ein Händler unterschiedliche Marken. In Europa bietet ein Händler in der Regel eine Marke an. Aus der unterschiedlichen Händlerstruktur resultiert ein unterschiedliches Machtgefüge. Die Händler in Europa sind stark an die jeweilige Marke gebunden, wohingegen chinesischen Händler sich weniger abhängig von einem Hersteller machen.

Herr Larsson berichtet, dass es relativ leicht war neue Händler in weiteren Tier-1 Städten zu gewinnen. Das lag daran, dass die Produkte qualitativ hochwertig waren und das Unternehmen einem chinesischen Unternehmen gehörte. Das Verfahren für einen Händler läuft in der Regel so ab, dass der Händler sich bewerben muss. Er muss darlegen, dass er hohe Investitionen stemmen kann, dass das Aussehen seines Geschäfts ansprechend ist und er über eine entsprechende technische Ausrüstung verfügt. Letztendlich muss er auch darlegen wie gut sein

Personal ausgebildet ist. Händler mit hohen Investitionsneigung und hohen technischen Ausbildungspotenzial werden ausgewählt. Natürlich ist es auch die Aufgabe der Hersteller, dass die Händler bestens geschult und technisch hochwertig ausgerüstet sind. Herr Larsson erklärt, dass im Management auch öfter diskutiert wird, ob die Produkte nicht auch über das Internet verkauft werden können. Im Moment sieht Herr Larsson die Händler aber als wichtigsten Absatzkanal.

Herausforderungen bei der Erschließung weiterer Vertriebskanäle und Kundengruppen im chinesischen Markt
Derzeit sehen Herr Larsson und seine Kollegen die größte Herausforderung in der Distributionslogistik, d. h. dem tatsächlichen physischen Fluss der Produkte[46] (siehe auch Abschnitt 2.2). Ein absoluter Erfolgsfaktor im chinesischen Markt besteht darin schnell am Markt zu sein. Allerdings ist das Transportsystem noch nicht der Größe des Landes entsprechend ausgebaut. Daher wird viel in den Zugverkehr investiert. Der Zugverkehr ist billiger als die Produkte per Lastkraftwagen zu transportieren. Außerdem ist er mit dem Binnenschiffstransport konkurrenzfähig.

Eine weitere Herausforderung sieht Herr Larsson in den sich verändernden Kundenwünschen. Mit der wirtschaftlichen Entwicklung Chinas haben die Menschen mehr Geld zur Verfügung und sie wollen, dass die Produkte ihren Erwartungen entsprechen. Sie möchten die Konfigurationen wählen, die ihnen gefallen. Wenn sie eine Luxusmarke kaufen, wie es das Unternehmen anbietet, sind die Kunden bereit für Exklusivität zu bezahlen. Sie wollen auch das neueste Produkt haben. Sie wollen kein Produkt kaufen, das vor einigen Monaten produziert wurde. Herr Larsson denkt, dass sich die Luxusmarke in China so entwickeln wird, wie es in Europa der Fall war. Der Kunde wünscht sich ein einzigartiges Produkt und möchte etwa zwei bis drei Monate warten. Nicht kürzer, weil sie verstehen, wenn es exklusiv sein soll, muss es für sie produziert werden. Wenn Herr Larsson an Europa denkt, insbesondere an die Märkte in Deutschland, Skandinavien, Belgien, die Niederlande und Frankreich, sieht er einen hohen Prozentsatz der Kundenauftragsproduktion. Dort bestellen die Kunden ein Produkt und drei bis vier Wochen später geht das Produkt online. Eine Woche später ist das Produkt bereits auf dem Weg zum Händler. Insgesamt haben die Kunden sechs bis acht Wochen nach der Bestellung das Produkt. Es wird das Produkt sein, das der Kunde, und nicht der Händler bestellt hat. Herr Larsson glaubt, dass das auch die Zukunft für China sein wird.

[46] Vgl. Gillespie & Hennessey 2016, S. 414.

Eine letzte Herausforderung im Ausbau der Kundengruppen sieht Herr Larsson in der Lieferkette des Unternehmens. Wenn ein Kunde Leder oder andere besondere Merkmale haben möchte, sollten die Kundenwünsche schnell erfasst und umgesetzt werden können. Auch in der Zulieferkette sind kürzere und schnellere Distanzen in Zukunft erforderlich. Insbesondere wenn das Produkt fertig ist, muss dieses schnell an die Händler geliefert werden. Das ist ein weiterer Grund, warum Herr Larsson ein wachsendes Potenzial für den Zugverkehr anstelle des Lastkahnverkehrs sieht. Der Schiffstransport ist zu langsam, um die Kundenwünsche bestmöglich zu erfüllen.

Ähnliches berichtet Herr Fischer[47] von einem großen deutschen Logistikunternehmen[48]:

> "Hier ist es für mich sehr schwer jemanden zu finden, der sagt, pass auf, ich kann dir ein Verkehrsnetzwerk von China abbilden. Ich muss immer meine lokalen Helden haben. Die können dann z. B. Jiansu oder Shanghai und Umgebung bis auf Ningbo beliefern. Das ist die Herausforderung im chinesischen Markt. Dazu kommt, dass es auch kein homogenes Preisgefüge gibt. Das ist in der Hinsicht noch ein bisschen Wilder Westen. Dann haben wir das Problem, dass die Flüsse in China bis heute noch nicht so aufgearbeitet sind, dass man auch auf die Binnenschifffahrt vertrauen kann wie bei uns in Europa. Speziell in der Sommerzeit verändern sich die Wasserlevel stark. Das ist alles noch nicht so ausgearbeitet. Ich weiß, dass z. B. Unternehmen X eigene Trucking-Services zu ihren Hot Spots, wo sie große Kunden haben, anbieten damit sie die Automotive-Kunden verlässlich bedienen können. Die können sich auf das chinesische System nicht verlassen. Die haben ihr eigenes Netzwerk aufgebaut."[49]

Das Unternehmen hat nun vor Kurzem mit der Kundenauftragsproduktion im chinesischen Markt begonnen. Zuerst in Chengdu und später in Chongqing, um zu testen, ob die europäische Marktstrategie der Kundenauftragsproduktion mit Vorlaufzeiten zwischen Bestellung und Lieferung von etwa 8 Wochen auch in China möglich ist. Herr Larsson ist sich sicher, es ist möglich.

Zum Rollout/Marktdurchdringungsstrategie im chinesischen Markt

Der Aufbau einer Marke zur Steigerung der nationalen Präsenz fand einerseits bereits durch die Exportstrategie in der Vergangenheit des Unternehmens statt. Andererseits erarbeitete sich die chinesische Muttergesellschaft parallel dazu

[47]Name der interviewten Person wurde geändert.

[48]Der vorliegende Abschnitt der Fallstudie basiert auf Interview 44 2017.

[49]Interview 44 2017.

eine nationale Präsenz. Durch den Aufkauf profitierte die Marke des Unternehmens von dem guten Ruf der chinesischen Muttergesellschaft. Weiterhin konnte das Unternehmen die etablierten Kontakte und Händlerstrukturen der chinesischen Muttergesellschaft nutzen. Die Rolloutstrategie des Unternehmens profitierte enorm von den bereits etablierten Händlerstrukturen in den Tier 2- bis Tier 4-Städten im chinesischen Markt. Dadurch wurden schnell neue Absatzzahlen erreicht. In den Tier 1-Städten entschied man sich die Händlerstrukturen nicht miteinander zu vermischen, um die Marken unabhängig voneinander zu erhalten.

Zur Implementierung des International Sales Accelerator Modells
Das Unternehmen hat den chinesischen Markt lange mit einer Exportstrategie bedient und erst spät ein Upgrade einer Markteintrittsstrategie vorgenommen. Durch den Aufkauf durch ein chinesisches Unternehmen konnte ein Upgrade der Markteintrittsstrategie schnell nachgeholt werden. Weiterhin konnte das Unternehmen beim Ausbau der Vertriebsstrukturen und der Kundengruppen von den etablierten Strukturen der Muttergesellschaft profitieren. Letztendlich wendet das Unternehmen alle Bausteine des International Sales Accelerator Modells an.

6.2.3 Vertriebsaufbau und Vertriebsentwicklung in der Sicherheitstechnikindustrie im chinesischen Markt

Zur Segmentierung und Auswahl einer Weltmarktregion und zur Auswahl eines bestimmten Landes als prioritären Zielmarkt
Das Unternehmen verarbeitet Stahldrähte zu Schutzsystemen[50], diese dienen zum Beispiel zum Schutz vor Steinschlag, Erdrutschen und Lawinen. Die Segmentierung der Weltmärkte erfolgt anhand von geographischen Segmentierungskriterien. Für das Unternehmen sind Zielmärkte mit bergigen Regionen von besonderer Relevanz, da dort die Schutzsysteme installiert werden. Das Unternehmen tritt in der Regel zunächst mit ausgewählten Handelspartnern in einen neuen Zielmarkt ein, anschließend folgt eine eigene Vertriebsniederlassung. In Zielmärkten mit großem Marktpotenzial baut das Unternehmen seine Vertriebsniederlassung zu Produktionsniederlassung aus.

Zur Sammlung von Markteintrittspunkten und zur Entwicklung einer Markteintrittsstrategie in der Weltregion Asien und dem chinesischen Markt

[50] Die vorliegende Fallstudie basiert auf Interview 38 2017.

Erste Markteintrittspunkte zum chinesischen Markt wurden auf einer internationalen geotechnischen Konferenz in Portugal Mitte der 1990er Jahre geknüpft. Knapp ein Jahr nach dem Beginn der Sammlung von Markteintrittspunkten, stieg das Unternehmen in den chinesischen Markt ein. Das Management wählte einen chinesischen Ingenieur, Herr Li[51], aus, der ein kleines Ingenieurbüro in China besaß. Herr Li wurde zum Geschäftsführer der chinesischen Vertriebsniederlassung eingestellt und wurde mit der Entwicklung erster Vertriebsstrukturen beauftragt (siehe nachfolgenden Abschnitt). Das Unternehmen merkte schnell, dass die Markteintrittsstrategie parallel weiterentwickelt werden musste. Zu Beginn des Markteintritts fokussierten sich Herr Li und sein Team auf den Aufbau von Vertriebs- und Technikmitarbeitern, um die Sicherheitssysteme installieren zu können. Weiterhin vergab das Unternehmen Produktionsaufträge für bestimmte Teil der Sicherheitssysteme an vor Ort ansässige Unternehmen. Nach ca. fünf Jahren, d. h. zu Beginn der 2000er Jahre, investierte das Unternehmen in seinen zentralen chinesischen Standort, indem es ein Firmengelände in Chengdu kaufte bzw. pachtete[52].

Zur Entwicklung einer bestimmten Region und zum Aufbau erster Vertriebsstrukturen im chinesischen Markt

Die ersten Projekte zu akquirieren war schwer für das Unternehmen, da es noch vor der Öffnung des Landes und dem Beitritt Chinas in die Welthandelsorganisation 2001 in den Markt eintrat[53]. Herr Hou[54], der seit 1995 beim Unternehmen in Chengdu arbeitet, berichtet, dass sie als ausländisches Unternehmen erstmal Vertrauen aufbauen mussten. Das trifft insbesondere für die Branche, in der das Unternehmen unterwegs ist, zu. Die Design- und Bauingenieure müssen ein hohes Risiko abwägen, wenn sie ein neues Unternehmen als Zulieferer für z. B. Autobahnprojekte verwenden wollen. Herr Hou und seine Kollegen mussten also zu Beginn viel Überzeugungsarbeit leisten. Sie sprachen mit Design-Instituten, staatlichen Unternehmen, Politikern und Professoren. Da sie noch keine Referenzprojekte in China aufweisen konnten, wurden wichtige Kunden in die Schweiz eingeladen, um Beispielprojekte anschauen zu können. Es war schwierig die zuständigen Personen bzw. die Entscheider zu identifizieren, da die Kunden

---

[51]Name der interviewten Person wurde geändert.

[52]In China können Grundstücke nur für 50 Jahre gepachtet werden (Vgl. Interview 41 2017).

[53]Vgl. World Trade Organization 2017.

[54]Name der interviewten Person wurde geändert.

nicht einzelne Personen waren, wie z. B. in der Konsumgüterindustrie. Schließlich gelang es der Vertriebs-Tochtergesellschaft ein Projekt in Chongqing zu akquirieren. 2015 feierte das Unternehmen das 20-jährige Bestehen des Projektes.

In Tab. 6.15 können die Marktsegmente, d. h. die Hauptkunden, sowie die Vertriebskanäle des Unternehmens entnommen werden. Aufgrund des technischen Know-hows, das beim Verkauf gefragt ist, wird der Markt mit direkten Vertriebskanälen in Form von Verkaufsingenieuren bedient. Die Aufgaben der Ingenieure sind dabei vielfältig, z. B. müssen sie die Design-Institute, Bauunternehmen und staatliche Unternehmen nicht nur beraten, um den Verkauf damit zu erreichen, sondern auch die Schutzsysteme installieren.

Tab. 6.15 Coverage-Matrix eines Sicherheitstechnikunternehmens im chinesischen Markt

		Marktsegmente		
Art des Vertriebskanals	**Vertriebskanal**	**Design-Institute**	**Bauunternehmen**	**Regierung, d. h. staatliche Unternehmen**
Direkt	*(Verkaufs-) Ingenieure*	Beratung, Verkauf und Installation der Schutzsysteme		

Quelle: Eigene Tabelle basierend auf Homburg et al. 2012, S. 61.

Herr Hou berichtet, dass die Mitarbeitersuche nicht immer leicht ist, da das Unternehmen erfahrenes Personal sucht. Das Personal kommt teilweise von anderen Unternehmen oder direkt von Universitäten. Meistens müssen die Verkaufsingenieure bis zu 2 Jahre vom Unternehmen am Hauptsitz geschult werden. Sie müssen Verkaufsfähigkeiten entwickeln und sich sehr viel technisches Wissen aneignen.

Zum Rollout / Marktdurchdringungsstrategie im chinesischen Markt
Forschung und Entwicklung werden bewusst an einem zentralen Ort am Hauptsitz im Heimatmarkt gehalten. Das Unternehmen hat sehr erfolgreich eine Marke aufgebaut, die im chinesischen Markt als Synonym für die Sicherheitssysteme verwendet wird. Der weitere Ausbau des chinesischen Marktes hängt von der Wettbewerbsstrategie ab. Herr Hou berichtet, dass in den letzten Jahren zunehmend chinesische Unternehmen in Konkurrenzkampf mit dem Unternehmen getreten sind und es schwieriger wird im Preiskampf mitzuhalten. Momentan reicht der Standort in Chengdu aus, um den chinesischen Markt zu bedienen. Chengdu liegt darüber hinaus strategisch günstig, da das Unternehmen von hier aus alle bergigen Regionen Chinas aus bedienen kann.

Zur Implementierung des International Sales Accelerator Modells
Das Unternehmen hat alle International Sales Accelerator Modell Bausteine durchlaufen und steht vor der weiteren Umsetzung der letzten Module (siehe Schnell-Check in Abschnitt 5.1) im Baustein 7. Durch den erfolgreichen Aufbau einer Marke, konnte das Unternehmen eine erfolgreiche nationale Präsenz aufbauen. Es steht nun vor der Herausforderung weitere Vertriebsniederlassungen aufzubauen und Forschung und Entwicklung vor Ort zu etablieren, um das Wissen vor Ort zu nutzen. Damit könnte das Unternehmen weitere Weltregionen erschließen bzw. in bereits erschlossenen Weltregionen mit neuen Produkten und Trends weitere Umsätze erwirtschaften.

6.2.4 Vertriebsaufbau und Vertriebsentwicklung in der Getränkeindustrie im chinesischen Markt

Hintergrundinformationen zum Cross-Border E-Commerce in China und chinesischen E-Commerce Großhändlern
Chinas Cross-Border E-Commerce (im Nachfolgenden bezeichnet als CBEC) erwirtschaftete im Jahr 2017 ca. 12 Mrd. €. Das entspricht einer Wachstumsrate von 80 % im Vergleich zum Vorjahr[55]. Dabei dominieren einige wenige Anbieter, wie z. B. Tmall, JD und Suning den Markt (siehe Abb. 6.11).

Die Umsatzentwicklung ist deshalb so interessant, weil es erst seit dem Jahr 2015 sogenannte CBEC Pilotprojekte in China gibt. Das erste Pilotprojekt fand in Hangzhou statt. Weitere Pilotprojekte folgten z. B. in Shanghai, Tianjin, Chengdu und Chongqing.[56] Herr Schmidt[57], von der deutschen Außenhandelskammer in China, erklärt, dass CBEC für deutsche Unternehmen sehr verlockend klingt, aber es sei nicht ganz so einfach über CBEC in den chinesischen Markt einzutreten. Zum Beispiel bedarf es speziellen Labellings, die bestimmten Anforderungen genügen müssen und chinesische Kunden erwarten schnelle Lieferungen innerhalb weniger Tage[58]. Wenn ein Unternehmen diese Anforderungen nicht leisten kann, schließt es sich auch von den großen Online-Plattformen aus (siehe auch Tab. 6.16).

---

[55]Vgl. China Daily 2018.

[56]Vgl. Ballering 2017, S. 46 ff.

[57]Name der interviewten Person wurde geändert.

[58]Vgl. Interview 34 2017.

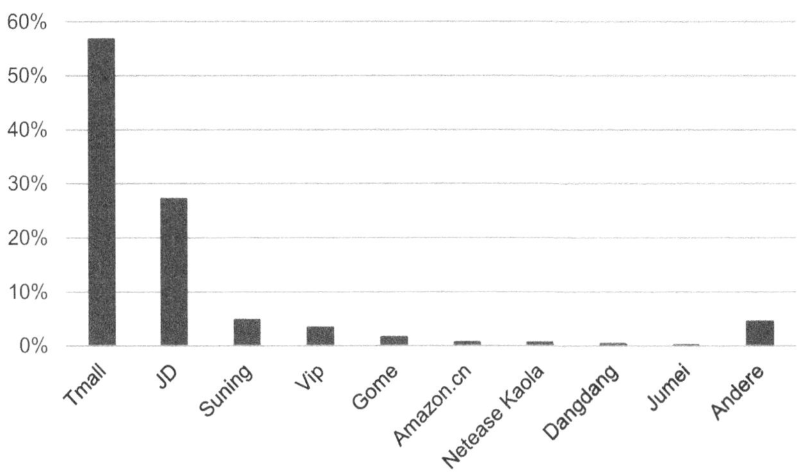

Abb. 6.11 Marktanteile der B2C E-Commerce Anbieter in China im 2. Quartal 2017. (Quelle: Eigene Darstellung in Anlehnung an iResearch 2017)

Tab. 6.16 Übersicht über die größten chinesischen CBEC B2C Online-Plattformen

Online-Plattform	Kosten
Tmall Global	Gründung: 2008 Kaution: 4000–8000 EUR Jährliche Plattformkosten: 20.000–40.000 EUR Vermittlungsgebühr: 0,5–5 % je nach Produktkategorie[59]
JD Worldwide	Gründung: 1998 Kaution: 8000–12000 EUR Jährliche Plattformkosten: 800 EUR Vermittlungsgebühr: 2–10 % je nach Produktkategorie[60]
Suning Global	Gründung: 1990 Kaution: 8000 EUR Jährliche Plattformkosten: keine Vermittlungsgebühr: 2–6 % je nach Produktkategorie[61]
Vip	Gründung: 2008 Kaution: keine Jährliche Plattformkosten: keine Vermittlungsgebühr: wird individuell ausgehandelt[62]

Quelle: Eigene Darstellung in Anlehnung an Ballering 2017, S. 31.

Weitere große Online-Plattformen sind Alibaba (B2B Online-Plattform) und Taobao (C2C Online-Plattform). In Fallstudie 6.2.9 wird auf den Aufbau eines Online-Geschäfts mit Alibaba eingegangen. Zum Aufbau von Geschäften über Taobao siehe nachfolgende Abschnitte in dieser Fallstudie. Aus Tab. 6.16 lässt sich erkennen, dass die Online-Plattformen strenge Zugangsvoraussetzungen haben und teilweise Kaution und jährliche Plattformgebühren veranschlagen. Herr Schmidt berichtet, dass die Kosten und der Aufwand die Zugangsvoraussetzungen zu erfüllen für die meisten KMUs nicht zu stemmen sind, zumal ein Zugang zu einer Online-Plattform noch keinen Verkauf der Produkte gewährleistet[63]. Im Gegenteil, nach erfolgreichem Zugang zu den Online-Plattformen, müssen die Unternehmen sehr viel Geld in Marketingmaßnahmen investieren. Hat man es aber geschafft, winkt ein schnell wachsender Markt mit stetig steigenden Benutzerzahlen[64]. Aus diesem Grund haben sich die nachfolgend vorgestellten Unternehmen trotz der Risiken für den Markteintritt über chinesische E-Commerce Großhändler entschieden und bauen derzeit ihr E-Commerce Geschäft in China aus.

Zur Segmentierung und Auswahl einer Weltmarktregion und zur Auswahl eines bestimmten Landes als prioritären Zielmarkt
Beide Unternehmen segmentieren die Weltmarktregionen nach geographischen Segmentierungskriterien. Darüber hinaus müssen beide Unternehmen sehr rohstofforientiert handeln und Zielmärkte werden ggfs. auch aus ressourcenorientierten Gründen ausgewählt. Die Gründe für die Auswahl des chinesischen Markt waren die folgenden: Bei Unternehmen 1[65] erfolgte die Auswahl des chinesischen Marktes als prioritären Zielmarkt nachdem es von einem chinesischen Investor gezielt angesprochen wurde und ein großer Teil des Risikos vom Investor übernommen wurde. Unternehmen 2[66] wählte den chinesischen Markt aufgrund seines großen Marktpotenzials aus.

Zur Sammlung von Markteintrittspunkten und zur Entwicklung einer Markteintrittsstrategie im chinesischen Markt
Beide Unternehmen sammelten zunächst Markteintrittspunkte bevor sich Unternehmen 1 für die Markteintrittsstrategie Joint Venture und Unternehmen 2 für die Markteintrittsstrategie Handelspartner entschieden. Unternehmen 1 knüpfte unter anderem Kontakte zu anderen lokalen deutschen Unternehmen und zur deutschen

[63] Vgl. Interview 34 2017.

[64] Vgl. Ballering 2017, S. 9.

[65] Die Fallstudie zum Unternehmen 1 basiert auf Interview 40 2017.

[66] Die Fallstudie zum Unternehmen 2 basiert auf Interview 43 2017.

Handelskammer. Unternehmen 2 suchte über drei Jahre nach einem geeigneten Handelspartner für den chinesischen Markt. Die Wahl fiel auf einen Handelspartner, der schon sehr lange in der gleichen Industrie tätig ist und bereits Erfahrungen im Aufbau von Vertriebskanälen mit Hilfe chinesischer E-Commerce Großhändler hat.

Zur Entwicklung einer bestimmten Region und zum Aufbau erster Vertriebsstrukturen im chinesischen Markt – Unternehmen 1
Der Joint Venture Partner von Unternehmen 1 wählte eine Stadt in der Provinz Hunan für den Aufbau der deutschen Straße aus, in der Unternehmen 1 ein lokales Geschäft als direkten Vertriebskanal eröffnen konnte. Herr Hoffmann[67] erklärt, dass sie bisher sehr zufrieden mit den Vereinbarungen zum Joint Venture sind. Der Joint Venture Partner ist nur finanziell beteiligt und mindert so das finanzielle Risiko für das Unternehmen. Nachdem der erste Vertriebskanal aufgebaut war, investierte das noch junge Management des Unternehmens viel Zeit in den Aufbau des E-Commerce.

Als erstes musste das Unternehmen eine eigene Webseite beantragen, da Baidu, das «chinesische Google», ausländische Webseiten nicht rankt. Dabei galt es einiges zu beachten:

> "In China ist alles kontrolliert. Man muss angeben was das für eine Seite werden soll, wo der Server steht, wie der Domainname lautet, wer der Besitzer ist oder welche ID der Besitzer hat. Der Anmeldeprozess dauert relativ lange, ca. einen Monat. Man muss immer wieder E-Mails bestätigen, abwarten, E-Mails bestätigen etc."[68]

Weiterhin musste dafür gesorgt werden, dass das Unternehmen in Baidu möglichst weit oben als Suchergebnis auftaucht. Das schafft man durch Suchmaschinenoptimierung, wie z. B. über möglichst viele Verlinkungen. Neben der eigenen Webseite hat das Unternehmen auch intensiv an dem Marktauftritt bei der Online-Plattform Taobao gearbeitet. Mittlerweile sind sieben Mitarbeiter für den Aufbau des Online-Geschäftes verantwortlich. Herr Hoffmann erklärt, warum das so wichtig ist:

> "Wenn man bei uns Amazon kennt, dann ist das überschaubar von den Anfragen, die so pro Tag eintreffen. Wenn man hier bei Taobao ist, braucht man eine Person die Vollzeit pro Tag die Anfragen beantwortet. [...] es wird erwartet, dass die Fragen gleich beantwortet werden. Am besten Live-Chat-mäßig."[69]

[67]Name der interviewten Person wurde geändert.

[68]Interview 40 2017.

[69]Interview 40 2017.

Weitere Online-Plattformen, die erschlossen werden sollen, sind z. B. Tmall oder JD. Dazu benötigt das Unternehmen aber noch eine gültige Food-Lizenz, welche schon beantragt wurde. Außerdem sollen durch einen direkten Vertriebskanal Hotels, Gastronomien und Firmenkunden bedient werden. Der direkte Vertriebskanal wird somit für das B2B-Geschäft eine wichtige Rolle spielen. Das B2C-Geschäft wird online über indirekte Vertriebskanäle wie die bereits erwähnten Online-Plattformen vertrieben. Die Nähe zu den nicht geschäftlichen Kunden kann durch den Shop in der deutschen Straße aufrechterhalten werden. Die Coverage-Matrix in Tab. 6.17 verdeutlicht das Geschäftsmodell des Unternehmens.

Tab. 6.17 Coverage-Matrix eines Getränkeherstellers im chinesischen Markt (Unternehmen 1)

		Kundensegmente		
Art des Vertriebskanals	**Vertriebskanal**	**Lokale Kunden**	**B2C Onlinekunden**	**B2B Firmenkunden**
Direkt	*Shop in dt. Straße*	Verkauf von Getränken		
	Innen- und Außendienst		Information & Verkauf	Beratung und regelmäßige Belieferung
Indirekt	*Taobao*		Information & Verkauf	
	WeChat		Information & Verkauf	
	TMall		in Planung	
	JD		in Planung	

Quelle: Eigene Tabelle in Anlehnung an Homburg et al.'s Coverage-Matrix 2012, S. 61.

Zur Entwicklung einer bestimmten Region und zum Aufbau erster Vertriebsstrukturen im chinesischen Markt – Unternehmen 2

Zum Zeitpunkt des Interviews war das Unternehmen ca. 1 Jahr im chinesischen Markt. Die Interviewpartnerin berichtet, dass die Geschäftsleitung des Unternehmens drei Jahre auf der Suche nach einem geeigneten Geschäftspartner im chinesischen Markt war. Die Wahl fiel schließlich auf einen Handelspartner in der gleichen Industrie, der bereits Erfahrung mit dem Online-Handel hat. Derzeit arbeiten 10 Mitarbeiter am E-Commerce Vertriebsaufbau.

Das Ziel des Unternehmens ist es auf den wichtigsten Online-Plattformen präsent zu sein, damit die Kunden die Plattform nutzen können, die sie normalerweise auch nutzen. Das heißt, die Kunden sollen nicht gezwungen werden ihre gewohnte Plattform zu verlassen nur damit sie die Produkte des Unternehmens kaufen können. Wie aus der Tab. 6.18 zu sehen ist, hat das Unternehmen bereits indirekte Vertriebskanäle bei JD, Tmall und WeChat aufgebaut. In Planung sind außerdem Suning und Red Book. Darüber hinaus berichtet die Expertin, dass sie es auch wichtig fände, wenn das Unternehmen Offline-Shops aufbauen würde, um lokale Kunden besser ansprechen zu können. In der Industrie ist es wichtig, dass die Kunden die Produkte anfassen können und den Geschmack des Produktes riechen können.

Tab. 6.18 Coverage-Matrix eines Getränkeherstellers im chinesischen Markt (Unternehmen 2)

		Kundensegmente	
Art des Vertriebskanals	**Vertriebskanal**	**Lokale Kunden**	**B2C Onlinekunden**
Direkt	*Shops*	in Planung	
Indirekt	*JD*		Information und Verkauf
	Tmall und Tmall Supermarket		Information und Verkauf
	WeChat		Information und Verkauf
	Suning		in Planung
	Red Book (Xiaohong-shu)		in Planung

Quelle: Eigene Tabelle in Anlehnung an Homburg et als Coverage-Matrix 2012, S. 61.

Beim Aufbau der Online-Plattformen hat der Handelspartner das neue E-Commerce Team des Unternehmens unterstützt. Die Interviewpartnerin berichtet, dass unterschiedliche Plattformen auch unterschiedliche Regularien haben. Zu Beginn musste das Team viel recherchieren, z. B. welche Unterlagen eingereicht werden müssen oder welche Dokumente vorbereitet werden müssen. Nach erfolgreicher Vorbereitung bekommt das Unternehmen irgendwann ein “Go”, dass es seine Produkte auf der Plattform anbieten kann. Die Interviewpartnerin und ihr Team beginnen sich dann mit der Logistik- und Supply Chain-Abteilung abzustimmen, wie und wann sie die Produkte liefern können. Dabei gibt es Plattformen, die ein eigenes Warenhaus haben und welche die keines besitzen. Je nachdem muss das Unternehmen seine eigene Logistik planen. Bei den Plattformen, die ein eigenes Lager haben, müssen die Füllungsprozesse gut geplant und koordiniert werden. Das Unternehmen muss sich mit den Plattformen abstimmen. Die Expertin sieht hier noch Potenzial, um die Effizienz zu steigern.

Der größte Unterschied im Vertriebskanalmanagement zu Deutschland ist wohl die Tatsache, dass das Unternehmen die Produkte in Deutschland in Supermärkten verkauft. Laut der Expertin würde dieser Vertriebskanal in China nicht funktionieren. Chinesische Kunden suchen in Offline-Supermärkten nach Lebensmitteln aber nicht nach diesem einen Produkt. Dennoch findet die Expertin, dass das Unternehmen einen direkten Kanal durch z. B. eigene Shops zu den Kunden aufbauen sollte, damit die Kunden die Produkte anfassen und riechen können.

Weitere Herausforderungen im Vertrieb der Produkte bestehen darin, die Kunden auf das Unternehmen aufmerksam zu machen. Auch hier setzt das Team auf Offline-Events. Die Expertin berichtet, dass das Unternehmen vor kurzem bei der Shanghai Fashion Week vor Ort war, um die Hauptzielgruppe des Unternehmens anzusprechen. Überhaupt ist es nicht so einfach den chinesischen Kunden, die bereits eine große Auswahl an Getränken haben, die neuen Produkte näher zu bringen. Dabei hilft der Country-of-Origin-Effekt[70]. Das Unternehmen wirbt offensiv damit, dass das Produkt aus Deutschland stammt. Das Team um die Expertin ist momentan weiter auf der Suche nach passenden Offline-Events. Bei den Offline-Events geht es darum, die Meinung der Hauptzielgruppe über Geschmack und Marke einzuholen.

Zum Rollout / Marktdurchdringungsstrategie im chinesischen Markt

Beide Unternehmen arbeiten an dem Aufbau einer Marke zur Etablierung einer nationalen Präsenz. Im Gegensatz zu Unternehmen 1 ist Unternehmen 2 im Heimatmarkt national bekannt und kann auf größere Erfahrungswerte aufbauen. Unternehmen 1 ist momentan noch stark damit beschäftigt erste Vertriebsstrukturen aufzubauen und diese auch weiterzuentwickeln. Dennoch arbeitet das Management parallel an dem Aufbau einer Marke. Über WeChat will das Unternehmen Follower mit neuesten Informationen versorgen. Um WeChat Follower zu bekommen, drehte das Unternehmen mit Meinungsführern (Key Opinion Leadern) Produkt-Review Videos und stellte sie im chinesischen Youtube, Youku, ins Netz. Unternehmen 2 arbeitet ebenfalls am Aufbau einer Marke, indem es Meinungsführer auf Fashion Weeks ihre Produkte testen lässt und diese dabei

[70]Der Country-of Origin Effekt kann Kaufverhalten beeinflussen je nach Image eines Landes. Vgl. z. B. Lampert & Jaffe 1998, S. 61 ff.

filmt. Weiterhin wirbt das Unternehmen offensiv damit, dass es aus Deutschland stammt, da der Country-of-Origin-Effekt für deutsche Getränkehersteller positiv durchschlägt. Chinesische Kunden haben durch den Milchskandal, der durch chinesische Unternehmen verursacht wurde, Vertrauen in die eigene Industrie verloren[71].

Zur Implementierung des International Sales Accelerator Modells
Beide Unternehmen arbeiten stark an dem Aufbau ihrer Marke, um eine nationale Bekanntheit zu erlangen. Darüber hinaus haben die E-Commerce Händler unterschiedliche Dienstleistungen in Bezug auf die Distributionslogistik der Produkte. Manche E-Commerce Händler bieten eigene Warenlager an, andere wiederum verlangen, dass die Produkte durch ein eigenes Warenlager verschickt werden. Beide Unternehmen haben viel Potenzial im Ausbau der Bausteine 6 und 7 und sind auf dem besten Weg weitere Elemente in diesen Bausteinen umzusetzen.

6.2.5 Vertriebsaufbau und Vertriebsentwicklung in der Lebensmittelindustrie im chinesischen Markt

> "Last year, President Xi Jinping visited Poland and tried Polish apples. Just after that, everyone wanted Polish apples. One picture, one visitor – was worth more than a multi-million promotional campaign. That is another reason why all these areas interact with each other: politics, cultural exchange, tourism – it all influences our actual trade."[72]

Zur Segmentierung und Auswahl einer Weltmarktregion und zur Auswahl eines bestimmten Landes als prioritären Zielmarkt
Das Unternehmen ist ein polnisches Beratungsunternehmen[73], das sich in der Vergangenheit auf den Import von polnischen Getränken und Lebensmitteln in den chinesischen Markt spezialisiert hat. Die Auswahl eines primären Zielmarktes erfolgte aufgrund der hohen Beratungsnachfrage für den chinesischen Markt. Getränke und Lebensmittel machen derzeit einen großen Anteil am täglichen Importgeschäft aus. In Zukunft plant das Unternehmen sein Portfolio für weitere Waren, wie z. B. Kosmetik oder Bekleidung zu erweitern. Das Unternehmen wurde 2009 in Polen, gegründet. Im Jahr 2017 arbeiten ca. 50 Mitarbeiter bei dem Unternehmen. Es besitzt einen Standort in Polen und zwei Standorte in China.

---

[71] Vgl. z. B. Spiegel Online 2008.

[72] Interview 35 2017.

[73] Die vorliegende Fallstudie basiert auf Interview 35 2017.

In China hat das Unternehmen ein Warenhaus mit Büro in Hangzhou und ein Verkaufsbüro in Chengdu.[74]

Zur Sammlung von Markteintrittspunkten und zur Entwicklung einer Markteintrittsstrategie in der Weltregion Asien und dem chinesischen Markt
Das Unternehmen entwickelte sich von einem Importagenten zu einem Exportagenten. Laut *Gillespie & Hennessey* identifizieren Importagenten im jeweiligen Ländermarkt Konsumentenbedürfnisse und analysieren dann, wo sie die Produkte zur Erfüllung der Bedürfnisse weltweit einkaufen können[75]. Exportagenten dagegen fokussieren sich mehr auf einen Ländermarkt bzw. eine bestimmte Weltregion. Außerdem sind sie meistens spezialisiert auf den Verkauf der Produkte.[76] Wie Herr Nowak[77] berichtet, agierte das Unternehmen zunächst als Importagent, indem es polnische und andere europäische Lebensmittel für den chinesischen Markt importierte. Mit der Zeit entwickelten die Mitarbeiter weitere Kompetenzen, so dass sich das Hauptgeschäft des Unternehmens wandelte.

Zur Entwicklung einer bestimmten Region und zum Aufbau erster Vertriebsstrukturen im chinesischen Markt

Vertriebspolitik
Das Unternehmen empfiehlt kleinen und mittelständischen Unternehmen den indirekten Vertrieb im chinesischen Markt aufzubauen, anstatt in einen direkten Vertrieb zu investieren. Unternehmen sollten lieber Zeit und Geld in die Suche nach einem geeigneten Handelsvertreter investieren. Nach der Erfahrung von Herrn Nowak ist es auch hilfreich mehrere Handelsvertreter auszuprobieren. Manchmal dauert eine Partnersuche bis zu 3 Jahre. Dennoch ist es günstiger den Markt über Handelsvertreter zu erschließen als über einen direkten Vertrieb mit eigenem Personal.

Weiterhin ist das Lebensmittelgeschäft von regionalen Unterschieden geprägt. Zum Beispiel lässt sich Wodka im Norden besser verkaufen als im Süden von China:

[74] Vgl. Interview 35 2017.

[75] Vgl. Gillespie & Hennessey 2016, S. 411 f.

[76] Vgl. Gillespie & Hennessey 2016, S. 411 f.

[77] Name der interviewten Person wurde geändert.

„In addition, China is much diversified. When we have certain products like Vodka, it sells very well in Northern China, but not well at all in Southern China. Different places have different tastes.“[78]

Ein weiterer Absatzkanal ist der E-Commerce. Das Unternehmen nutzt E-Commerce allerdings nicht für Lebensmittel, sondern für Bekleidung. Interessanterweise, importiert das Unternehmen Damen-Strumpfhosen von polnischen Unternehmen, die zuvor in China produziert wurden und verkauft diese auf diversen Online-Plattformen, wie z. B. vip.com oder jd.com. Zu diesem Zweck hat das Unternehmen in Hangzhou in der Zhejiang Provinz ein Warenhaus mit Büro eröffnet. Hangzhou ist bekannt für chinesische Unternehmen, die das Controlling und den Verkauf über Online-Plattformen managen. Vip.com öffnet seine Plattform nur für ein paar Tage pro Monat. Die restlichen Tage im Monat wird Spannung aufgebaut und es werden große Rabattaktionen angekündigt. Der Verkauf über vip.com läuft sehr gut, erzählt Herr Nowak.

Produktpolitik

Das Unternehmen überprüft zu Beginn, ob ein Produkt für den chinesischen Markt geeignet ist. Dazu werden Proben des Produktes an Handelspartner geschickt um Feedback bezüglich der Verpackung, des Geschmacks sowie der Zutaten einzuholen. Herr Nowak berichtet, dass viele chinesische Kunden ein Problem mit der Einschätzung der Qualität von Produkten haben:

"Chinese consumers are not very sure how they should judge certain products. Does the product have a good quality, middle quality, or bad quality? The most important factor for them is price. The price is very often the game-changer."[79]

Anhand des Preises wird die Produktqualität gemessen bzw. manche Produkte werden erst aufgrund eines niedrigen Preises gekauft. Weiterhin berichtet Herr Nowak, dass es schwierig ist, die polnischen Lebensmittelhersteller zu überzeugen, dass sie eine minimale Gewinnmarge in den ersten beiden Jahren nach dem Markteintritt verlangen sollen. Er empfiehlt:

"Build your market, build your brand, the quantity will come."[80]

[78] Interview 35 2017.

[79] Interview 35 2017.

[80] Interview 35 2017.

Laut *Homburg & Krohmer* fällt unter die Produktpolitik auch das Markenmanagement[81]. Für polnische Lebensmittelhersteller ist es besonders schwierig eine Marke zu etablieren, da das Land in China im Vergleich zu Deutschland oder Frankreich nicht so präsent ist[82]. Weiterhin erläutert Herr Nowak, dass die Verpackungen der Lebensmittel in der Regel geändert werden müssen, z. B. musste ein Wodka-Hersteller für den chinesischen Markt den Verschluss seiner Flaschen ändern sowie ein chinesisches Label mit Bildern entwerfen.[83]

Preispolitik

Da es sich bei den meisten Produkten des Unternehmens um Lebensmittel handelt und diese in großen Mengen verkauft werden, ist ein niedriger Preis von extremer Bedeutung. Herr Nowak erzählt, dass die meisten seiner Kunden bei ihrem ersten Besuch in China große Augen machen, da die Preise relativ teuer sind im Vergleich zu den polnischen. Was sie nicht wissen ist, dass sie nur einen kleinen Anteil an der Gewinnmarge abbekommen.

> "[...] you have import costs, registration costs, taxes, order's margin, distributor's margin, another distributor's margin, supermarket margin, it all adds up and competition is huge."[84]

Kommunikationspolitik

Um in der Kommunikationspolitik erfolgreich für die polnischen Lebensmittelhersteller Kontakte zu knüpfen, verfolgte das Unternehmen für eine lange Zeit die Strategie auf möglichst vielen Messen präsent zu sein. Laut Herrn Nowak ist das die beste Möglichkeit sich kennen zu lernen. Die Kunst ist es Messen herauszufinden, die qualitativ hochwertig sind. Gute Lebensmittelmessen sind laut Herrn Nowak z. B. die SIAL und die FHC in Shanghai oder die ANUFOODS in Beijing. Weitere kommunikationspolitische Maßnahmen, wie z. B. Online-Werbung werden z. B. über Social Media wie WeChat angeboten.

Zum Rollout / Marktdurchdringungsstrategie im chinesischen Markt

In Baustein 7 hilft das Unternehmen anderen Unternehmen eine Marke zu etablieren und damit eine nationale Präsenz aufzubauen. Allerdings, als Exportagent, wird das Unternehmen früher oder später seine etablierten Kunden verlieren,

---

[81]Homburg & Krohmer 2006, S. 627 ff.

[82]Vgl. Interview 35 2017.

[83]Vgl. Interview 35 2017.

[84]Interview 35 2017.

da diese sich weiterentwickeln müssen, um eigene Vertriebsniederlassungen und bestenfalls auch eine eigene Landesgesellschaft aufzubauen. Die Weiterentwicklung im chinesischen Markt muss von den Getränke- und Lebensmittelherstellern letztendlich selbst vorangetrieben werden.

Zur Implementierung des International Sales Accelerator Modells
Das Unternehmen hat sich, ohne es zu wissen, auf die Umsetzung einiger Elemente der Bausteine 3–7 des International Sales Accelerator Modells spezialisiert. Es übernimmt die Sammlung von Markteintrittspunkten für polnische Getränke- und Lebensmittelhersteller und legt deren Markteintrittsstrategien fest. Dabei empfiehlt das Unternehmen in der Regel mit einer risikoarmen Markteintrittsstrategie, einem Handelspartner, in den chinesischen Markt einzusteigen. Diese Handelspartner können auf etablierte Vertriebskanäle zurückgreifen. Die polnischen Getränke- und Lebensmittelhersteller können dadurch erste Markterfahrungen sammeln und an dem Aufbau einer Marke arbeiten.

6.2.6 Vertriebsaufbau und Vertriebsentwicklung in der Umwelttechnikindustrie im mexikanischen Markt

Zur Segmentierung und Auswahl einer Weltmarktregion und zur Auswahl eines bestimmten Landes als prioritären Zielmarkt

> "The Gateway Hypothesis [...] involves consideration of future expectations when venturing into a new foreign market. The backbone of the proposition is that the first experience may turn into a stepping-stone-entry which initiates further entry decisions in related markets."[85]

Wie durch das Zitat erwähnt wird, wollen auch die in dieser Fallstudie vorgestellten Umwelttechnikunternehmen den mexikanischen Markt zum Sammeln von ersten Erfahrungen nutzen, um weitere lateinamerikanische Länder zu erschließen. Alle drei Unternehmen haben dabei die Weltmarktregionen nach geographischen Segmentierungskriterien unterteilt und streben die Erschließung der Länder in Südamerika an. Zunächst aber steht die Erschließung des mexikanischen Marktes an.

[85] Javalgi et al. 2010, S. 219.

Zur Sammlung von Markteintrittspunkten und zur Entwicklung einer Markteintrittsstrategie in der Weltregion Nordamerika und dem mexikanischen Markt
Erste Markteintrittspunkte wurden von allen drei Unternehmen auf internationalen Umwelttechnikmessen geknüpft. Zwei der drei Unternehmen traten in den mexikanischen Markt mit Handelspartnern ein. Ein anderes Unternehmen hatte durch sein Hauptgeschäftsfeld bereits eine eigene Landesgesellschaft aufgebaut und der Geschäftsbereich, der für Umwelttechnik zuständig war, konnte sich bei einem lokalen Ingenieur einklinken und erste Projekte akquirieren. Nach der Sammlung erster Erfahrungen durch die Handelspartner und durch einen eigenen lokalen Ingenieur entschlossen sich alle drei Unternehmen die Markteintrittsstrategie zu "erhöhen", d. h. die beiden ersten gründeten eigene Vertriebsniederlassungen und das letztere Unternehmen entsandte eigene Mitarbeiter aus Deutschland nach Mexiko, um die Markterschließung weiter voranzutreiben.

Zur Entwicklung einer bestimmten Region und zum Aufbau erster Vertriebsstrukturen im mexikanischen Markt
Unternehmen A[86] bearbeitete bis zum Jahr 2014 den mexikanischen Markt mit Hilfe eines Distributors. Seit 2015 hat das Unternehmen eine eigene Vertriebsniederlassung in Mexiko-Stadt. Herr Hernández[87] arbeitet seitdem als lokaler Geschäftsführer für das Unternehmen. Derzeit baut Herr Hernández das indirekte Vertriebskanalsystem weiter aus, indem er mit regionalen Händlern zusammenarbeitet. Diese verkaufen und warten die Produkte des Unternehmens sowohl bei kommunalen als auch bei industriellen Projekten (siehe auch Tab. 6.19).

[86]Die Fallstudie zum Unternehmen A basiert auf Interview 25 2016.
[87]Name der interviewten Person wurde geändert.

Tab. 6.19 Coverage-Matrix von drei Umwelttechnikunternehmen im mexikanischen Markt

Interviews	Art des Vertriebskanals	Vertriebskanal	Marktsegmente	
			Kommunale Projekte	Industrielle Projekte
Interview 25 / Unternehmen A und Interview 31 / Unternehmen B	**Indirekt**	*Regionale Händler*	Verkauf und Wartung von Produkten	
	Direkt	*Verkaufsingenieure*	Information der Kommunen über die Produkte des Unternehmens durch Consultants, Verkauf und Wartung von Produkten	Verkauf und Wartung von Produkten
Interview 27 / Unternehmen C	**Direkt**	*Verkaufsingenieure*	Beratung, Planung, Installation und Wartung von Produkten	

Quelle: Eigene Darstellung in Anlehnung an Homburg et al. 2012, S. 61.

In der Vergangenheit wurden ca. 90 % der Projekte bei kommunalen Kunden realisiert und ca. 10 % bei industriellen Kunden. Dieses Ungleichgewicht soll nun mit Hilfe von lokalen Händlern ausgeglichen werden. Die Hauptindustrien, für welche die Produkte des Unternehmens interessant sind, sind z. B. Lebensmittelindustrie, Papierindustrie, Bio-Abfallindustrie, Molkereiindustrie, Lederindustrie und Hotelindustrie. Wo die ersten Projekte realisiert werden, hängt dabei von den lokalen Händlern ab. Herr Hernández bekommt vom deutschen Hauptsitz eine Vorgabe, wieviel sie z. B. im Jahr 2016 verkaufen müssen. Das Ziel wird dann unter den Händlern aufgeteilt. Herr Hernández überwacht die Einhaltung des Zieles und versorgt die Händler mit Informationen. Bevor die Händler die Produkte des Unternehmens vertreiben dürfen, werden sie von Herrn Hernández und seinem Team geschult. Mit Hilfe von Google Maps, zum Beispiel, markiert Herr Hernández jeden Standort bzw. jeden Kunden und jedes Produkt, das in Mexiko verkauft wurde. Am wichtigsten aber ist das Teilen der Karte mit den Händlern. Dadurch wissen die Händler welche Unternehmen bereits angesprochen wurden, aber auch welcher Händler am erfolgreichsten ist. Das spornt die Händler untereinander an. Außerdem nutzt das Unternehmen ein Customer-Relationship-Management System, in dem alle Niederlassungen ihre Projekte mit z. B. folgenden Daten eintragen: Projektnummern, Projekt, Kunde, Endkunde, Standort, Verkäufer, Status, etc. Dadurch kann Herr Hernández genau sagen, dass das erste Projekt 1988 in Mexiko verkauft wurde. Neben dem indirekten Vertriebskanal besitzt das Unternehmen aber auch einen direkten Vertriebskanal. Herr Hernández z. B. ist für Mexiko-Stadt und Umgebung zuständig. Außerdem informiert Herr Hernández die Kommunen über die Produkte des Unternehmens via Consultants. Die Consultants werden von Kommunen engagiert, um das bestmögliche Projekt für ihre Kommunen zu realisieren. Darüber hinaus setzt Herr Hernández auf Händler mit regionalem Dialekt. Herr Hernández ist für eine Unterteilung in vier Hauptregionen Mexikos: den Norden, das Zentrum, Mexiko-Stadt und den Süden. So berichtet er, dass mancher Verkauf nicht stattfand, weil ein Händler vom Süden im Norden Geschäfte machen wollte und dieser dem Händler vom Süden nicht vertraute. Ein weiterer Vorteil beim Vertriebsaufbau durch Händler ist, dass diese guten Kontakte zu lokalen Regierungen haben und dadurch auch kommunale Projekte realisierbar werden ohne dass das Unternehmen viel Zeit in den Aufbau dieser Kontakte investieren muss.

Unternehmen B[88] stieg 1996 in den mexikanischen Markt mit einem lokalen Händler ein. Der Händler verkaufte chemische Produkte und war einverstanden auch Produkte aus der Wasserwirtschaft zu verkaufen. Nach und nach kamen weitere Händler hinzu, bis sich das Unternehmen dazu entschloss, eine eigene Vertriebsniederlassung in Mexiko-Stadt aufzubauen (siehe Tab. 6.16). Fünf Jahre später eröffnete das Unternehmen sogenannte Antennen-Büros (siehe auch Abb. 4.10 in Abschnitt 4.4) in Monterrey, Guadalajara und Santiago de Querétaro. Die Antennen-Büros wurden deshalb gegründet, da das Unternehmen in der Nähe von Fokus-Industrien, wie z. B. der Lebensmittelindustrie sein wollte. Das Unternehmen folgt also den Kunden in unterschiedlichen Industriesegmenten. Herr Pérez[89] schätzt, dass das Unternehmen in naher Zukunft ein weiteres Antennen-Büro in Cancún eröffnen wird, da Meerwasserentsalzungsanlagen immer wichtiger werden. Das Unternehmen hat Mexiko in zwei Teile unterteilt: Den nördlichen und den südlichen Teil. Herr Pérez erhält monatliche Berichte über die Verkaufszahlen und gibt diese dann an den Hauptsitz in Deutschland weiter.

[88]Die Fallstudie zum Unternehmen B basiert auf Interview 31 2016.

[89]Name der interviewten Person wurde geändert.

Unternehmen C[90] ist seit 1994 im mexikanischen Markt aktiv. Frau Schmidt[91] ist seit zweieinhalb Jahren für den Markteintritt des Geschäftsbereichs Umwelttechnik zuständig. Davor gab es bereits in Mexiko einen Versuch den Markt für Umwelttechnik mit Hilfe eines Verkaufsingenieurs zu erschließen. Dieser Ansatz war aber aus verschiedenen Gründen nicht erfolgreich. Dafür ist nun Frau Schmidt für die Erschließung des mexikanischen Markts zuständig (siehe Tab. 6.16). Frau Schmidts erste Tätigkeit bestand darin, die bereits bestehenden Kunden darauf aufmerksam zu machen, dass nun auch der Geschäftsbereich Umwelttechnik in Mexiko Projekte realisieren kann. Bis Frau Schmidt das erste Projekt akquirieren konnte verging knapp ein Jahr. Für ein Projekt muss mit einem Vorlauf von sechs bis neun Monaten gerechnet werden. Die Hauptkunden sind Industriekunden die Abwasseranlagen benötigen. Zu Beginn ihrer Tätigkeit versuchte Frau Schmidt auch kommunale Kunden zu akquirieren. Allerdings ist es sehr schwer den Zuschlag für eine Ausschreibung als internationales Unternehmen zu bekommen. Frau Schmidt wählte dann vier weitere Hauptindustrien als Priorität aus: Automobil-, Chemie-, Lebensmittel und petrochemische Industrie. Erste Kontakte wurden über die bereits bestehenden Automobilhersteller geknüpft. Weitere Kontakte zum Beispiel in der Chemieindustrie wurden über Fachmessen (ANIQ, Congreso MASH oder Green Expo) angebandelt. Zu Beginn musste Frau Schmidt auch einen Überblick über die mexikanischen Umweltgesetze bekommen. Dazu erwarb das Unternehmen Zugriff auf eine Datenbank, die sogenannte ENHESA für ca. 3000 Dollar pro Jahr. Die Datenbank enthielt nicht nur die Gesetze, sondern auch Aktualisierungen bzw. Gesetzesänderungen, die im Gespräch sind. Im Nachhinein ist Frau Schmidt aber eher enttäuscht von der Datenbank, denn viele Informationen findet man bei gründlicher Recherche auch online. Ein Ausbau bzw. eine Weiterentwicklung der Geschäfte in Richtung anderer Industrien gestaltet sich schwierig. Noch kann das Unternehmen in anderen Industrien außerhalb der Automobilindustrie keine großen Auftragseingänge vorweisen, auch wenn es einige Projekte im Angebotsstadium gibt. Frau Schmidt konzentriert sich regional gesehen auf die Akquise von Projekten in der Automobilindustrie im Bajío[92] sowie Mexiko-Stadt und -Staat. Das Unternehmen hat mexikanische Zulieferer hauptsächlich im Bereich Behälter- und Rohrleitungsbau, Montage und Stahlbau. Bei Maschinentechnik ist es im Regelfall günstiger, z. B. Pumpen oder Rührwerke in Deutschland einzukaufen. Das Unternehmen besitzt ein CRM-Softwaretool.

[90]Die Fallstudie zum Unternehmen C basiert auf Interview 27 2016.

[91]Name der interviewten Person wurde geändert.

[92]Das Bajío ist eine Region im Norden von Zentralmexiko. Zu der Region zählen die Bundesstaaten Guanajuato, Querétaro, Aguascalientes und Jalisco.

In diesem Tool werden z. B. Listen mit Kontakten in verschiedenen Industrien angelegt. Zum Beispiel haben Frau Schmidt und ihre Kollegin ca. 200 Chemieunternehmen im mexikanischen Markt identifiziert. Anschließend wurden die Unternehmen in kleine und große Unternehmen unterteilt. Unternehmen, die nur einen Vertrieb in Mexiko besitzen entfernten sie, da diese in der Regel keine Abwasseranlagen benötigen. Anschließend wurden Prioritäten zur Ansprache der Unternehmen vergeben, z. B. Priorität 1: großes multinationales Unternehmen, Priorität 2: mexikanisches Unternehmen bzw. mittelgroßes internationales Unternehmen und Priorität 3: kleine Unternehmen mit dubiosen Webseiten. Nach der erfolgreichen Erstellung einer solchen Liste wurden die Unternehmen gezielt auf Messen oder telefonisch kontaktiert.

Zum Rollout / Marktdurchdringungsstrategie im chinesischen Markt
Alle drei Unternehmen arbeiten derzeit an der Etablierung einer Marke und einer nationalen Präsenz. Während Unternehmen A weiterhin trotz eigener Vertriebsniederlassung auf regionale Handelspartner setzt, arbeitet Unternehmen B an der kontinuierlichen Vertriebsentwicklung mit eigenen Mitarbeitern und eigenen Vertriebsniederlassungen. Unternehmen C strebt eine breitere Kundschaft an und entwickelt Projekte um unabhängiger vom Hauptgeschäftsfeld des Unternehmens zu werden. Insgesamt tut sich die Industrie mit der Entwicklung des Marktes schwer, da die Durchsetzung der Umweltgesetze in Mexiko nicht streng genug überwacht werden. Zum Beispiel berichtet Frau Schmidt, dass es in Mexiko keine Vorgaben für die Unternehmen zur Eigenüberwachung gibt:

> "Die Überwachung durch den mexikanischen Staat erfolgt so, dass alle sechs Monate jemand vorbeikommt. Der Termin zur Kontrolle wird, anders als in Deutschland, vorher angekündigt. Für Unternehmen ist es daher ein Leichtes die Abwasserwerte zu manipulieren. Sie können an dem Kontrolltag einfach vorher mehr Wasser durchspülen und die Werte damit verändern. Mexikanische Unternehmen haben daher noch viel weniger Anreize in Umwelttechnik zu investieren als die deutschen Unternehmen."[93]

Darüber hinaus berichten alle drei Unternehmen, dass die Zahlungsmoral eine Herausforderung für ausländische Unternehmen darstellt. Unternehmen sollten auf die vollständige Bezahlung im Voraus bestehen oder Referenzen verlangen. Bei Unternehmen C erfolgt die Zahlung von großen Projekten in vier Schritten: 1. Zahlung für die Planung (ca. 30 %), 2. Zahlung bei der ersten Auslieferung (ca. 30 %), 3. Zahlung bei abgeschlossener Montage der Anlage (ca. 30 %) und 4. Abschlusszahlung nach 1 Jahr bzw. nach Inbetriebnahme (ca. 10 %).

[93]Interview 31 2016.

Zur Implementierung des International Sales Accelerator Modells
Alle drei Unternehmen arbeiten derzeit an der Umsetzung der Bausteine 5–7 des International Sales Accelerator Modells. In Baustein 7 stoßen sie im mexikanischen Markt auf Grenzen, die sie so vom deutschen Markt nicht gewohnt sind. Das Problem ist die Umsetzung der Umwelttechnikgesetze. Der mexikanische Staat hat zwar strenge Umweltgesetze erlassen, aber es fehlt an den geeigneten Institutionen zur Überwachung und Durchsetzung der Umweltgesetze. Der Druck zur Einhaltung der Gesetze wird oft von den internationalen Unternehmen erzeugt, die überall auf der Welt die gleichen Standards für ihre Produktion einhalten wollen. Die deutschen Umwelttechnikunternehmen sollten zusammen vor Ort für eine Einhaltung der Gesetze einstehen und gegebenenfalls mit Hilfe von internationalen Unternehmen für den Umweltschutz werben.

6.2.7 Vertriebsaufbau und Vertriebsentwicklung in der Diagnostica-Industrie im U.S.-Markt

Zur Segmentierung und Auswahl einer Weltmarktregion und zur Auswahl eines bestimmten Landes als prioritären Zielmarkt
Das Unternehmen[94], ein Diagnostik-Hersteller, unterteilt seine Weltmarktregionen nach geographischen Segmentierungskriterien und hat bisher weltweit ca. 80 Zielmärkte in allen geographischen Weltmarktregionen erschlossen. Herr Müller[95], Geschäftsführer des Unternehmens erklärt: Die Geschäfte im U.S. Markt laufen gut, könnten gemessen am Marktvolumen für In-Vitro Diagnostika aber noch besser laufen. Wir müssen einen Weg finden neue Vertriebskanäle im U.S. Markt zu erschließen. Am besten wäre eine Zulassung für unsere Produkte durch die U.S. Food and Drug Administration (im Nachfolgenden bezeichnet als FDA). Damit könnten wir unsere Produkte im U.S. Markt selbst vertreiben.[96] In diesem Sinne wird in den nachfolgenden Abschnitten zu den Bausteinen des ISA-Modells erläutert wie das Unternehmen seine Marktpräsenz im U.S. Markt ausbauen kann.

[94]Die Fallstudie basiert auf einer im Wintersemester 2016/2017 verfassten Projektseminararbeit von Roß & Shihab 2017, die durch die Autorin intensiv betreut wurden.

[95]Name der interviewten Person wurde geändert.

[96]Eigenes Memo zum Kick-off Gespräch mit dem Geschäftsführer des Unternehmens.

Zur Sammlung von Markteintrittspunkten und zur Entwicklung einer Markteintrittsstrategie in der Weltregion Nordamerika und dem U.S. Markt
Erste Markteintrittspunkte konnte das Unternehmen durch seinen Handelspartner mit Sitz an der Ostküste der USA sammeln. Seit drei Jahren bedient das Unternehmen den U.S. Markt mit In-Vitro Diagnostika, die bisher ausschließlich in Deutschland produziert werden. Den U.S. Handelspartner hat das Unternehmen auf einer internationalen Leitmesse kennengelernt. In der Diagnostik Industrie gibt es zum Beispiel die MEDICA (Leitmesse für Medizintechnik und In-Vitro Diagnostik) und die Clinical Lab Expo Messe (Leitmesse für In-Vitro Diagnostik), die von besonderer Wichtigkeit sind, um neueste Informationen über Wettbewerber und potenzielle Handelspartner zu erhalten. Das Unternehmen steht nun vor der Herausforderung eines Upgrades der Markteintrittsstrategie. Der bisherigen Markteintrittsstrategie über einen Handelspartner soll eine eigene Vertriebsniederlassung folgen.

Zur Entwicklung einer bestimmten Region und zum Aufbau erster Vertriebsstrukturen im U.S. Markt
Das Unternehmen hat sich für einen Handelspartner mit Sitz an der Ostküste der USA entschieden, um die Zeitdifferenz zum Heimatmarkt gering zu halten und um in der Nähe von ersten wichtigen Kunden zu sein. Dabei unterteilt das Unternehmen den Markt in folgende Kundensegmente: Krankenhäuser, Labore und Arztpraxen. Der U.S. Handelspartner hat sich auf Labore spezialisiert (siehe Tab. 6.20). Um den U.S. Markt zu entwickeln, wäre auch eine weitere Akquirierung von Handelspartnern denkbar. Weitere potenzielle indirekte Vertriebskanäle sind ebenfalls in Tab. 6.20 aufgelistet.

Tab. 6.20 Coverage-Matrix für ein In-Vitro Diagnostika Unternehmen im U.S. Markt

Art des Vertriebskanals		**Marktsegmente**		
	Vertriebskanal	**Krankenhäuser & Apotheken**	**Labore**	**Arztpraxen**
Indirekt	*Handelspartner*		Ausgewählter Handelspartner fokussiert sich auf Labore	
	Group Purchasing Organizations (GPO)	Sammelbestellung für Krankenhäuser und Apotheken		Sammelbestellung für Arztpraxen
	Co-Promotion Relationships	Kommt auf die Vereinbarung der Kooperation an		
Direkt	*Gründung einer Vertriebsniederlassung*	Verkauf an alle Marktsegmente möglich		

Quelle: Eigene Tabelle basierend auf Homburg et al. 2012, S. 61.

Zum Beispiel sollte das Unternehmen Kontakt mit sogenannten Group Purchasing Organizations (Im Nachfolgenden bezeichnet als GPOs) aufnehmen. Diese GPOs agieren als Schnittstellen zwischen Anbietern und Kunden von In-Vitro Diagnostik. Die GPOs geben Sammelbestellungen für ihre Kunden in Auftrag. Damit könnte das Unternehmen die Marktsegmente der Krankenhäuser, Apotheken und Arztpraxen im U.S. Markt erschließen. Die GPOs haben eine hohe Marktmacht und dadurch eine gute Ausgangsposition für Verhandlungen. Unternehmen, die diese GPOs als Kunden akquirieren wollen, müssen sich auf Forderungen nach Preisnachlässen einstellen. Im Gegenzug versprechen die GPOs eine sichere Absatzmenge für einen vereinbarten Zeitraum.[97] Ein weiterer potenzieller indirekter Verkaufskanal kann über sogenannte Co-Promotion Relationships eröffnet werden. Darunter versteht man die Vermarktung zweier Produkte von unterschiedlichen Unternehmen zur Reduzierung der Kosten. Je nach Ausarbeitung der Kooperation, können unterschiedliche Marktsegmente dadurch bedient werden.[98]

Am interessantesten für das Unternehmen wäre es aber, wenn es die In-Vitro Produkte selbst mit Hilfe eines direkten Verkaufskanals, z. B. durch eine eigene Vertriebsniederlassung, verkaufen könnte. Dazu bedarf es einer Zulassung durch die U.S. Food and Drug Administration. Für die Zulassung gibt es ein strenges Genehmigungsverfahren, welches die In-Vitro Produkte gemäß ihrem Risiko einer Klassifizierung zuordnet. Das Risiko bezieht sich auf den Verwendungszweck, d. h. welches Risiko für den Patienten bei einem inkorrekten Testresultat besteht. Insgesamt gibt es drei Klassifizierungen, die das weitere regulatorische Zulassungsverfahren bestimmen: Kategorie 1 – niedriges Risiko, Kategorie 2 – mittleres Risiko und Kategorie 3 – hohes Risiko.[99] Da der bürokratische Aufwand für eine Zulassung durch die U.S. Food and Drug Administration enorm ist, empfiehlt es sich diesen Prozess an sogenannte Clinical Research Organizations (im Nachfolgenden bezeichnet als CROs) auszugliedern. Die CROs sind Dienstleistungsunternehmen, die sich auf die strategische Beratung von klinischen Studien und die operative Umsetzung dieser Studien spezialisiert haben.[100] Erst nach erfolgter Genehmigung der U.S. Food and Drug Administration können Diagnostik-Hersteller ihre Produkte im U.S. Markt selbstständig vertreiben.

[97] Vgl. HSCA 2019.

[98] Vgl. R-Biopharm 2019.

[99] Vgl. FDA.gov 2019.

[100] Vgl. Medpace 2019.

Zum Rollout/Marktdurchdringungsstrategie im U.S. Markt
Das Unternehmen strebt eine nationale Präsenz im U.S. Markt an. Durch die besonderen Bedingungen im In-Vitro-Diagnostik Markt stellen der Aufbau einer eigenen Vertriebsniederlassung sowie der Aufbau einer Marke eine große Herausforderung dar. Letztendlich hängt eine erfolgreiche Marktdurchdringung von einer FDA-Zulassung ab. Im Anschluss an die FDA-Zulassung bieten sich dem Unternehmen zahlreiche Möglichkeiten die Auslandsumsätze im U.S. Markt systematisch hochzufahren, um letztendlich eine vollwertige Landesgesellschaft zu gründen. Das Unternehmen würde von einer lokalen Beschaffung, Produktion und Forschung & Entwicklungsabteilung profitieren, da die U.S. In-Vitro-Diagnostik-Industrie laut Herrn Müller weltweit führende Unternehmen hervorbringt.

Zur Implementierung des International Sales Accelerator Modells
Das Unternehmen steckt momentan sehr viel Arbeit in die letzten beiden Bausteine des International Sales Accelerator Modells. Derzeit bedient das Unternehmen nur ein von drei Marktsegmenten über einen Handelspartner, der die Produkte in seiner fokussierten Region vertreibt. Eine Erweiterung der indirekten Vertriebskanäle sowie der Aufbau eines direkten Vertriebskanals werden dem Unternehmen Umsatzwachstum in den USA ermöglichen und letztendlich auch zu einer vollwertigen Landesgesellschaft verhelfen.

6.2.8 Vertriebsaufbau und Vertriebsentwicklung in der Süßwarenindustrie im U.S.-Markt

Zur Segmentierung und Auswahl einer Weltmarktregion und zur Auswahl eines bestimmten Landes als prioritären Zielmarkt
Herr Armstrong[101] arbeitet seit dem Jahr 2002 bei einem deutschen Lebensmittelhersteller[102]. Das Unternehmen segmentiert seine Weltmarktregionen nach geographischen Segmentierungskriterien. Derzeit weist das Unternehmen einen Umsatz von ca. 500 Mio. EUR aus. Seit dem Jahr 2002 hat das Unternehmen seinen Auslandsumsatz von ca. 16 % auf 42 % im Jahr 2018 gesteigert. Herr Armstrong war maßgeblich an der Internationalisierung des Unternehmens beteiligt und hat zu diesem Zweck ein Länderauswahlmodell entworfen, das er regelmäßig mit neuen Daten aktuell hält (siehe Ausschnitt aus dem Länderauswahlmodell in Tab. 6.21).

[101] Name der interviewten Person wurde geändert.

[102] Die vorliegende Fallstudie basiert auf Interview 47 2018.

Tab. 6.21 Ausschnitt aus dem Länderauswahlmodell eines Lebensmittelherstellers

Kriterien	Faktoren	Bewertung					Gewicht
		1	2	3	4	5	
Marktpotenzial							**50**
	Potenzielle Marktgröße	Bis 10.000 t	Über 10.000 t	Über 20.000 t	Über 30.000 t	Über 50.000 t	25
	Städte (ab 0,4 Mio. Einwohner)	Bis 2	Mind. 3	Mind. 6	Mind. 8	Mind. 10	10
	…	…	…	…	…	…	…
Marktbewertung							**50**
	Volumenziel des laufenden Jahres	Bis 50 t	Über 50 t bis 200 t	Über 200 t bis 500 t	Über 500 t	Über 1.000 t	15
	BIP (pro Kopf in USD)	Bis 2.000	Bis 5.000	Bis 12.000	Bis 20.000	Über 20.000	11
	…	…	…	…	…	…	…

Quelle: Eigene Darstellung in Anlehnung an Interview 47 2018, siehe separater und vertraulicher Anhang; siehe auch Hinweis im Quellenverzeichnis.

Mit Hilfe der beiden Dimensionen – Marktpotenzial und Marktbewertung – erstellt Herr Armstrong ein Marktschätzungsverfahren, d. h. die Ländermärkte werden in eine Reihenfolge gebracht und abhängig von ihrem erreichten Score Vermarktungsebenen zugeordnet. Je nachdem welche Vermarktungsebene ein Land erreicht hat, werden Ressourcen zur Erschließung und Weiterentwicklung des Marktes zur Verfügung gestellt.

Zur Sammlung von Markteintrittspunkten und zur Entwicklung einer Markteintrittsstrategie in der Weltregion Nordamerika und dem U.S. Markt
Herr Armstrong berichtet, dass wichtige Kennzahlen zum Sammeln von Markteintrittspunkten dazugehören, z. B. veröffentlichen Marktforschungsunternehmen in regelmäßigen Abständen Informationen über die Größe des Tafelmarktes in verschiedenen Ländern. Für die Süßwarenindustrie ist die Größe des Tafelmarktes eine enorm wichtige Kennzahl. Es ist Teil von Herrn Armstrongs Aufgaben diese Informationen zusammenzutragen. Vor ca. 10 Jahren lag die Tafelmarktgröße in Deutschland z. B. bei 222 Mio. Tonnen bei einer Einwohnerzahl von ca. 82 Mio.

Menschen. Dies entsprach einem pro Kopfverzehr von ca. 2,7 Tafeln. Zum Vergleich die USA hatten zum damaligen Zeitpunkt einen pro Kopfverzehr von 0,85 Tafeln. Eine weitere wichtige Kennzahl ist der Schokoladenkonsum. In Deutschland wurden vor einem Jahrzehnt ca. 9 kg Schokolade von einer Person pro Jahr verzehrt. In den USA waren es ca. 6 kg pro Person pro Jahr. Weiterhin gehört laut Herrn Armstrong das Sammeln von Informationen über die Konkurrenz zu den Markteintrittspunkten. Der U.S. Markt ist ein fragmentierter Markt, d. h. die fünf größten U.S. Süßwarenhersteller haben einen Marktanteil von ca. 30 %. Der Rest der Marktanteile verteilt sich auf kleinere Unternehmen. Insgesamt wurde die U.S. Marktgröße vor zehn Jahren auf ca. 4,7 Mrd. EUR geschätzt.

Das Unternehmen hat sich für eine internationale Unternehmensstrategie entschieden, d. h. sie produzieren ihre Produkte ausschließlich in Deutschland und von hier aus werden die Produkte in zahlreiche Länder exportiert. Der Markteintritt in den U.S. Markt fand vor Herrn Armstrong statt. Die Unternehmensleitung hatte sich damals mit mehreren Importeuren an der Ost- und Westküste getroffen. Es wurden schließlich zwei Importeure zur Erschließung des U.S. Marktes ausgewählt – einen an der Ostküste und einen an der Westküste.

Zur Entwicklung einer bestimmten Region und zum Aufbau erster Vertriebsstrukturen im U.S. Markt

Wie bereits kurz erwähnt, entschied sich die Unternehmensleitung für die Entwicklung von zwei Regionen im U.S. Markt – Ost- und Westküste. Dabei verließ sich das Unternehmen beim Aufbau von ersten Vertriebsstrukturen auf erfahrene Importeure. Die ersten Kunden waren sogenannte Mass-Kunden, die von den Importeuren angesprochen wurden. Insgesamt unterteilt das Unternehmen seine Kunden im U.S. Markt in drei Kategorien:

- Mass-Kunden (z. B. Target, Wallmart, etc.)
- Drugs-Kunden (z. B. Walgreen)
- Food-Kunden (z. B. H.E.B).

Herr Armstrong berichtet, dass der Fokus in der Vergangenheit lange auf den Mass- und den Drugs-Kunden lag, weil diese gut durch die Importeure beliefert werden konnten. In Zukunft möchte Herr Armstrong die Food-Kunden besser erschließen. Dazu plant er die Markteintrittsstrategie zu ändern. Mit Hilfe einer eigenen Vertriebsniederlassung könnten die Food-Kunden national betreut werden. Herr Armstrong erzählt, dass diese Kundengruppe anspruchsvoller ist als die Mass- und Drugs-Kunden und eine nationale Betreuung Grundvoraussetzung ist, um ins Geschäft zu kommen.

Zum Rollout / Marktdurchdringungsstrategie im U.S. Markt
Wie Herr Armstrong berichtet haben die U.S. Importeure das Rollout im U.S. Markt selbstständig vorangetrieben (siehe Tab. 6.22). Die USA wurden dazu in acht verschiedene Regionen unterteilt: California, West, Plains, South Central, Great Lakes, Mid-South, South-East und North-East. Die Region mit den meisten verkauften Waren ist California. In der Region South-East sind die Verkaufszahlen noch nicht so stark.

Tab. 6.22 Übersicht über verkaufte Waren eines Lebensmittelherstellers nach Regionen in den USA

Region in den USA	Verkaufte Ware in Tonnen
California	37
West	27
Plains	15
South Central	27
Great Lakes	34
Mid-South	19
South-East	11
North-East	27

Quelle: Eigene Darstellung in Anlehnung an Interview 47 2018, siehe separater und vertraulicher Anhang; siehe auch Hinweis im Quellenverzeichnis.

Mit Hilfe von Multiplikatoren und Key Opinion Leadern soll zudem die Marke in den USA bekannter gemacht werden, um eine nationale Bekanntheit zu erlangen.

Zur Implementierung des International Sales Accelerator Modells
Das Unternehmen verwendet alle Bausteine des ISA-Modells. Eine Schwachstelle ist laut Herrn Armstrong allerdings die seit Jahren unveränderte Markteintrittsstrategie im U.S.-Markt. Das Unternehmen könnte zum Beispiel einen der Importeure aufkaufen und als eigene Vertriebsniederlassung ausbauen oder neben den Importeuren eine eigene Vertriebsniederlassung aufbauen. Mit einer veränderten Markteintrittsstrategie hätte das Unternehmen die Chance näher am Markt zu sein und ungefilterte Marktdaten zu bekommen. Darüber hinaus empfiehlt das ISA-Modell eine Weiterentwicklung der Markteintrittsstrategie zu einer eigenen Landesgesellschaft mit eigener Produktion, Beschaffung und Forschung & Entwicklung.

6.2.9 Vertriebsaufbau und Vertriebsentwicklung eines chinesischen Umwelttechnologieunternehmens in der Region Asien

Zur Segmentierung und Auswahl einer Weltmarktregion und zur Auswahl eines bestimmten Landes als prioritären Zielmarkt

Das chinesische Unternehmen für Recycling- und Abwassermaschinen[103] unterteilt die Weltmarktregionen in entwickelte Regionen und Entwicklungsregionen. Zudem hat es sich für die Erschließung der Region Asien entschieden, nachdem es sich vom U.S. Markt zurückziehen musste. Laut Herrn Wei[104], Manager der Internationalen Vertriebsabteilung, war das Unternehmen nicht mit den qualitativ hochwertigen Produkten im U.S. Markt konkurrenzfähig. Deshalb entschloss sich das Management, dass sich Herr Wei und sein Team zukünftig auf Entwicklungsländer konzentrieren sollten, um mehr Markterfahrung zu sammeln, bevor wieder eine Zielmarktauswahl von einem Industrieland angestrebt wird. Die Produkte des Unternehmens reichen von Müllzerkleinerungs- und Recyclinganlagen für feste Abfälle bis zu Abwassermühlen für Kläranlagen.

Zur Sammlung von Markteintrittspunkten und zur Entwicklung einer Markteintrittsstrategie in der Weltregion Asien

Das Unternehmen ist gerade dabei erste Markteintrittspunkte in ausländischen Märkten zu sammeln. Um sich über die Wettbewerber und die allgemeine Entwicklung der Industrie zu informieren, nimmt Herr Wei z. B. auf internationalen Messen wie der IFAT, der Weltleitmesse für Umwelttechnologien, in München teil. Erst ausländische Märkte wurden über Exporte beliefert. Das Unternehmen produziert ausschließlich in China und verfolgt derzeit eine internationale Unternehmensstrategie.

Zur Entwicklung einer bestimmten Region und zum Aufbau erster Vertriebsstrukturen in Asien

Die ersten Exporte gingen 2011 nach Thailand. Mittlerweile beliefert das Unternehmen Kunden in über 20 Länder weltweit. Der wichtigste Absatzmarkt ist derzeit Russland. Anschließend folgen die Ländermärkte Indien, Thailand, Malaysia und Indonesien. Der indische Markt ist auch für chinesische Hersteller von Umwelttechnologien[105] einer der schwierigsten Märkte. Herr Wei berichtet, dass der indische

[103] Die vorliegende Fallstudie basiert auf Interview 15 2016.

[104] Name wurde für die Fallstudie geändert.

[105] Vgl. z. B. Interview 1, 2015.

Markt deshalb so schwierig zu erschließen ist, da das generelle Entwicklungslevel sowie das kommunale Bau-Level Indiens auf einem niedrigen Niveau sind. Herr Wei erklärt, dass in der Region Asien, die B2B Online-Plattform Alibaba (siehe Abb. 6.12) beim Aufbau eines ersten Vertriebskanals dienen kann.

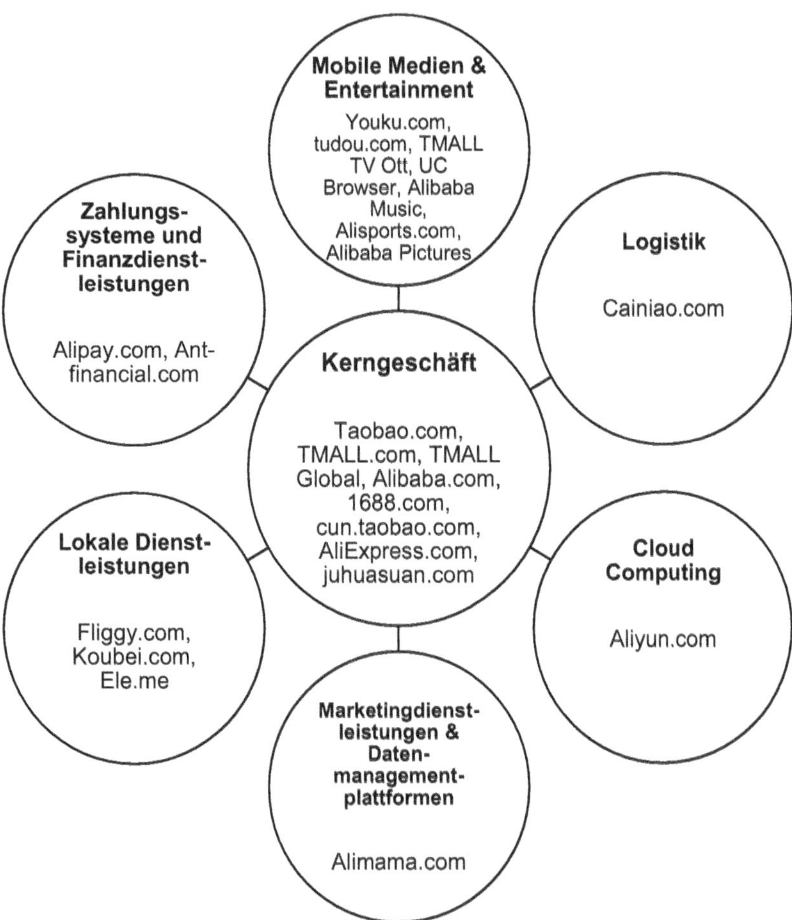

Abb. 6.12 Übersicht über Alibabas Geschäfte. (Quelle: Eigene Darstellung in Anlehnung an Kung 2017)

In den meisten Fällen sehen Kunden die Produkte des Unternehmens auf Alibaba und kontaktieren ihn dann über Alibaba berichtet Herr Wei. Herr Wei nutzt aber auch Alibaba für eine aktive B2B Kundenrecherche. Tritt ein potenzieller Kunde via Alibaba in Kontakt mit Herrn Wei, überprüft Herr Wei zunächst wer der Kunde ist und warum er von seinem Unternehmen kaufen möchte. Findet Herr Wei dabei heraus, dass der Kunde bekannt dafür ist nicht pünktlich zu bezahlen, lehnt Herr Wei auch mal einen Verkauf ab. Wenn der Kunde aber positive Rezessionen hat, kann Herr Wei die georderten Produkte zum Export freigeben.

Herr Wei berichtet, dass es dennoch ein Problem ist neue Kunden zu gewinnen und mehr Aufträge zu erhalten. Potenzielle neue Kunden sieht Herr Wei vor allem in ausländischen Märkten. Dabei gilt es abzuwägen, ab welchem Zeitpunkt man im heimischen Markt eine gute Wettbewerbsposition erreicht hat, bevor man in Konkurrenz mit ausländischen Unternehmen in ihren Heimatmärkten tritt. Diese könnten sich angegriffen fühlen und ebenfalls eine Internationalisierung anstreben.

Zum Rollout / Marktdurchdringungsstrategie in Asien

Herr Wei glaubt, dass europäische Unternehmen Vorteile beim Verkauf ihrer Produkte haben, zumal sie sich über einen langen Zeitraum eine Marke aufbauen konnten. Chinesische Unternehmen fehle es an Marken, die für eine gute Qualität stehen. Aus diesem Grund beschränkt sich das Unternehmen auf eine Internationalisierungsstrategie in Schwellenländer in der Region Asien. *Fan* beschreibt in einer Studie über chinesische Klavierhersteller, dass der Country-of-Origin Effekt (siehe auch Fallstudie 6.2.4) beim Aufbau einer Internationalisierungsstrategie hilfreich sein kann[106]. Außerdem hat der Country-of-Origin Effekt einen Einfluss auf die Marke. *Fan* findet weiter heraus, dass negative Country-of-Origin Effekte verblassen, wenn die Unternehmen eine höhere Stufe im Internationalisierungsprozess, z. B. eigene Vertriebsniederlassungen in ausländischen Märkten, erreichen.[107] Noch lassen die Auslandsumsätze des chinesischen Umwelttechnikunternehmens kein Upgrade der Markteintrittsstrategie zu, aber mit zunehmender Erfahrung in ausländischen Märkten wird es dem Unternehmen möglich sein den Country-of-Origin Effekt zu überwinden.

[106]Vgl. Fan 2008.

[107]Vgl. Fan 2008, S. 303.

Zur Implementierung des International Sales Accelerator Modells
Das Unternehmen sollte sich auf die Umsetzung weiterer Elemente der Bausteine 6 und 7 konzentrieren. Insbesondere sollte das Unternehmen systematisch seine Auslandsumsätze "hochfahren", um eigene Vertriebsniederlassungen in den ausgewählten asiatischen Märkten aufzubauen. Alibaba hilft dem Unternehmen bei der Erschließung ausländischer Märkte, allerdings hindert ein indirekter Vertriebskanal, dass das Unternehmen an ungefilterte Marktdaten herankommt. Darüber hinaus sollte das Unternehmen an einem Aufbau einer Marke arbeiten, um nationale Bekanntheit in den Zielmärkten zu erreichen.

6.2.10 Vertriebsaufbau und Vertriebsentwicklung von einem mexikanischen Umwelttechnologieunternehmen in der Region Lateinamerika

Zur Segmentierung und Auswahl einer Weltmarktregion und zur Auswahl eines bestimmten Landes als prioritären Zielmarkt
Die Grupo wurde 1994 in Mexiko gegründet[108]. Erste Geschäfte machte das Unternehmen in der Auto- und Schuhindustrie. Seit circa zehn Jahren ist das Unternehmen auch in der Umwelttechnikindustrie tätig. Dazu kaufte die Grupo ein deutsches Solarunternehmen auf und integrierte es in die Unternehmensgruppe. Herr Kunze[109] arbeitet seit circa einem Jahr bei der Grupo. Laut Herrn Kunze besteht großes Potenzial für Solar- und Windkraftanlagen im mexikanischen Markt.

Hintergrundinformationen zum mexikanischen Solaranlagen-Markt
Für Solaranlagen bietet das Unternehmen z. B. zwei Varianten an: Low-Cost- und Premium-Module. Die Wettbewerber bieten meistens Low-Cost-Module aus China oder den USA an, die circa 250 Watt pro Modul produzieren. Wettbewerber im mexikanischen Markt sind z. B. Onyx Solar (Mexiko), Solartec (Mexiko), Jinko Solar (Mexiko), Canadian Sol (Kanada) und C-Sun Solar (China). Das Low-Cost-Modul des Unternehmens produziert circa 260 Watt und damit circa zehn Watt mehr als die Low-Cost-Module der Konkurrenz. Das Premium-Modul liefert circa 290

[108]Die vorliegende Fallstudie basiert auf Interview 28 2016.
[109]Name der interviewten Person wurde geändert.

Watt. In Mexiko darf ein Privathaushalt zehn Kilowatt ins Netz einspeisen, das entspricht z. B. 34 Premium-Modulen. Hinzukommend bietet das Unternehmen seinen Kunden eine Reparaturgarantie für zehn Jahre und eine Ersatzteillieferungsgarantie für 25 Jahre für bis zu 80 Prozent der Solaranlage an. Kunden sind unter anderem Privatkunden, aber auch Architekten, Bau- und Immobilienunternehmen oder Industrieunternehmen. Insgesamt hat das Unternehmen bereits mehr als 5000 Solarprojekte in Mexiko realisiert.

Zukunftsmärkte sieht Herr Kunze in Lateinamerika. Unter anderem sind folgende Zielmärkte bzw. Zielregionen für die Grupo interessant: Guatemala, Honduras und die Karibik. Guatemala grenzt direkt an Mexiko und ist deshalb besonders interessant für Herrn Kunze, da die Reisewege für ihn und andere Mitarbeiter in der Grupo sich in Grenzen halten. Derzeit arbeitet Herr Kunze an der Erschließung dieser Zielmärkte und Zielregionen.

Zur Sammlung von Markteintrittspunkten und zur Entwicklung einer Markteintrittsstrategie in der Weltregion Lateinamerika
Erste Kontakte für neue Projekte werden auf unterschiedliche Weise akquiriert, z. B. durch die Internetpräsenz des Unternehmens, Mund-zu-Mund-Werbung, Fachmessen oder auch über die ursprünglichen Kontakte des Unternehmens aus der Automobil- und der Textilindustrie. Weitere hilfreiche Informationen findet Herr Kunze über das Magazin „Commission Federal".

Als ersten ausländischen Markt wurde vor circa drei Jahren der chilenische Markt durch Exporte von Solarmodulen erschlossen. Herr Kunze berichtet, dass damals die Geschäftsleitung großes Potenzial in Chile für Solarmodule gesehen habe. Die Konkurrenz folgte ebenfalls mit massiven Investitionen in die Erschließung des chilenischen Marktes. Hinzukommend wurde die Erschließung stark von der chilenischen Regierung gefördert. Aufgrund der intensiven Förderung und des Andrangs an Unternehmen in den letzten drei Jahren, gilt der chilenische Markt für viele Unternehmen mittlerweile als gesättigt. Vor circa einem Jahr eröffnet die Grupo in Bogotá, Kolumbien, eine Verkaufsrepräsentanz. Herr Kunze erzählt, dass die Geschäfte in Kolumbien gut anlaufen. Derzeit gibt es allerdings keine Pläne weitere Repräsentanzen im Land aufzubauen.

Zur Entwicklung einer bestimmten Region und zum Aufbau erster Vertriebsstrukturen in Lateinamerika
Als erstes überprüft Herr Kunze die verschiedenen Vorschriften einzelner Länder bezüglich der Einspeisung von Strom für Privathaushalte sowie der notwendigen Zertifizierungen. Hat die Grupo z. B. nicht die nötigen Zertifikate, fällt der Ländermarkt weg. Für den Verkauf von Solarmodulen ist es zudem wichtig zu wissen, ob der Großteil der Bevölkerung in eigenen Häusern lebt oder in Wohnungen. Die Wahrscheinlichkeit, dass sich Privathaushalte in einem Haus zusammentun, um eine Solaranlage zu kaufen, ist gering.

In der Regel recherchiert Herr Kunze anschließend nach den größten Städten in den Zielmarktländern, da nur in den großen Städten der Strom aus Solaranlagen an ein Netz angeschlossen werden kann. Herr Kunze berichtet, dass es natürlich die Möglichkeit gibt, den Strom in Batterien zu speichern, aber diese Variante sei für die allermeisten kleinen Unternehmen und Privathaushalte zu teuer.

Anschließend recherchiert er per Internet nach potenziellen Partnern über z. B. Webseiten für Solaranlagen oder entsprechenden Foren. Weiterhin recherchiert Herr Kunze nach sogenannten „Integratores", das sind Personen, die das notwendige technische Knowhow zur Installation von Solaranlagen haben. Wird Herr Kunze fündig, fliegt er z. B. nach Bogotá, um sich dort mit den identifizierten potenziellen Partnern bzw. potenziellen „Integratores" zu treffen. Die Installation von Solaranlagen muss auch bei Privathaushalten von Fachkräften durchgeführt werden. In Mexiko, so erzählt Herr Kunze, gab es in der Vergangenheit immer mal wieder einen Fall, dass eine Solaranlage auf Grund falscher Installation Feuer gefangen hat.

Zum Schluss erstellt Herr Kunze eine Liste mit potenziellen Kunden z. B. große Unternehmen, die in dem Land tätig sind und die sich die Solaranlagen leisten können. Diese Listen verteilt er dann an die neu gewonnenen Handelspartner.

Zum Rollout / Marktdurchdringungsstrategie in Lateinamerika
Das Unternehmen ist derzeit noch in einer Aufbauphase des eigenen Internationalisierungsmusters. Herr Kunze ist froh, wenn er erste Handelspartner bzw. Lizenzunternehmen in ausländischen Märkten ausfindig machen kann. Die sogenannten „Franquicias", Lizenzunternehmen, übernehmen die Installation der Solaranlagen vor Ort. Herr Kunze berichtet, dass die mexikanischen „Franquicias" z. B. jeden Monat einen Report über die verkauften und installierten Solarmodule abgeben. Das Unternehmen sollte an dem Aufbau einer Marke und weiteren Vertriebsniederlassungen bzw. Landesgesellschaften arbeiten, indem es langfristig die Auslandsumsätze steigert.

Zur Implementierung des International Sales Accelerator Modells
Das Unternehmen hat sich dazu entschlossen Zielmärkte in der eigenen Weltregion zu erschließen. Dazu hat es Technologien aus einem Industrielandunternehmen aufgekauft. Mit dem Know-how des deutschen Solarunternehmens steht der Grupo die Tür zur Erschließung lateinamerikanischer Länder offen. Das Unternehmen sollte in Zukunft in eine lokalisierte Produktion investieren und an dem Aufbau einer Marke arbeiten.

Schlussbetrachtung 7

7.1 Zusammenfassung der Ergebnisse

Das Ziel der Dissertation (siehe auch Abb. 7.1) war ein Modell zur internationalen Zielmarktanalyse und Vertriebsentwicklung zu entwerfen und Unternehmen Methodiken und Fallbeispiele zur Implementierung des Modells aufzuzeigen.

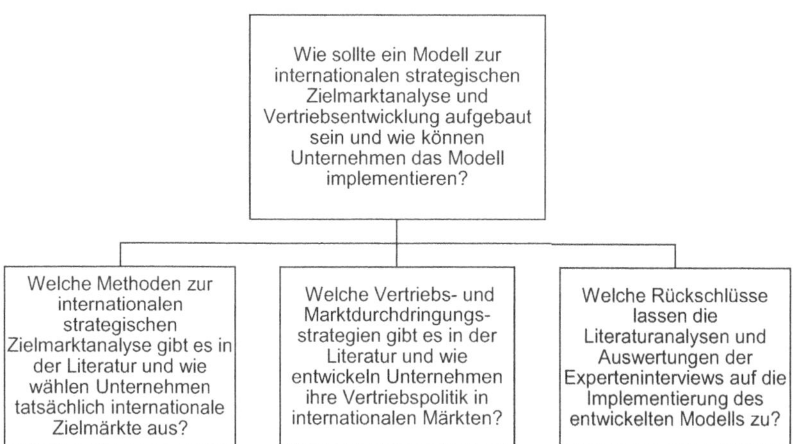

Abb. 7.1 Forschungsfragen der Dissertation. (Quelle: Eigene Darstellung in Anlehnung an Minto 1987, S. 9)

S. Reber, *Internationale Zielmarktanalyse und Vertriebsentwicklung*,
https://doi.org/10.1007/978-3-658-32389-9_7

Mit Hilfe des entwickelten Modells, dem ISA-Modell, ist ein ganzheitliches Internationalisierungsprozessmodell entstanden. Durch Interviews mit Geschäftsführern, Business Development und Sales Managern in den unterschiedlichsten Industrien und in vier ausgewählten Ländern wurde eine breite Basis an Informationen gesammelt, um ein Modell zu entwickeln, das sowohl für Industriegüter, Konsumgüter- und Dienstleistungsunternehmen von Nutzen ist. Zudem wurden Unternehmen aus Industrie- und Schwellenländern befragt, um sicherzustellen, dass das Internationalisierungsprozessmodell auch die Internationalisierungsmuster von Unternehmen unabhängig von einem Ländermarkt abbildet.

Die Forschungsoberfrage kann mit dem ISA-Modell und dem in Kapitel 5 vorgestellten Schnell-Check zur Einschätzung des eigenen Internationalisierungsmusters und dem Rad der Implementierung beantwortet werden. Die erste Forschungsunterfrage wird mit der in Kapitel 2 aufgezeigten Literatur zu den Bausteinen 1–3, der Synopse zur Internationalen Marktauswahl (siehe Abschnitt 5.1) und der Auswertungsergebnisse zur strategischen Zielmarktanalyse (siehe Abschnitt 3) beantwortet. Die zweite Forschungsunterfrage wird ebenfalls mit der in Kapitel 3 aufgezeigten Literatur zu den Bausteinen 4–7 und den in Kapitel 4 dargestellten Auswertungsergebnissen beantwortet. In Kapitel 5 wurde dann der theoretische Teil mit dem praktischen Teil verknüpft und Rückschlüsse auf die Implementierung des ISA-Modells gezogen. Dazu wird das Rad der Implementierung des ISA-Modell als Business Development und Vertriebsprozess-Tool vorgestellt.

Neben der Erreichung der Beantwortung der Forschungsfragen, können einige der in Kapitel 2 aufgezeigten Forschungslücken im internationalen Vertriebsmanagement gefüllt werden. Zum Beispiel wurde ein großer Teil der Forschung zu dem Thema in Ländern und mit Unternehmen außerhalb der USA durchgeführt sowie ein neues Modell zum internationalen Vertrieb entwickelt, wie zum Beispiel *Baldauf & Lee* es gefordert haben[1]. *Panagopoulos et al.* haben ebenfalls Forschungslücken im Vertrieb in Schwellenländern identifiziert[2]. Diese Forschungslücken können mit Hilfe der vorliegenden Fallstudien in China und Mexiko aufgefüllt werden. Zudem wurden mit dem Internationalisierungsprozess-Modell, d. h. dem ISA-Modell, erste Erkenntnisse zum Schnittstellenmanagement zwischen den Abteilungen Business Development und Vertrieb aufgezeigt, wie z. B. *Wagner & Szymura-Tyl* in ihrem Aufsatz fordern[3].

[1] Vgl. Baldauf & Lee 2011, S. 212 ff.

[2] Vgl. Panagopoulos et al. 2011, S. 226 f.

[3] Vgl. Wagner & Szymura-Tyl 2016, S. 3619 f.

Um auf das Eingangszitat von *Seneca* zurückzukommen, so ist es mit dem ISA-Modell möglich „die Segel richtig zu setzen“, um in einen ausgewählten Hafen zu gelangen und dort die ersten Vertriebsstrukturen aufzubauen. Das ISA-Modell macht somit ein systematisches Vorgehen bei individuellen Internationalisierungsmustern implementierbar. Darüber hinaus ist es praxisorientiert geschrieben und dadurch auch für Personen, die sich mit Internationalisierungsthemen noch nicht auskennen gut geeignet und schnell und verständlich anwendbar.

7.2 Empfehlungen für die Weiterentwicklung des International Sales Accelerator Modells

Eine der wichtigsten Weiterentwicklungen des ISA-Modells wäre eine Operationalisierung der ISA-Modell Bausteine. Durch eine quantitative Follow-up Studie zum ISA-Modell könnten neue Erkenntnisse über den Internationalisierungsprozess von Unternehmen gewonnen werden. Zur Weiterentwicklung des ISA-Modells wäre eine Quantifizierung der Hypothesen (siehe Tab. 7.1 und Tab. 7.2) interessant.

Die Hypothesen zu Tab. 7.1 leiten sich aus den Lessons Learned der empirischen Ergebnisse in den Kapiteln 3 und 4 ab. Die in der folgenden Tab. 7.2 dargestellten Hypothesen sind allgemeinere Hypothesen zum ISA-Modell. Mit allen Hypothesen soll eine Überleitung von der Strategieprozessforschung hin zur Strategieinhaltsforschung eingeleitet werden[4].

> „Die Strategieprozessforschung beschäftigt sich vor allem mit der Frage, wie der Prozess der Strategieformulierung und -umsetzung abläuft bzw. ablaufen sollte. [...] Eine zentrale Rolle im Rahmen der Strategieinhaltsforschung nehmen Studien ein, die sich mit Erfolg und Erfolgsursachen unterschiedlicher Strategien auseinandersetzen.“[5]

Im Konkreten kann das ISA-Modell der Strategieprozessforschung zugeordnet werden. Folgestudien zum ISA-Modell sollten sich mit der Strategieinhaltsforschung, d. h. Erfolgsfaktoren im ISA-Modell beschäftigten. Dabei gilt es herauszufinden, wie regelmäßig die in Kapitel 3 und 4 beschrieben Tätigkeiten von Managern durchgeführt werden müssen, um einen Erfolg in den einzelnen Bausteinen zu erzielen. Die Regelmäßigkeit kann z. B. täglich, wöchentlich,

[4] Vgl. Hungenberg 2014, S. 58.

[5] Hungenberg 2014, S. 56 ff.

Tab. 7.1 Hypothesen für die Operationalisierung der Bausteine des ISA-Modells

	H 1: Je regelmäßiger Weltmarktregionen auf externe Umweltfaktoren analysiert werden, desto erfolgreicher läuft die Auswahl eines bestimmten Zielmarktes für ein Unternehmen ab.
H 2: Je regelmäßiger eine interne Analyse der Auswahlfaktoren und eine Aktualisierung des Marktauswahlmodells stattfindet, desto erfolgreicher lassen sich erste Markteintrittspunkte für ein Unternehmen sammeln.	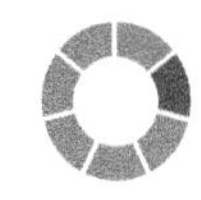
	H 3: Je regelmäßiger ein Kommunikationsaustausch mit dem Zielmarkt stattfindet, desto erfolgreicher fällt die Entwicklung einer Markteintrittsstrategie.
H 4a: Je mehr die Markteintrittsstrategie im Einklang mit der Unternehmensstrategie ist, desto erfolgreicher ist das Unternehmen. H 4b: Je regelmäßiger die Markteintrittsstrategie überprüft und ausgebaut wird, desto erfolgreicher ist das Unternehmen.	
	H 5: Je regelmäßiger eine Regionsfokussierung überprüft wird und eine Überprüfung des Vertriebskanals stattfindet, desto erfolgreicher wird der Aufbau und die Umsetzung von ersten Vertriebsstrukturen.
H 6: Je regelmäßiger weitere Vertriebskanäle und Marketing-Mix Elemente überprüft und ggfs. umgesetzt werden, desto erfolgreicher lässt sich die nationale Marktpräsenz steigern.	
	H 7: Je regelmäßiger die Markenmaßnahmen überprüft werden und Innovationen aus dem Auslandsmarkt abgeschöpft werden, desto erfolgreicher verläuft das Internationalisierungsmuster eines Unternehmens.

Quelle: Eigene Darstellung.

monatlich oder jährlich bedeuten. Den Erfolg eines Unternehmens kann z. B. am Auslandsumsatz gemessen werden oder wie reibungslos ein Markteintritt in einen bestimmten Zielmarkt verläuft.

In Tab. 7.2 werden Hypothesen für die allgemeine Operationalisierung des ISA-Modells dargestellt. Mit H 8 z. B. wird angenommen, dass Unternehmen, die alle Bausteine anwenden, erfolgreicher sind als Unternehmen, die nur wenige

Tab. 7.2 Weitere Hypothesen für die allgemeine Operationalisierung des ISA-Modells

	H 8: Je mehr Bausteine des ISA-Modells durch ein Unternehmen angewendet werden, desto erfolgreicher ist das Unternehmen in der Erschließung eines Auslandsmarktes.
H 9: Auf die Anwendbarkeit des ISA-Modell hat es keine Auswirkung aus welchen Ländern (Industrie-, Schwellen-, und Entwicklungsländer) ein Unternehmen stammt.	
	H 10: Auf das ISA-Modell hat es keine Auswirkung welche Art von Unternehmen (Industriegüter-, Konsumgüter- und Dienstleistungsunternehmen) ein Internationalisierungsmuster anstrebt.

Quelle: Eigene Darstellung.

Bausteine anwenden. Die ersten Auswertungsergebnisse (siehe Abschnitt 5.1) deuten stark daraufhin, dass KMUs weniger Bausteine umsetzen als GUs und deshalb weniger erfolgreich bei der Erschließung von Auslandsmärkten sind. KMUs, die jedoch mehr Bausteine anwenden als andere KMUs, haben einen größeren Auslandsumsatz, d. h. sie sind erfolgreicher[6]. H 9 stellt die Hypothese auf, dass das ISA-Modell für alle Unternehmen – egal aus welchem Land – Gültigkeit besitzt. Die Interviews mit Unternehmen aus Schwellenländern[7] deuten darauf hin, dass die Bausteine des ISA-Modells auch für mexikanische oder chinesische Unternehmen Anwendung finden. Mit H 10 wird auf die Industrie der Unternehmen angespielt. Auch hier wird eine Gültigkeit unabhängig von der Art der Industrie – Industriegüter, Konsumgüter und Dienstleistungsunternehmen – angenommen[8].

[6]Vgl. z. B. Interview 2 2015 mit Interview 10 2015.

[7]Vgl. z. B. Interview 15 2016, Interview 28 2016, Interview 29 2016 und Interview 79 2018.

[8]Vgl. z. B. Interview 3 2015, Interview 43 2017 und Interview 5 2015.

7.3 Limitierungen und Ausblick auf zukünftigen Forschungsbedarf

Beim Thema internationale Zielmarktauswahl herrscht eine große Lücke zwischen Theorie und Praxis. Viele Manager und Geschäftsführer verlassen sich bei der internationalen Marktauswahl auf einige wenige Faktoren[9], wohingegen in der Forschung der Trend zu erkennen ist, immer größeren Mengen an Faktoren mit Daten zu unterfüttern[10]. Auf der einen Seite haben Praktiker keine Zeit über Monate Daten zu sammeln, um einen neuen Markt auszuwählen. Auf der anderen Seite haben Forscher immer mehr Möglichkeiten Daten zu sammeln und immer größere Datensätze auszuwerten. Beide Seiten sollten sich annähern. Die Forschung muss geeignete Modelle zur Marktauswahl für Praktiker entwickeln, die diese ohne größeren Aufwand benutzen können. Mit dem vorliegenden ISA-Modell ist ein solches Modell zur Marktauswahl und Aufbau von Vertriebsstrukturen entwickelt worden. Die entwickelte Methodik lässt sich schnell umsetzen.

Zukünftige Forschungsarbeiten sollten am Rad der Implementierung des ISA-Modells ansetzen und weitere konkrete Tätigkeitsfelder zu den einzelnen Bausteinen des ISA-Modells identifizieren. Darüber hinaus sollte die Gewichtung der Tätigkeitsfelder im Schnell-Check zur Einschätzung des eigenen Internationalisierungsmusters empirisch getestet werden, um die erfolgreichsten Tätigkeitsfelder zu identifizieren und diesen letztendlich auch mehr Gewicht bei der Einstufung des eigenen Internationalisierungsmusters zu verleihen.

Ein weiterer Forschungsbedarf besteht im Hinblick auf die Internationalisierungsmuster von Unternehmen aus Entwicklungs- und Schwellenländern. In der vorliegenden Dissertation wurden hauptsächlich Internationalisierungsmuster von Unternehmen aus Industrieländern in Industrie- und Schwellenländer analysiert. In zwei Fallstudien in Kapitel 6 werden aber Internationalisierungsmuster von Unternehmen aus Schwellenländern in Schwellenländer dargestellt. Weitere interessante Erkenntnisse können Fallstudien bzw. Analysen von Internationalisierungsmustern von Unternehmen aus Schwellenländern oder Entwicklungsländern in Industrieländer darstellen. Ein erstes Interview dazu wurde bereits mit einem chinesischen Unternehmen durchgeführt, welches in den deutschen Markt eingetreten ist[11]. Interessant wären aber auch Unternehmen aus Entwicklungsländern, die in Industrieländer eingetreten sind.

[9] Vgl. Auswertungsergebnisse in Abschnitt 3.2.

[10] Vgl. Synopse zur Literatur „Internationale Marktauswahl" Abschnitt 5.1.

[11] Vgl. Interview 79 2018.

Die Export-Gap Analyse ist aufgrund fehlender HS Codes für Dienstleistungen nicht anwendbar. Außerdem gibt es eine logische Limitierung bei der Export-Gap Analyse. Unternehmen können auch vor Ort produzieren. Eine Zielmarktauswahl erfolgt dann aufgrund anderer wie in Abschnitt 3.2 beschriebenen Auswahlkriterien. Weiterhin beruht die Export-Gap Analyse auf vergangenheitsbasierten Daten. Eine 100 % Prognose über zukünftige Exportvolumen kann mit keinem bisherig bekannten Prognoseverfahren erreicht werden.

Weiterhin besteht Forschungsbedarf im Hinblick auf die Produktentwicklung beim Markteintritt in ausländische Märkte. In manchen Interviews wurde berichtet, dass die Unternehmen die Produkte für die Märkte anpassen müssen[12]. Einige Unternehmen aus Industrieländern können ihre Produkte erst in Schwellenländern durch eine weniger komplexe und dadurch günstigere Ausgabe verkaufen[13]. Interessanterweise erschaffen manche Unternehmen Innovationen für einen Auslandsmarkt. Anschließend führen sie die veränderten und günstigeren Produkte im Heimatmarkt wieder ein.[14] Hierzu wäre es interessant Fallstudien von Unternehmen zu erarbeiten, die mit den komplett im Auslandmarkt entwickelten Innovationen auf den Heimatmarkt zurückkehren.

[12] Vgl. z. B. Interview 1 2015 oder Interview 48 2018.

[13] Vgl. z. B. Interview 37 2017.

[14] Vgl. Interview 38 2017 oder Interview 48 2018.

Literatur- und Quellenverzeichnis

Literatur

Akhter, S. H., & Robles, F. 2006. Leveraging Internal Competency and Managing Environmental Uncertainty. *International Marketing Review*, 23(1): 98–115.

Alexander, N., Rhodes, M. & Myers, H. 2007. International Market Selection: Measuring Actions Instead of Intentions. *Journal of Service Marketing*, 21(6): 424–434.

Andersen, O., & Buvik, A. 2002. Firms' Internationalization and Alternative Approaches to the International Customer/Market Selection. *International Business Review*, 11(3): 347–363.

Andresen, M. 2013. *International Research Workshop. Grounded Theory.* Handout. Chair of Human Resource Management, University of Bamberg.

Ansoff, H. I. 1957. Strategies for Diversification. *Harvard Business Review*, 35(5): 113–124.

Armstrong, J. S. 1970. An Application of Econometric Models to International Marketing. *Journal of Marketing Research*, 12(4): 190–198.

Attiyeh, R. S., & Werner, D. L. 1981. Critical Mass. Key to Export Profits. *McKinsey Quarterly* (4): 73–88.

Ayal, I., & Zif, J. 1979. Market Expansion Strategies in Multinational Marketing. *Journal of Marketing*, 43(2): 84–94.

Ayal, I., & Zif, J. 1978. Competitive Market Choice Strategies in Multinational Marketing. *Columbia Journal of World Business*, 13(3): 72–81.

Backhaus, K., Erichson, B., Plinke, W. & Weiber, R. 2016. *Multivariate Analysemethoden. Eine anwendungsorientierte Einführung.* Heidelberg: Springer Gabler.

Backhaus, K., Büschken, J. & Voeth, M. 2000. *Internationales Marketing.* Stuttgart: Schäffer-Poeschel.

Baker, D. S. 2014. Social Influence and Contextual Utilization of Customer Relationship Management Technology in an International Field Sales Organization. *Journal of Relationship Marketing*, 13(4): 263–285.

Balambo, M. A., Livolsi, L., & Lazaar, S. 2014. Global Flow Management. A Synthesis of Concepts and Approaches. *IUP Journal of Supply Chain Management*, 11(3): 62–78.

S. Reber, *Internationale Zielmarktanalyse und Vertriebsentwicklung*,
https://doi.org/10.1007/978-3-658-32389-9

Baldauf, A., & Lee, N. 2011. International Selling and Sales Management. Sales Force Research Beyond Geographic Boundaries. *Journal of Personal Selling & Sales Management*, 31(3): 211–217.

Baldauf, A., Cravens, D. W., & Grant, K. 2002. Consequences of Sales Management Control in Field Sales Organizations. A Cross-National Perspective. *International Business Review*, 11(5): 577–609.

Baldauf, A., Cravens, D. W., & Piercy, N. F. 2001a. Examining Business Strategy, Sales Management, and Salesperson Antecedents of Sales Organization Effectiveness. *Journal of Personal Selling & Sales Management*, 21(2): 109–122.

Baldauf, A., Cravens, D. W., & Piercy, N. F. 2001b. Examining the Consequences of Sales Management Control Strategies in European Field Sales Organizations. *International Marketing Review*, 18(5): 474–508.

Becker, L. 2014. Der Business Development Manager – eine Standortbestimmung. In: Becker, L., Gora, W. & Michalski, T. (Hrsg.). 2014. *Die Neue Führungskunst. Business Development Management. Von der Geschäftsidee bis zur Umsetzung*. Düsseldorf: Symposion.

Bello, D. C., & Gilliland, D. I. 1997. The Effect of Output Controls, Process Controls, and Flexibility on Export Channel Performance. *Journal of Marketing*, 61(1): 22–38.

Belz, C., & Reinhold, M. 1999. *Internationales Vertriebsmanagement für Industriegüter. Kernkompetenz Vertrieb, Länderselektion und Differenzierung, Minimalmarketing, Benchmarks*. St. Gallen: Thexis & Überreuter.

Binckebanck, L. & Hölter, A.-K. 2012. Internationaler Vertrieb. Stand der Forschung. In: Binckebanck, L., & Belz, C. (Hrsg.). *Internationaler Vertrieb. Grundlagen, Konzepte und Best Practices für Erfolg im globalen Geschäft*. Wiesbaden: Springer Gabler.

Bilkey, W. J. 1978. An Attempted Integration of the Literature on the Export Behavior of Firms. *Journal of International Business Studies*, 9(1): 33–46.

Black, E. L., Sellers, K. F., & Manly, T. S. 1998. Earnings Management Using Asset Sales. An International Study of Countries Allowing Noncurrent Asset Revaluation. *Journal of Business Finance & Accounting*, 25(9): 1287–1317.

Blumberg, B., Cooper, D. R., & Schindler, P. S. 2014. *Business Research Methods*. London: McGraw-Hill Education.

Borgonovo, E., & Peccati, L. 2007. Global Sensitivity Analysis in Inventory Management. *International Journal of Production Economics*, 108(1–2): 302–313.

Brewer, P., & Sherriff, G. 2007. Is There a Cultural Divide in Australian International Trade? *Australian Journal of Management (University of New South Wales)*, 32(1): 113–134.

Brewer, P. 2007. Psychic Distance and Australian Export Market Selection. *Australian Journal of Management (University of New South Wales)*, 32(1): 73–94.

Brewer, P. 2001. International Market Selection. Developing a Model from Australian Case Studies. *International Business Review*, 10(2): 155–174.

Brick, I. E., Chen, H.-Y., Hsieh, C.-H., & Lee, C.-F. 2016. A Comparison of Alternative Models for Estimating Firm's Growth Rate. *Review of Quantitative Finance and Accounting*, 47(2): 369–393.

Brouthers, L. L. E., Mukhopadhyay, S., Wilkinson, T. J., & Brouthers, K. D. 2009. International Market Selection and Subsidiary Performance. A Neural Network Approach. *Journal of World Business*, 44(3): 262–273.

Brouthers, L. E., & Nakos, G. 2005. The Role of Systematic International Market Selection on Small Firms' Export Performance. *Journal of Small Business Management*, 43(4): 363–381.

Buerki, T., Nandialath, A., Mohan, R., & Lizardi, S. 2014. International Market Selection Criteria for Emerging Markets. *IUP Journal of Business Strategy*, 11(4): 7–41.

Caribbean Business. 2004. Hispanic Chamber is Entry Point into Mainland U.S. Market. *Carribean Business*, 32(36): 48.

Cavusgil, S. T. 1985. Guidelines for Export Market Research. *Business Horizons*, 28(6): 27–33.

Cavusgil, S. T., Godiwalla, Y. M. 1982. Decision-Making for International Marketing: A Comparative Review. *Management Decision*, 20(4): 47–54.

Chen, J. J., & Dimou, I. 2005. Expansion Strategy of International Hotel Firms. *Journal of Business Research*, 58(12): 1730–1740.

Chen, S.-F. S., & Hennart, J.-F. 2002. Japanese Investors' Choice of Joint Ventures Versus Wholly-Owned Subsidiaries in the US. The Role of Market Barriers and Firm Capabilities. *Journal of International Business Studies*, 33(1): 1–18.

Chonko, L. B., Tanner Jr., J. F., & Smith, E. R. 1991. Selling and Sales Management in Action. The Sales Force's Role in International Marketing Research and Marketing Information Systems. *Journal of Personal Selling & Sales Management*, 11(1): 69–79.

Christopher, M. 2011. *Logistics & Supply Chain Management*. Harlow u.a.: Financial Times Prentice Hall.

Cravens, D. W., Piercy, N. F., & Low, G. S. 2006. Globalization of the Sales Organization: Management Control and Its Consequences. *Organizational Dynamics*, 35(3): 291–303.

Czinkota, M. R., Grossman, D. A., Javalgi, R. G., & Nugent, N. 2009. Foreign Market Entry Mode of Service Firms. The Case of U.S. MBA Programs. *Journal of World Business*, 44(3): 274–286.

Davies, I. A., Ryals, L. J., & Holt, S. 2010. Relationship Management. A Sales Role, or a State of Mind?: An Investigation of Functions and Attitudes Across a Business-to-business Sales Force. *Industrial Marketing Management*, 39(7): 1049–1062.

DeShields, O. W., & los Santos, G. de. 2000. Salesperson's Accent as a Globalization Issue. *Thunderbird International Business Review*, 42(1): 29–46.

Dichtl, E., Koeglmayr, H.-G., & Mueller, S. 1990. International Orientation as a Precondition for Export Success. *Journal of International Business Studies*, 21(1): 23–40.

Dimitratos, P., Plakoyiannaki, E., Pitsoulaki, A., & Tüselmann, H. J. 2010. The Global Smaller Firm in International Entrepreneurship. *International Business Review*, 19(6): 589–606.

Dixit, M. R., & Yadav, S. 2015. Motivations, Capability Handicaps, and Firm Responses in the Early Phase of Internationalization. A Study in the Indian Pharmaceutical Industry. *Journal of Global Marketing*, 28(1): 1–18.

Doherty, A. M. 2009. Market and Partner Selection Processes in International Retail Franchising. *Journal of Business Research*, 62(5): 528–534.

Douglas, S. P., Craig, C. S., & Keegan, W. J. 1982. Approaches to Assessing International Marketing Opportunities for Small- and Medium-Sized Companies. *Columbia Journal of World Business*, 17(3): 26-31.

Dunning, J. H., Pak, Y. S., & Beldona, S. 2007. Foreign Ownership Strategies of UK and US International Franchisors. An Exploratory Application of Dunning's Envelope Paradigm. *International Business Review*, 16(5): 531–548.

Dunning, J. H. 1988. *Explaining International Production*. London: Unwin Hyman.

Ekins, P. 1993. 'Limits to Growth' and 'Sustainable Development'. Grappling with Ecological Realities. *Ecological Economics*, 8(3): 269–288.

Ensign, P. P. C. 2006. International Channels of Distribution. A Classification System for Analyzing Research Studies. *Multinational Business Review*, 14(3): 95–120.

Fan, Y. 2008. Country of Origin, Branding Strategy and Internationalisation. The Case of Chinese Piano Companies. *Journal of Chinese Economic & Business Studies*, 6(3): 303–319.

Fenwick, M., Edwards, R., & Buckley, P. J. 2003. Is Cultural Similarity Misleading? The Experience of Australian Manufacturers in Britain. *International Business Review*, 12(3): 297–309.

Gassmann, O., Frankenberger, K. & Csik, M. 2014. *The Business Model Navigator. 55 Models That Will Revolutionise Your Business*. Harlow: Pearson Education.

Gaston-Breton, C., & Martín, O. M. 2011. International Market Selection and Segmentation. A Two-Stage Model. *International Marketing Review*, 28(3): 267–290.

Gereffi, G., Humphrey, J., & Sturgeon, T. 2005. The Governance of Global Value Chains. *Review of International Political Economy*, 12(1): 78–104.

Gereffi, G. 1994. The Organization of Buyer-Driven Global Commodity Chains: How U.S. Retailers Shape Overseas Production Networks. In G. Gereffi & M. Korzeniewicz (Eds), *Commodity Chains and Global Capitalism*: 95–122. Westport, CT: Praeger.

Gestetner, D. 1974. Strategy in Managing International Sales. *Harvard Business Review*, 52(5): 103–108.

Gillespie, K., & Hennessey, H. D. 2016. *Global Marketing*. New York: Routledge.

Glaser, B. G. & Strauss, A. L. 1967. *The Discovery of Grounded Theory. Strategies for Qualitative Research*. New Brunswick: AldineTransaction.

Goodnow, J. D., & Kosenko, R. 1990. Strategies for Successful Penetration of The Japanese Market or How to Beat Japan at Its Own Game. *Journal of Consumer Marketing*, 7(4): 15–23.

Green, R. T., & Allaway, A. W. 1985. Identification of Export Opportunities. A Shift-Share Approach. *Journal of Marketing*, 49(1): 83–88.

He, X. & Wei, Y. 2011. Linking Market Orientation to International Market Selection and International Performance. *International Business Review*, 20(5): 535–546.

Helsen, K., Jedidi, K., & DeSarbo, W. S. 1993. A New Approach to Country Segmentation Utilizing Multinational Diffusion Patterns. *Journal of Marketing*, 57(4): 60–71.

Hill, C. W. L. 2013. *International Business. Competing in the Global Marketplace*. New York (NY): McGraw Hill/Irwin.

Hill, J. S., & Allaway, A. W. 1993. How U.S.-Based Companies Manage Sales in Foreign Countries. *Industrial Marketing Management*, 22(1): 7–16.

Hodgson, R. W., & Uyterhoeven, H. E. R. 1962. Analyzing Foreign Opportunities. *Harvard Business Review*, 40(2): 60–79.

Holtbrügge, D., & Welge, M. K. 2015. *Internationales Management. Theorien, Funktionen, Fallstudien*. Stuttgart: Schäffer-Poeschel.

Homburg, C. 2014. *Grundlagen des Marketingmanagements. Einführung in Strategie, Instrumente, Umsetzung und Unternehmensführung*. Wiesbaden: Springer Gabler.

Homburg, C., Schäfer, H., & Schneider, J. 2012. *Sales Excellence. Vertriebsmanagement mit System*. Wiesbaden: Springer.

Homburg, C., & Krohmer, H. 2006. *Marketingmanagement. Strategie – Instrumente – Umsetzung – Unternehmensführung*. Wiesbaden: Springer Gabler.

Honeycutt, E. D., & Ford, J. B. 1996. Potential Problems and Solutions When Hiring and Training a Worldwide Sales Team. *Journal of Business & Industrial Marketing*, 11(1): 42–54.

Horak, S., & Nihalani, K. 2016. Social Networks, Vertical Core Competencies and Sales Management in Korea. *Management Decision*, 54(8): 1929–1946.

Huang, Y., & Sternquist, B. 2007. Retailers' Foreign Market Entry Decisions. An Institutional Perspective. *International Business Review*, 16(5): 613–629.

Hungenberg, H. 2014. *Strategisches Management in Unternehmen. Ziele – Prozesse – Verfahren*. Wiesbaden: Springer Gabler.

Jacobs, F. A., & Larkins, E. R. 1992. Management Control of a Foreign Sales Corporation. Some Special Considerations. *Journal of Management Accounting Research*, 4: 99–115.

Javalgi, R. G., Deligonul, S., Ghosh, A. K., Lambert, D. M., & Cavusgil, S. T. 2010. Foreign Market Entry Mode Behavior as a Gateway to Further Entries. The NAFTA Experience. *International Business Review*, 19(3): 209–222.

Johanson, J., & Vahlne, J.-E. 1990. The Mechanism of Internationalism. *International Marketing Review*, 7(4): 11–24.

Johanson, J., & Vahlne, J.-E. 1977. The Internationalization Process of the Firm—A Model of Knowledge Development and Increasing Foreign Market Commitments. *Journal of International Business Studies*, 8(1): 23–32.

Kobrin, S. J., Basek, J., Blank, S., & La Palombara, J. 1980. The Assessment and Evaluation of Noneconomic Environments by American Firms. A Preliminary Report. *Journal of International Business Studies*, 11(1): 32–47.

Kobrin, S. J. 1979. Political Risk. A Review and Reconsideration. *Journal of International Business Studies*, 10(1): 67–80.

Koch, A. J. 2001. Selecting Overseas Markets and Entry Modes. Two Decision Processes or One? *Marketing Intelligence & Planning*, 19(1): 65–75.

Kohne, A. 2016. *Business Development. Kundenorientierte Geschäftsfeldentwicklung für erfolgreiche Unternehmen*. Wiesbaden: Springer Vieweg.

Krüger, W. 2011. Organisation. In: Bea, F. X. & Schweitzer, M. (Hrsg.). *Allgemeine Betriebswirtschaftslehre. Band 2: Führung*. 10. Auflage. München: UVK Verlagsgesellschaft.

Kumar, V., Stam, A., & Joachimsthaler, E. A. 1994. An Interactive Multicriteria Approach to Identifying Potential Foreign Markets. *Journal of International Marketing*, 2(1): 29–52.

Kummer, S., Grün, O., & Jammernegg, W. (Eds). 2009. *Grundzüge der Beschaffung, Produktion und Logistik*. München: Pearson Studium.

Kung, P. 2017. Cross-border E-Commerce in China. Präsentationsfolien Tmall.HK erhalten von der AHK China.

Kuß, A., Wildner, R. & Kreis, H. 2014. *Marktforschung. Grundlagen der Datenerhebung und Datenanalyse*. Wiesbaden: Springer Gabler.

Kutschker, M., & Schmid, S. 2005. *Internationales Management*. München: Oldenbourg.

Lampert, S.I. & Jaffe, E.D. 1998. A Dynamic Approach to Country-of-Origin Effect. *European Journal of Marketing*, 32(1/2): 61–78.

Lancioni, R. 2005. Pricing Issues in Industrial Marketing. *Industrial Marketing Management*, 34(2): 111–114.

LaRoche, M., Kalamas, M., & Huang, Q. 2005. Effects of Coupons on Brand Categorization and Choice of Fast Foods in China. *Journal of Business Research*, 58(5): 674–686.

Leach, M. P., Liu, A. H., & Pelton, L. E. 2011. Strategies for Trade Sales in a Changing Asian Business Culture. *Journal of Marketing Channels*, 18(3): 217–239.

Lim, G. H., Lee, K. S., & Tan, S. J. 2001. Gray Marketing as an Alternative Market Penetration Strategy for Entrepreneurs. *Journal of Business Venturing*, 16(4): 405–427.

Luk, S. S. T. 1998. Structural Changes in China's Distribution System. *International Journal of Physical Distribution & Logistics Management*, 28(1): 44–67.

Lundquist, E. 2007. *Shih's Curve Can Bring Smiles. eWeek*, 24(28): 56.

Malhotra, S., Sivakumar, K., & Zhu, P. 2009. Distance Factors and Target Market Selection. The Moderating Effect of Market Potential. *International Marketing Review*, 26(6): 651–673.

Malik, F., Arndt, O., Hagmann, R., Lambert, J. & Scabell, C. 2015. *Analyse internationaler Zielmärkte für die Umwelttechnikbranche aus Baden-Württemberg. Methodisches Vorgehen, Ergebnisse und Handlungsempfehlungen*. Studie im Auftrag des Technologie- und Innovationszentrum Umwelttechnik und Ressourceneffizienz Baden-Württemberg GmbH (Hrsg.).

Mallin, M. L., Asree, S., Koh, A. C., & Hu, M. Y. 2010. Antecedents to Managerial Trust and Sales Control in Malaysian Salesforce. *International Business Review*, 19(3): 292–305.

Manhart, K. 1995. *KI-Modelle in den Sozialwissenschaften. Logische Struktur und wissensbasierte Systeme von Balancetheorien*. München: Oldenbourg.

Marchi, G., Vignola, M., Facchinetti, G., & Mastrolco, G. 2014. International Market Selection for Small Firms. A Fuzzy-Based Decision Process. *European Journal of Marketing*, 48(11/12): 2198–2212.

Martín, O. M., & Drogendijk, R. 2014. Country Distance (COD). Development and Validation of a New Objective Measure. *Journal of Small Business Management*, 52(1): 102–125.

Mayring, P. 2015. *Qualitative Inhaltsanalyse. Grundlagen und Techniken*. Weinheim: Beltz.

Meadows, D. H., Zahn, E., Milling, P. & Heck, H.-D. 1972. *Die Grenzen des Wachstums. Bericht des Club of Rome zur Lage der Menschheit*. Stuttgart: Dt. Verl.-Anst.

Meffert, H., Bruhn, M. & Hadwich, K. 2015. *Dienstleistungsmarketing. Grundlagen – Konzepte – Methoden*. Wiesbaden: Springer Gabler.

Meffert, H. & Pues, C. 2002. Timingstrategien des internationalen Markteintritts. S. 403–438. In: Macharzina, K. & Oesterle, M.-J. (Hrsg.) 2002. *Handbuch Internationales Management. Grundlagen – Instrumente – Perspektiven*. Wiesbaden: Gabler.

Mehta, R., Polsa, P., Mazur, J., Xiucheng, F., & Dubinsky, A. J. 2006. Strategic Alliances in International Distribution Channels. *Journal of Business Research*, 59(10–11): 1094–1104.

Meyer, K. E., & Thu Tran, Y. T. 2006. Market Penetration and Acquisition Strategies for Emerging Economies. *Long Range Planning*, 39(2): 177–197.

Millington, A., & Bayliss, B. 1999. Transnational Marketing Joint Ventures. A Viable Market Penetration Strategy in the EU? *European Management Journal*, 17(6): 635–644.

Minifie, J. R., & West, V. 1998. A Small Business International Market Selection Model. *International Journal of Production Economics*, 56/57(3): 451–462.

Minto, B. 1987. *The Pyramid Principle. Logic in Writing and Thinking*. London: Minto International.

Moyer, R. 1968. International Market Analysis. *Journal of Marketing Research*, 5(4): 353–360.

Mudambi, R. 2007. Offshoring: Economic Geography and the Multinational Firm. *Journal of International Business Studies*, 38(1): 206–210.

Nevins, J. L., & Money, R. B. 2008. Performance Implications of Distributor Effectiveness, Trust, and Culture in Import Channels of Distribution. *Industrial Marketing Management*, 37(1): 46–58.

Okechuku, C., & Onyemah, V. 1999. Nigerian Consumer Attitudes Toward Foreign and Domestic Products. *Journal of International Business Studies*, 30(3): 611–622.

Osterwalder, A. & Pigneur, Y. 2011. *Business Model Generation. Ein Handbuch für Visionäre, Spielveränderer und Herausforderer*. Frankfurt am Main: Campus.

Ozturk, A., Joiner, E., & Cavusgil, S. T. 2015. Delineating Foreign Market Potential. A Tool for International Market Selection. *Thunderbird International Business Review*, 57(2): 119–141.

Panagopoulos, N. G., Lee, N., Pullins, E. B., Avlonitis, G. J., Brassier, P., Guenzi, P., Humenberger, A., Kwiatek, P., Loe, T. W., Oksanen-Ylikoski, E., Peterson, R. M., Rogers, B., & Weilbaker, D. C. 2011. Internationalizing Sales Research. Current Status, Opportunities, and Challenges. *Journal of Personal Selling & Sales Management*, 31(3): 219–242.

Papadopoulos, N., Chen, H. & Thomas, D.R. 2002. Toward a Tradeoff Model for International Market Selection. *International Business Review*, 11(2): 165–192.

Papadopoulos, N., & Denis, J.-E. 1988. Inventory, Taxonomy and Assessment of Methods for International Market Selection. *International Marketing Review*, 5(3): 38–51.

Peasnell, K. V. 1998. Discussion of Earnings Management Using Asset Sales. An International Study of Countries Allowing Noncurrent Asset Revaluation. *Journal of Business Finance & Accounting*, 25(9): 1319–1324.

Porter, M. E. 1986. The Strategic Role of International Marketing. *Journal of Consumer Marketing*, 3(2): 17–21.

Porter, M. E. 1985. *Competitive Advantage. Creating and Sustaining Superior Performance*. New York (NY): The Free Press.

Rahman, S. H. 2003. Modelling of International Market Selection Process. A Qualitative Study of Successful Australian International Businesses. *Qualitative Market Research: An International Journal*, 6(2): 119–132.

Rose, G. M., & Shoham, A. 2004. Interorganizational Task and Emotional Conflict with International Channels of Distribution. *Journal of Business Research*, 57(9): 942–950.

Rosenbloom, B., & Larsen, T. 2003. Communication in International Business-to-Business Marketing Channels. Does Culture Matter? *Industrial Marketing Management*, 32(4): 309–315.

Roß, L. & Shihab, H. 2017. *Anwendung des International Sales Accelerator Modells am Beispiel eines In-Vitro Diagnostika-Herstellers.* Seminararbeit am Lehrstuhl für Internationales Management, Institut für Marketing & Management, Universität Hohenheim.

Sakarya, S., Eckman, M., & Hyllegard, K. H. 2007. Market Selection for International Expansion. Assessing Opportunities in Emerging Markets. *International Marketing Review*, 24(2): 208–238.

Samiee, S., & Walters, P. G. P. 2006. Supplier and Customer Exchange in International Industrial Markets. An Integrative Perspective. *Industrial Marketing Management*, 35(5): 589–599.

Samli, A. C., Wirth, G. P., & Wills, J. R. 1994. High-tech Firms Must Get More out of Their International Sales Efforts. *Industrial Marketing Management*, 23(4): 333–342.

Samli, A. C. 1977. An Approach for Estimating Market Potential in East Europe. *Journal of International Business Studies*, 8(2): 49–54.

Sandberg, S. 2013. Emerging Market Entry Node Pattern and Experiential Knowledge of Small and Medium-Sized Enterprises. *International Marketing Review*, 30(2): 106–129.

Seneca, L.A. 1991. *Briefe an Lucilius über Ethik. 8. Buch.* Stuttgart: Philipp Reclam.

Sethi, S. P. 1971. Comparative Cluster Analysis for World Markets. *Journal of Marketing Research*, 8(3): 348–354.

Shankar, V., & Hanson, N. 2015. How Emerging Markets are Reshaping the Innovation Architecture of Global Firms. *Review of Marketing Research*, 10: 191–212.

Shoham, A., Brencic, M. M., Virant, V., & Ruvio, A. 2008. International Standardization of Channel Management and Its Behavioral and Performance Outcomes. *Journal of International Marketing*, 16(2): 120–151.

Silva, S. C. e., Meneses, R., & Radomska, J. 2018. A Holistic Perspective on the International Market Selection Phenomenon. *Journal of East European Management Studies*, 23(4): 579–602.

Singh, B., & Kumar, R. C. 1971. The Relative Income Hypothesis – A Cross Country Analysis. *Review of Income & Wealth*, 17(4): 341–352.

Sorensen, H. E. 2012. *Business Development. A Market-Oriented Perspective.* Glasgow: John Wiley & Sons.

Stock, J. R., & Lambert, D. M. 1983. Physical Distribution Management in International Marketing. *International Marketing Review*, 1(1): 28–41.

Strauss, A. & Corbin, J. 1990. Basics of Qualitative Research. Grounded Theory Procedures and Techniques. Newbury Park (CA): SAGE Publications.

Umwelttechnik Baden-Württemberg. 2018. *Marktvolumen der Umwelttechnik gesamt. Internationalisierungsstrategie Umwelttechnik und Ressourceneffizienz Baden-Württemberg.*

Vaccaro, J. P., & Coward, D. W. F. 1993. Selling and Sales Management in Action. Managerial and Legal Implications of Price Haggling: A Sales Manager's Dilemma. *Journal of Personal Selling & Sales Management*, 13(3): 79–86.

van Hoek, R. R. I. 1998. Reconfiguring the Supply Chain to Implement Postponed Manufacturing. *The International Journal of Logistics Management*, 9(1): 95–110.

Voeth, M., Eidhoff, A. T., & Pölzl, J. 2014. Business Development in der Praxis – Ergebnisse einer empirischen Untersuchung. Förderverein für Marketing & Business Development e.V. an der Universität Hohenheim (Hrsg.). Arbeitsbericht Nr. 17.

Wagner, U., & Szymura-Tyc, M. 2016. A Snapshot of Different Issues on Marketing in Emerging Economies. Editorial to the Special Section. *Journal of Business Research*, 69(9): 3617–3620.

Welge, M. K. & Holtbrügge, D. 2006. Internationales Management. Theorien, Funktionen, Fallstudien. Stuttgart: Schäffer-Poeschel.

Weston, J. F. 1953. *The Role of Mergers in the Growth of Large Firms*. Berkley: University of California Press.

Wetzels, M., Ruyter, K. de, & Lemmink, J. 1999. Role Stress in After-Sales Service Management. *Journal of Service Research*, 2(1): 50–67.

Williamson, P., & Zeng, M. 2004. Strategies for Competing in a Changed China. *MIT Sloan Management Review*, 45(4): 85–91.

Wind, Y., & Douglas, S. P. 1972. International Market Segmentation. *European Journal of Marketing*, 6(1): 17–25.

Yin, R. K. 2009. *Case Study Research. Designs and Methods*. Thousand Oaks: SAGE Inc.

Quellen

Interviews

Hinweis zu den Interviews: Die Interviewprotokolle sind in einem separaten und als vertraulich eingestuften Anhang zu finden, der ausschließlich dem Erst- und Zweitgutachter sowie befugten Personen des Prüfungsausschusses zugänglich gemacht werden darf. Eine Einsichtnahme in ein Interviewprotokoll ist nur mit ausdrücklicher Genehmigung der Verfasserin und dem entsprechenden Unternehmen möglich.

Interview 1. 2015. Teilstrukturiertes Telefoninterview mit dem Geschäftsführer. 22.06.2015.

Interview 2. 2015. Teilstrukturiertes persönliches Interview mit dem Geschäftsführer. 09.09.2015.

Interview 3. 2015. Teilstrukturiertes persönliches Interview mit dem Geschäftsführer und dem Bereichsleiter Internationalisierung. 17.09.2015.

Interview 4. 2015. Teilstrukturiertes persönliches Interview mit dem Vertriebsleiter Abluftreinigungstechnik und dem Abteilungsleiter Technik und Entwicklung Ernergie- und Abluftreinigungssysteme. 18.09.2015.

Interview 5. 2015. Teilstrukturiertes persönliches Interview mit dem Geschäftsführer. 21.09.2015.

Interview 6. 2015. Teilstrukturiertes persönliches Interview mit dem Geschäftsführer. 09.10.2015.

Interview 7. 2015. Teilstrukturiertes persönliches Interview mit dem Geschäftsführer. 12.10.2015.

Interview 8. 2015. Teilstrukturiertes persönliches Interview mit dem Geschäftsführer Technik und dem Geschäftsführer Marketing und Vertrieb. 13.10.2015.

Interview 9. 2015. Teilstrukturiertes persönliches Interview mit dem Geschäftsführer. 16.10.2015.

Interview 10. 2015. Teilstrukturiertes Telefoninterview mit dem Geschäftsführer. 26.10.2015.

Interview 11. 2015. Teilstrukturiertes persönliches Interview mit dem Corporate Director Sales and Marketing. 12.11.2015.

Interview 12. 2015. Teilstrukturiertes persönliches Interview mit dem Geschäftsführer. 19.11.2015.

Interview 13. 2015. Teilstrukturiertes persönliches Interview mit dem Geschäftsführer. 27.11.2015.

Interview 14. 2016. Teilstrukturiertes Telefoninterview mit dem Director of Marketing. 10.06.2016.

Interview 15. 2016. Teilstrukturiertes Skypeinterview mit dem Manager of International Sales Department. 17.06.2016.

Interview 16. 2016. Teilstrukturiertes persönliches Interview mit dem Strategic Business Development Manager. 27.06.2016.

Interview 17. 2016. Teilstrukturiertes persönliches Interview mit dem Consultant for U.S. Market Entry Services. 08.08.2016.

Interview 18. 2016. Teilstrukturiertes Telefoninterview mit dem Sales Manager for Environmental Technology. 15.08.2016.

Interview 19. 2016. Teilstrukturiertes Skypeinterview mit dem Regional Executive Director EMEA. 19.08.2016.

Interview 20. 2016. Teilstrukturiertes Telefoninterview mit dem Director of Sales. 24.08.2016.

Interview 21. 2016. Teilstrukturiertes persönliches Interview mit zwei International Trade Specialists. 25.08.2016.

Interview 22. 2016. Teilstrukturiertes persönliches Interview mit der Referentin für Erneuerbare Energien und Energieeffizienz. 06.09.2016.

Interview 23. 2016. Teilstrukturiertes persönliches Interview mit dem Managing Director. 06.09.2016.

Interview 24. 2016. Teilstrukturiertes persönliches Interview mit dem Geschäftsführer. 13.09.2016.

Interview 25. 2016. Teilstrukturiertes persönliches Interview mit dem Managing Director. 13.09.2016.

Interview 26. 2016. Teilstrukturiertes persönliches Interview mit dem President. 15.09.2016.

Interview 27. 2016. Teilstrukturiertes persönliches Interview mit einem Sales Engineer. 27.09.2016.

Interview 28. 2016. Teilstrukturiertes persönliches Interview mit dem International Sales Manager. 03.10.2016.

Interview 29. 2016. Teilstrukturiertes persönliches Interview mit einem Sales Engineer. 07.10.2016.

Interview 30. 2016. Teilstrukturiertes Telefoninterview mit einem Senior Consultant. 10.10.2016.

Interview 31. 2016. Teilstrukturiertes persönliches Interview mit dem General Manager. 11.10.2016.

Interview 32. 2016. Teilstrukturiertes persönliches Interview mit der Referentin Außenhandel. 12.10.2016.
Interview 33. 2017. Teilstrukturiertes Telefoninterview mit dem Geschäftsführer. 01.09.2017.
Interview 34. 2017. Teilstrukturiertes persönliches Interview mit dem Head of Market Entry. 14.09.2017.
Interview 35. 2017. Teilstrukturiertes persönliches Interview mit dem Chengdu Office Director. 16.09.2017.
Interview 36. 2017. Teilstrukturiertes persönliches Interview mit dem Vice President/General Manager. 19.09.2017.
Interview 37. 2017. Teilstrukturiertes persönliches Interview mit dem President. 20.09.2017.
Interview 38. 2017. Teilstrukturiertes persönliches Interview mit dem Vice General Manager, der Secretary of General Manager und dem Marketing Director. 20.09.2017.
Interview 39. 2017. Teilstrukturiertes Telefoninterview mit dem General Manager. 22.09.2017.
Interview 40. 2017. Teilstrukturiertes persönliches Interview mit dem General Manager. 28.09.2017.
Interview 41. 2017. Teilstrukturiertes persönliches Interview mit dem General Manager. 11.10.2017.
Interview 42. 2017. Teilstrukturiertes persönliches Interview mit dem General Manager. 13.10.2017.
Interview 43. 2017. Teilstrukturiertes WeChat-Interview mit dem Marketing Executive China. 26.10.2017.
Interview 44. 2017. Teilstrukturiertes WeChat-Interview mit dem General Manager. 31.10.2017.
Interview 45. 2017. Teilstrukturiertes Skypeinterview mit dem General Manager und Vice Chairman Southwest China. 22.11.2017.
Interview 46. 2018. Teilstrukturiertes persönliches Interview mit einem Sales Manager. 14.03.2018.
Interview 47. 2018. Teilstrukturiertes persönliches Interview mit dem Business Director for North/South America and MEA. 24.10.2018.

Zusätzliche Interviewprotokolle von Studierenden unter Verwendung des eigenen Interviewleitfadens:

Interview 48. 2017. Teilstrukturiertes Telefoninterview mit dem Gesamtvertriebsleiter. 23.03.2017.
Interview 49. 2017. Teilstrukturiertes Telefoninterview mit einem Projektingenieur. 27.03.2017.
Interview 50. 2017. Teilstrukturiertes Telefoninterview mit dem Bereichsleiter Internationalisierung. 27.03.2017.
Interview 51. 2017. Teilstrukturiertes Telefoninterview mit dem General Manager/Global Head of Water. 06.04.2017.

Interview 52. 2017. Teilstrukturiertes Telefoninterview mit dem Geschäftsführer. 07.04.2017.

Interview 53. 2017. Teilstrukturiertes Telefoninterview mit dem Internationalen Vertriebsleiter. 12.04.2017.

Interview 54. 2017. Teilstrukturiertes Telefoninterview mit dem Leiter Länderforum China. 19.04.2017.

Interview 55. 2017. Teilstrukturiertes WeChat-Interview mit dem Marketing Manager. 01.08.2017.

Interview 56. 2017. Teilstrukturiertes WeChat-Interview mit dem Marketing Manager. 03.08.2017.

Interview 57. 2017. Teilstrukturiertes Skype-Interview mit dem Regional Manager Latin America. 03.09.2017.

Interview 58. 2017. Teilstrukturiertes Telefoninterview mit einem Professor for Business Development. 04.09.2017.

Interview 59. 2017. Teilstrukturiertes persönliches Interview mit dem Marketing Manager. 08.09.2017.

Interview 60. 2017. Teilstrukturiertes Telefoninterview mit dem Sales Manager Industry & Trade. 12.09.2017.

Interview 61. 2017. Teilstrukturiertes Telefoninterview mit dem Managing Director. 12.09.2017.

Interview 62. 2017. Teilstrukturiertes persönliches Interview mit dem Executive Director Environment, Health & Safety. 12.09.2017.

Interview 63. 2017. Teilstrukturiertes persönliches Interview mit dem Strategic Marketing Manager Energy & Environment. 15.09.2017.

Interview 64. 2017. Teilstrukturiertes persönliches Interview mit dem Geschäftsführer. 15.09.2017.

Interview 65. 2017. Teilstrukturiertes persönliches Interview mit Bereichsleiter Internationalisierung. 15.09.2017.

Interview 66. 2017. Teilstrukturiertes Telefoninterview mit einem Projektmanager. 18.09.2017.

Interview 67. 2017. Teilstrukturiertes Skypeinterview mit einem Sales Manager. 19.09.2017.

Interview 68. 2017. Teilstrukturiertes persönliches Interview mit dem General Manager. 19.09.2017.

Interview 69. 2017. Teilstrukturiertes persönliches Interview mit dem International Business Development Manager. 19.09.2017.

Interview 70. 2017. Teilstrukturiertes persönliches Interview mit dem technischen Leiter. 27.09.2017.

Interview 71. 2017. Teilstrukturiertes Telefoninterview mit einem technischen Consultant. 02.10.2017.

Interview 72. 2017. Teilstrukturiertes persönliches Interview mit dem Bereichsleiter Internationalisierung. 02.10.2017.

Interview 73. 2017. Teilstrukturiertes Skypeinterview mit einem Sales and Technical Advisory. 02.10.2017.

Interview 74. 2017. Teilstrukturiertes Skypeinterview mit dem Vice President of Sales and Operations. 03.10.2017.

Interview 75. 2017. Teilstrukturiertes persönliches Interview mit dem Geschäftsführer. 04.10.2017.

Interview 76. 2017. Teilstrukturiertes persönliches Interview mit dem Geschäftsführer. 09.10.2017.

Interview 77. 2017. Teilstrukturiertes Telefoninterview mit einem Vertriebsingenieur. 11.10.2017.

Interview 78. 2017. Teilstrukturiertes Telefoninterview mit dem Vice President Latin America. 19.10.2017.

Interview 79. 2018. Teilstrukturiertes persönliches Interview mit dem General Manager. 12.01.2018.

Online-Quellen

AHK Greater China. 2018. Über uns. Das AHK Greater China Netzwerk. https://china.ahk.de/de/ueber-uns/. Zuletzt zugegriffen am 04.10.2018.

AHK Mexiko. 2018. Wir unterstützen Sie beim Markteintritt. https://mexiko.ahk.de/dienstleistungen/markteinstieg/. Zuletzt zugegriffen am 23.05.2018.

AHK USA. 2018. Wer wir sind. https://www.ahk-usa.com/ueber-uns/wer-wir-sind/. Zuletzt zugegriffen am 10.10.2018.

Anthony, S. 2012. The Right Entry Point for Emerging Markets. https://hbr.org/2012/03/innovation-in-emerging-markets. Zuletzt zugegriffen am 24.05.2018.

Ballering, T. 2017. China Cross-Border E-Commerce Guidebook. Consulate-General of the Kingdom of the Netherlands in Shanghai. https://www.rvo.nl/sites/default/files/2017/03/Cross-Border%20E-Commere%20Guidebook%20FINAL%20FINAL.PDF. Zuletzt zugegriffen am 08.12.2018.

Bartlett, C. A., & Ghoshal, S. 2000. Going Global. Lessons from Late Movers. https://hbr.org/2000/03/going-global-lessons-from-late-movers. Zuletzt zugegriffen am 14.12.2016.

Bernecker, M. 2015. Business Development. Das neue strategische Marketing. https://de.slideshare.net/dim/dim-kmt-2015businessdevelopmentstudie2015. Zuletzt zugegriffen am 16.06.2015.

Büchele, R., Henzelmann, T., & Panizza, Philipp, Wiedemann, Andrea. 2014. GreenTech made in Germany 4.0. Umwelttechnologie-Atlas für Deutschland. https://www.bmub.bund.de/fileadmin/Daten_BMU/Pools/Broschueren/greentech_atlas_4_0_bf.pdf. Zuletzt zugegriffen am 01.08.2016.

Bundesministerium für Umwelt, Naturschutz, Bau und Reaktorsicherheit – BMUB. 2018. Chronologie umweltpolitischer Meilensteine. https://www.bmu.de/service/chronologie/. Zuletzt zugegriffen am 10.10.2018.

Bureau van Dijk. 2015. Orbis Datenbank. Zugriff über die Lizenz der Universität Hohenheim. https://orbis.bvdinfo.com/ip. Zuletzt zugegriffen am 25.08.2017.

China Daily. 2018. China's Cross-border E-commerce Trade Up 80% in 2017. https://www.chinadaily.com.cn/a/201802/09/WS5a7d5aa0a3106e7dcc13bd58.html Zuletzt zugegriffen am 08.12.2018.

Clusterportal Baden-Württemberg. 2017. Umwelttechnik. https://www.clusterportal-bw.de/clusterdaten/technologiefelder/technologiefelder-detailseite/umwelttechnik/clusterdb/Innovationsfeld/show/. Zuletzt zugegriffen am 15.05.2017.

Compilation and Translation Bureau. 2016. The 13th Five-Year Plan for Economic and Social Development of the People's Republic of China. 2016–2020. Zuletzt zugegriffen am 06.09.2017.

European Commission. 2018. New EU-Mexico Agreement: The Agreement in Principle and Its Texts. https://trade.ec.europa.eu/doclib/press/index.cfm?id=1833. Zuletzt zugegriffen am 20.03.2019.

Export.gov. 2013. Environmental Technologies Export Market Plans 2013. https://2016.export.gov/industry/environment/eg_main_067308.asp. Zuletzt zugegriffen am 12.02.2015.

FDA.gov. 2019. Overview of IVD Regulation. https://www.fda.gov/medical-devices/ivd-regulatory-assistance/overview-ivd-regulation#1. Zuletzt zugegriffen am 21.04.2019.

Gehrke, B., Schasse, & Ulrich. 2013. Umweltschutzgüter – wie abgrenzen? Methodik und Liste der Umweltschutzgüter 2013. Methodenbericht zum Forschungsprojekt „Wirtschaftsfaktor Umweltschutz: Analyse der wirtschaftlichen Bedeutung des Umweltschutzes durch Aktualisierung wichtiger Kenngrößen". https://www.umweltbundesamt.de/sites/default/files/medien/378/publikationen/uib_1_2013_eckermann_umweltschutzgueter_methodenpapier_webfassung.pdf. Zuletzt zugegriffen am 01.12.2017.

HSCA. 2019. Group Purchasing Organizations. https://www.supplychainassociation.org/about-us/what-is-gpo/. Zuletzt zugegriffen am 21.04.2019.

Institut für Mittelstandsforschung Bonn. 2018. KMU-Definition der Europäischen Kommission. https://www.ifm-bonn.org/definitionen/kmu-definition-der-eu-kommission/. Zuletzt zugegriffen am 04.12.2018.

iResearch. Marktanteile der B2C-E-Commerce-Anbieter am Gross Merchandise Volume (GMV) in China im 2. Quartal 2017. 2017. https://de.statista.com/statistik/daten/studie/604504/umfrage/marktanteile-der-b2c-online-shopping-webseiten-in-china/. Zugriff über die Lizenz der Universität Hohenheim am 18.06.2018.

Lehrstuhl für Vertriebsmanagement und Business-to-Business Marketing. 2013. Status der Vertriebsausbildung an ausgewählten Hochschulen Deutschlands. https://vertriebszeitung.de/wp-content/uploads/Status_der_Vertriebsausbildung_v19_jb.pdf. Zuletzt zugegriffen am 08.11.2018.

Medpace. 2019. Full-Service CRO. https://www.medpace.com/about/our-mission/full-service-cro/. Zuletzt zugegriffen am 21.04.2019.

Messe München. 2018. IFAT 2018 in München. Weltleitmesse für Umwelttechnologien. https://www.ifat.de/index.html. Zuletzt zugegriffen am 28.05.2018.

Ministry of Ecology and Environment – MEE, The People's Republic of China. 2018a. Environmental Laws. https://english.mee.gov.cn/Resources/laws/environmental_laws/. Zuletzt zugegriffen am 05.10.2018.

Ministry of Ecology and Environment – MEE, The People's Republic of China. 2018b. History. https://english.mee.gov.cn/About_MEE/History/. Zuletzt zugegriffen am 05.10.2018.

National People's Congress of China. 2016. China's NPC Approves 13th Five-Year Plan. Issue 1. https://www.npc.gov.cn/npc/zgrdzz/site1/20160429/0021861abd66188d449902.pdf. Zuletzt zugegriffen am 08.04.2019.

New Zealand Trade & Enterprise. 2019. Selling on VIP. https://www.nzte.govt.nz/export-assistance/selling-online-overseas/vipcom. Zuletzt zugegriffen am 8.4.2019.

R-Biopharm. 2019. Partnering. https://companion-diagnostics.com/partnering/. Zuletzt zugegriffen am 21.04.2019.

Radjou, N., & Prabhu, J. 2013. Frugal Innovation. A New Business Paradigm. https://knowledge.insead.edu/innovation/frugal-innovation-a-new-business-paradigm-2375. Zuletzt zugegriffen am 09.03.2017.

Schatzinger, S., Ruess, P. & Braun, S. 2015. Strukturstudie „Morgenstadt BW". Nachhaltiges Bauen und Stadt-Entwicklung im In- und Ausland als Chance für Baden-Württemberg. https://wm.baden-wuerttemberg.de/fileadmin/redaktion/m-wm/intern/Publikationen/Wirtschaftsstandort/Studien/Strukturstudie_Morgenstadt_BW.pdf. Zuletzt zugegriffen am 04.12.2018.

Secretaría de Medio Ambiente y Recursos Naturales – SEMARNAT. 2017. Leyes Federales. https://www.semarnat.gob.mx/gobmx/biblioteca/leyes.html. Zuletzt zugegriffen am 16.06.2017.

Spiegel Online. 2009. Melamin-Skandal in China. 13.000 Kinder nach Verzehr verseuchter Milch im Krankenhaus. https://www.spiegel.de/panorama/gesellschaft/melamin-skandal-in-china-13-000-kinder-nach-verzehr-verseuchter-milch-im-krankenhaus-a-579540.html. Zuletzt zugegriffen am 30.03.2019.

Statistisches Amt der Europäischen Union – Eurostat. 2015. METADATA. PRODCOM List 2015. https://ec.europa.eu/eurostat/ramon/nomenclatures/index.cfm?TargetUrl=LST_NOM_DTL&StrNom=PRD_2015&StrLanguageCode=EN&IntPcKey=&StrLayoutCode=HIERARCHIC. Zuletzt zugegriffen am 22.12.2015.

Statistisches Amt der Europäischen Union – Eurostat. 2008. NACE Rev. 2. Statistical Classification of Economic Activities in the European Community. https://ec.europa.eu/eurostat/documents/3859598/5902521/KS-RA-07-015-EN.PDF. Zuletzt zugegriffen am 05.05.2016.

Statistisches Bundesamt – Destatis. 2017. Deutscher Aussenhandel. Export und Import im Zeichen der Globalisierung. https://www.destatis.de/DE/Publikationen/Thematisch/Aussenhandel/Gesamtentwicklung/AussenhandelWelthandel5510006159004.pdf;jsessionid=5ED24918536CCBA4E154CEDF335D0729.InternetLive1?__blob=publicationFile. Zuletzt zugegriffen am 02.02.2018.

Steenblik, R. 2005. Environmental Goods: A Comparison of the APEC and OECD Lists. https://www.oecd.org/tad/envtrade/35837840.pdf. Zuletzt zugegriffen am 01.12.2017.

The Organisation for Economic Co-operation and Development – OECD. 2013. OECD Environmental Performance Reviews. Mexico 2013. https://read.oecd-ilibrary.org/environment/oecd-environmental-performance-reviews-mexico-2013_9789264180109-en. Zugriff über die Lizenz der Universität Hohenheim am 02.02.2018.

The Organisation for Economic Co-operation and Development. 2012. OECD Environmental Performance Reviews. Germany 2012. https://www.oecd-ilibrary.org/environment/oecd-environmental-performance-reviews-germany-2012_9789264169302-en. Zugriff über die Lizenz der Universität Hohenheim am 02.02.2018.

The Organisation for Economic Co-operation and Development – OECD. 2007. OECD Environmental Performance Reviews. China 2007. https://www.oecd-ilibrary.org/docserver/9789264031166-en.pdf?expires=1530863668&id=id&accname=ocid57016178&

checksum=E1F8B36E5CFB09575533FC716A227DFE. Zugriff über die Lizenz der Universität Hohenheim am 02.02.2018.

The Organisation for Economic Co-operation and Development – OECD. 2005. OECD Environmental Performance Reviews. USA 2005. https://www.oecd-ilibrary.org/docserver/9789264013179-en.pdf?expires=1530863723&id=id&accname=ocid57016178&checksum=1C4C5864EB3ACB363269673DCEA645B2. Zugriff über die Lizenz der Universität Hohenheim am 02.02.2018.

United Nations Statistics Division. 2013. Composition of Macro Geographical (Continental) Regions, Geographical Sub-Regions, and Selected Economic and Other Groupings. https://unstats.un.org/unsd/methodology/m49/. Zuletzt zugegriffen am 05.02.2016.

United Nations Statistics Division. 2014. Correspondence Tables. https://unstats.un.org/unsd/trade/classifications/correspondence-tables.asp. Zuletzt zugegriffen am 02.02.2016.

United Nations Comtrade Datenbank. 2015. Zugriff über die Lizenz der Universität Hohenheim. https://comtrade.un.org/db/default.aspx. Zuletzt zugegriffen am 01.09.2018.

Verband der deutschen Messewirtschaft. 2018. Finden Sie Ihre Messe. https://www.auma.de/de/ausstellen/messen-finden. Zuletzt zugegriffen am 10.10.2018.

World Trade Organization – WTO. 2017. Member Information. China and the WTO. https://www.wto.org/english/thewto_e/countries_e/china_e.htm. Zuletzt zugegriffen am 02.10.2017.

World Trade Organization – WTO. 2012. A Practical Guide to Trade Policy Analysis. https://www.wto.org/english/res_e/publications_e/wto_unctad12_e.pdf. Zuletzt zugegriffen am 11.11.2016.

The manufacturer's authorised representative in the EU is Springer Nature Customer Service Centre GmbH, Europaplatz 3, 69115 Heidelberg, Germany. If you have any concerns regarding our products, please contact ProductSafety@springernature.com

Printed and bound by CPI Group (UK) Ltd, Croydon, CR0 4YY
28/04/2026
02098487-0004